Katzen malen

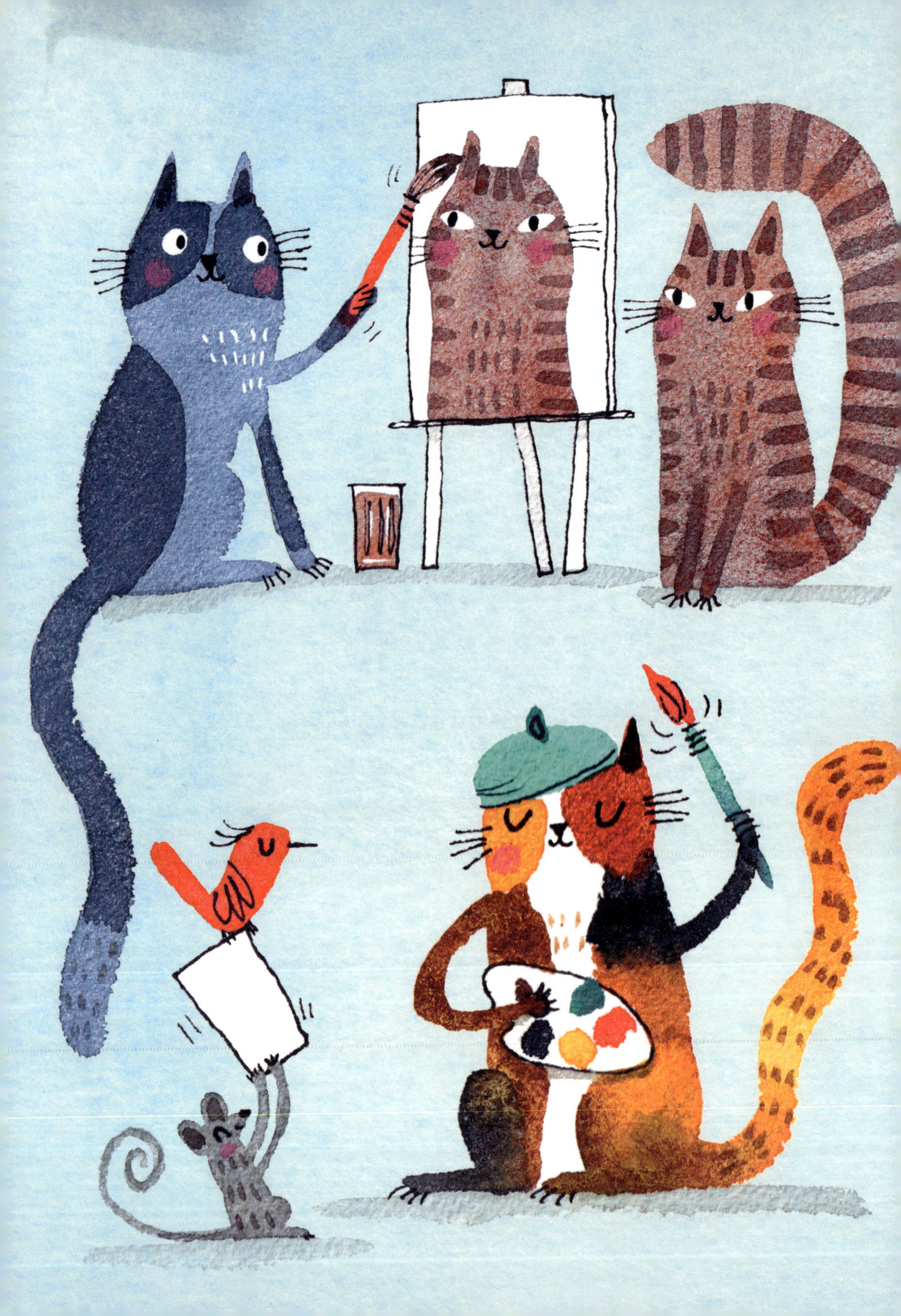

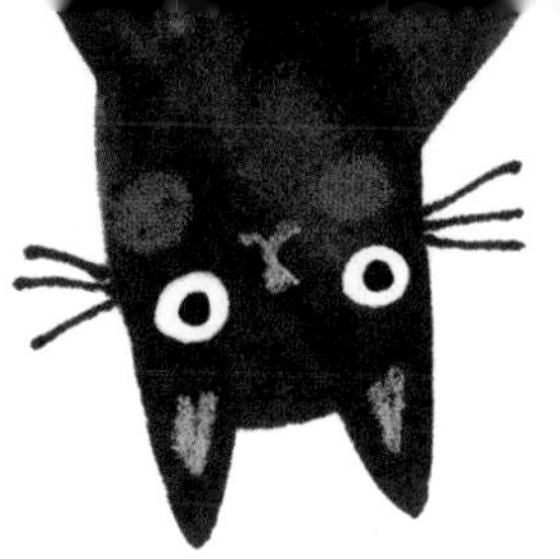

Katzen malen

ENTDECKEN SIE IHRE KREATIVITÄT
MIT WASSERFARBEN

Terry Runyan

MIDAS

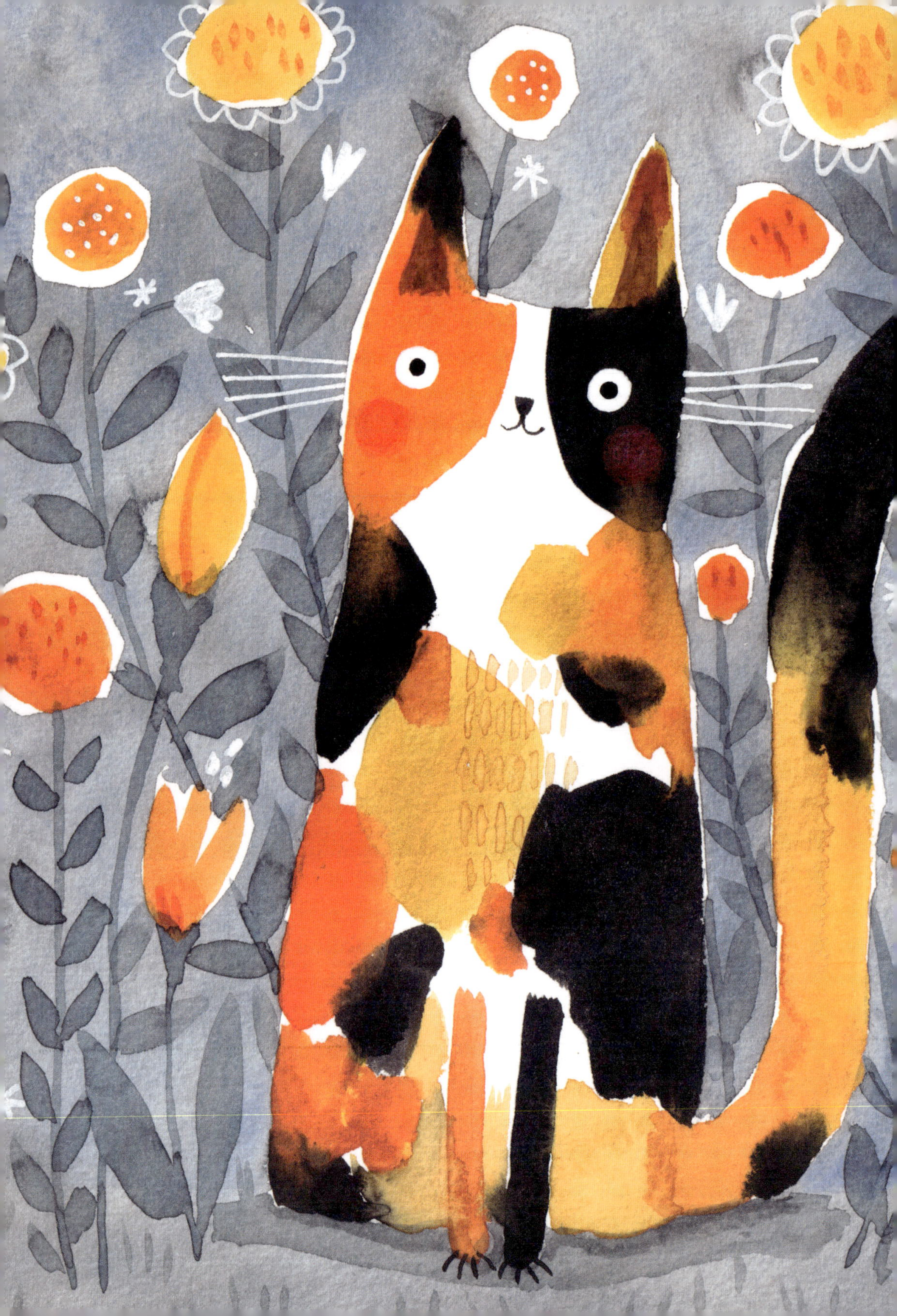

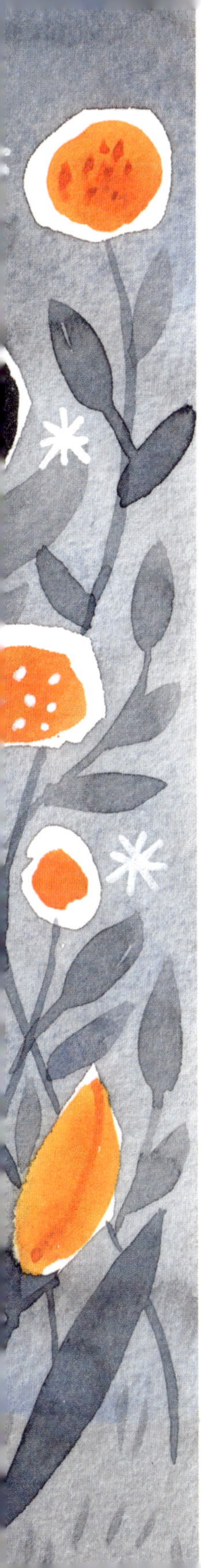

Inhalt

6 Einführung

10 **1** Warum Katzen?

18 **2** Warum Aquarellfarben?

24 **3** Material

28 **4** Katzen malen

36 **5** Farbe

44 **6** Das Spiel mit verschiedenen Techniken

78 **7** Mit Katzen Geschichten erzählen

128 **8** Mehr Experimente

140 Hilfsmittel

142 Dank

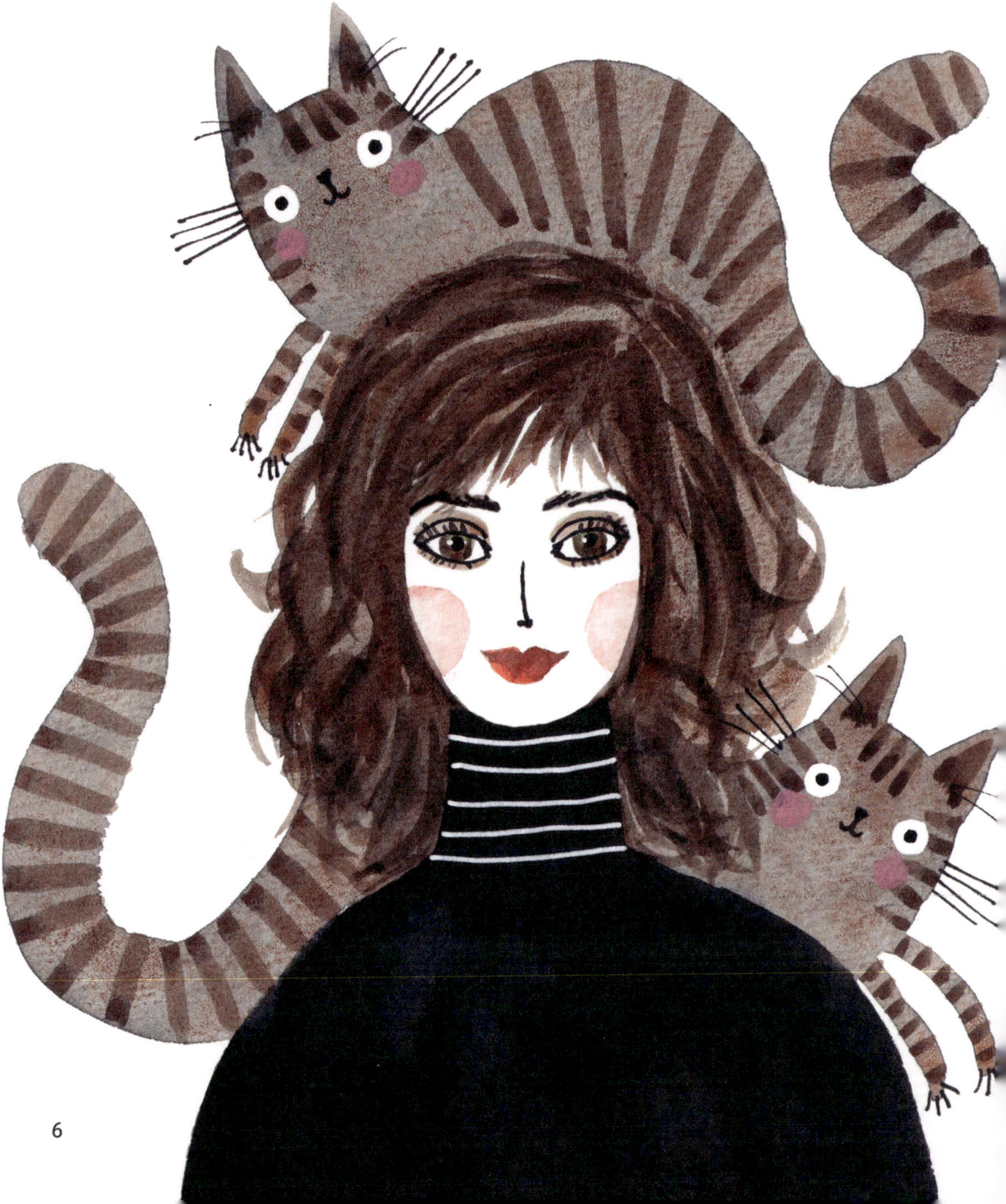

Einführung

Als mein Verlag mich bat, ein Buch über Katzen und Aquarellfarben zu schreiben, war ich überglücklich! Beides gehört zu den wichtigsten und liebsten Dingen in meinem Leben. Dank dieses Auftrags konnte ich mich mehrere Monate intensiv mit meinen Katzen beschäftigen, von ihnen lernen, sie malen und über sie und Aquarellfarben schreiben.

Als ich meinen Katzen Tucker und Rylee davon erzählte, waren sie genauso begeistert wie ich. Trotzdem haben sie sich sofort verzogen, um sich ein kleines Mittagsschläfchen zu gönnen. Wahrscheinlich war es für sie doch nicht so bedeutsam. Ich aber durfte nun mit all meiner Kraft in ein neues und geheimnisvolles Projekt eintauchen. Doch womit sollte ich beginnen? Von meinen Kätzchen konnte ich so vieles – eher ein paar tausend Dinge – lernen.

Mit diesem Buch wollte ich mich ganz auf meine Glücksmomente konzentrieren: Achtsamkeit und Neugier – zwei Eigenschaften, die man schnell aus dem Auge verliert. Katzen sind das perfekte Beispiel dafür, wie man ganz und gar im Augenblick lebt, ohne sich Gedanken um ein bestimmtes Ziel zu machen. Das Gleiche gilt für die Kreativität, denn beim Schreiben dieses Buches habe ich Neuland betreten. Genauso wie meine Katzen bin auch ich neugierig und offen für Neues. Ich hoffe, dass ich mit diesem Experiment achtsam und spielfreudig bleibe – und mir immer wieder Zeit für ein Mittagsschläfchen nehme.

Als Kind hatte ich neben einigen Fischen und einer Schildkröte auch eine Katze. Ich liebte sie wie eine Freundin: Sie war weich und niedlich, neugierig, eigensinnig und ungezogen. Andere Tiere kamen und gingen aus meinem Leben. Ich hatte einen Seitensprung mit einem Hund, den ich immer noch liebe (bitte nicht den Katzen verraten!), aber Katzen sind schon mein ganzes Leben lang treue Begleiter.

Tucker und Rylee sind Bruder und Schwester, beide haben ein langes, geschecktes Fell, aber damit hören die Gemeinsamkeiten auch schon auf. Sie sind völlig unterschiedliche Persönlichkeiten.

Mein Kater Tucker ist ziemlich entspannt (außer, es gibt etwas zu essen). Er begleitet mich von Raum zu Raum und sitzt im Atelier neben mir auf dem Tisch, direkt an meinem Arbeitsbereich. So berät er mich beim Malen und Gestalten. Er ist der Star in vielen meiner Malvideos und liebt es, seine Pfote mitten auf ein Papier zu legen, das ich gerade mit dem Pinsel bemalt habe.

Er leitet mich dazu an, achtsam und präsent zu sein und mich auf die Aufgabe und den Pinsel in meiner Hand zu konzentrieren. Seine Kritik behält er glücklicherweise für sich. Stattdessen hält er lieber ein Mittagsschläfchen.

Meine Katze Rylee ist ein bisschen verkrampfter, breitet sich aber schnell gemütlich aus, wenn sie müde ist, gestreichelt oder gebürstet wird oder auf meinem Schoß sitzt. Während ich male, sitzt sie ganz in

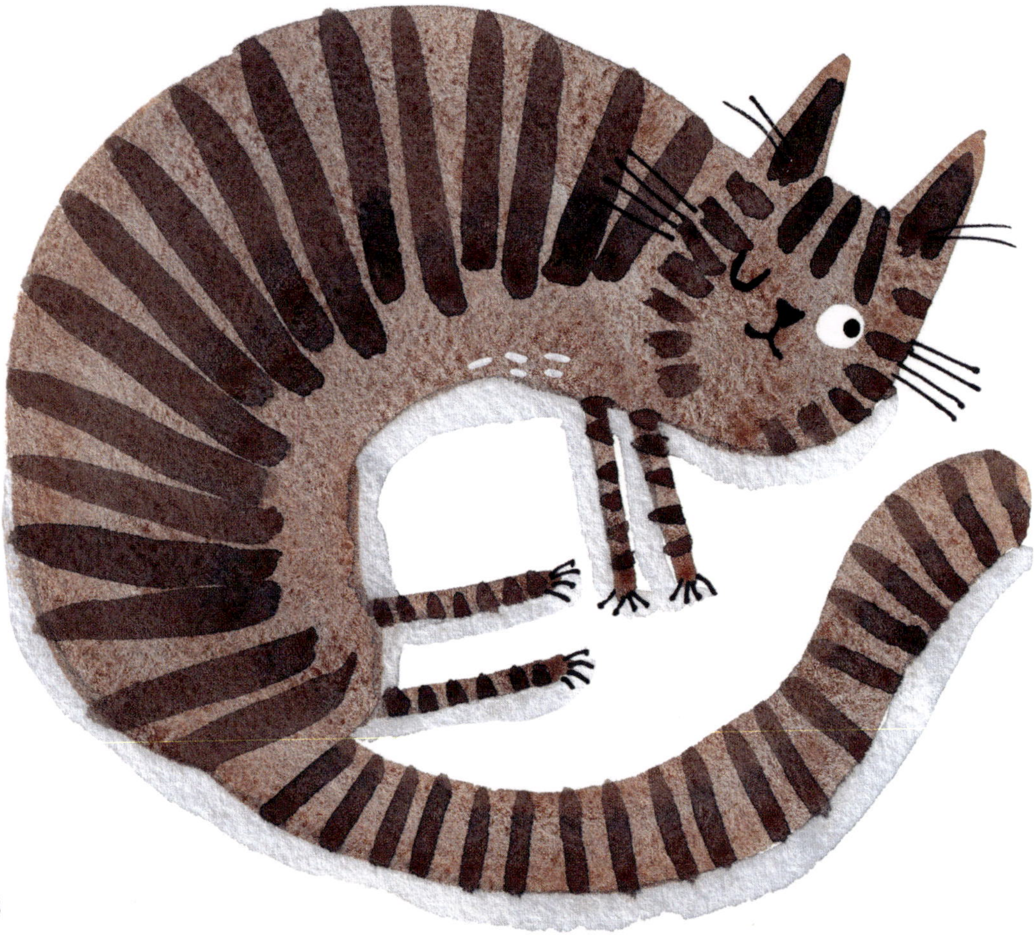

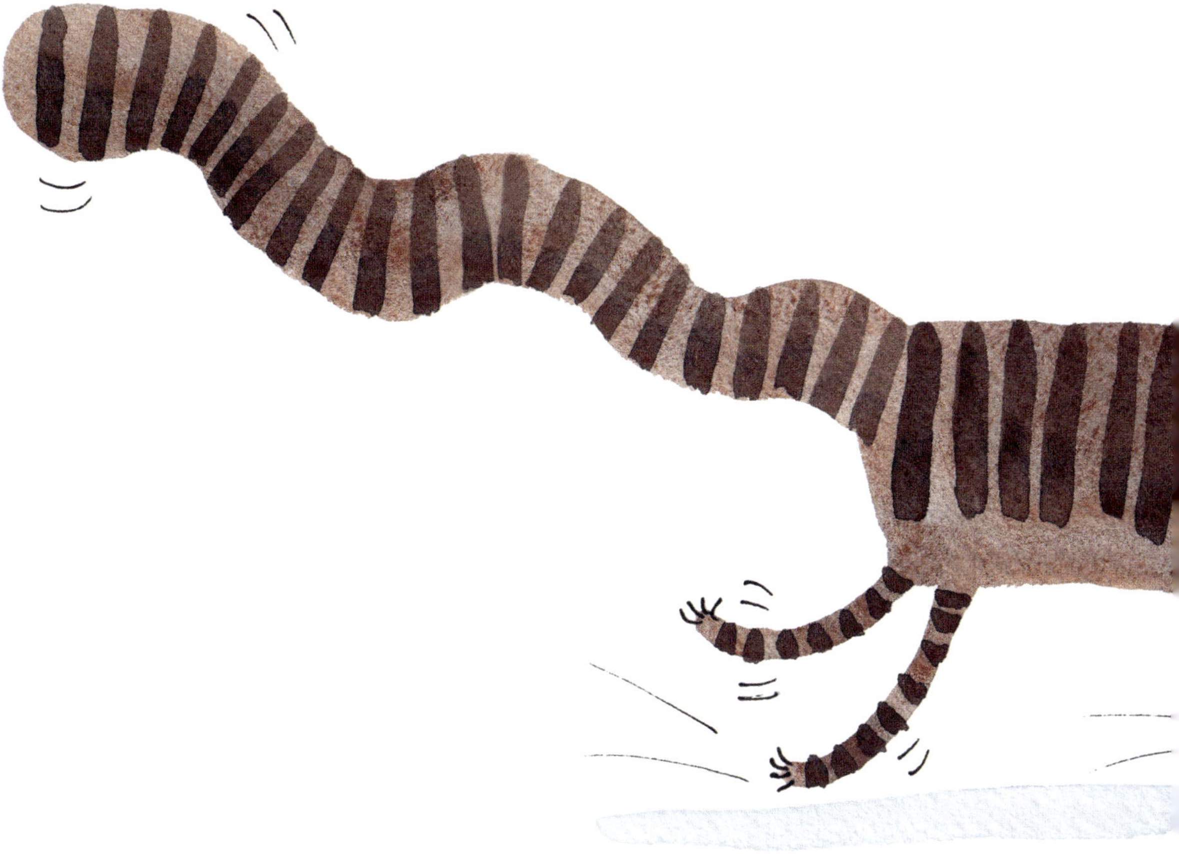

meiner Nähe, hält ihre zarten Prinzessinnenpfötchen aber aus dem Bild. Manchmal taucht sie eine Pfote ins Wasser, um ein wenig zu trinken, natürlich nur, wenn es sauber ist.

Sie hält mich aktiv und zeigt mir, wann ich eine Pause machen muss. Sie weiß genau, wann es Zeit wird, sich mit anderen Dingen zu beschäftigen. Wenn es ihr passt, sprintet sie einfach los, ohne sich darum zu kümmern, was war und was kommt. Plötzlich ist sie auf dem Weg zu einem neuen Abenteuer.

Beide Katzen haben mir geholfen, dieses Buch über das Malen von Katzen zu schreiben. Zwar male ich seit vielen Jahren Tiere und vor allem Katzen, aber ihre Persönlichkeit und ihre Wandlungsfähigkeit faszinieren mich noch immer. Außerdem liebe ich ihr Miauen und ihr Schnurren, und wenn sie auf meinem Schoß sitzen, wird mir so schön warm. Haben Sie Aquarellfarben zur Hand und sind Sie kreativ? Dann sind Ihrer Fantasie mit Katzen keine Grenzen gesetzt.

Terry Runyan

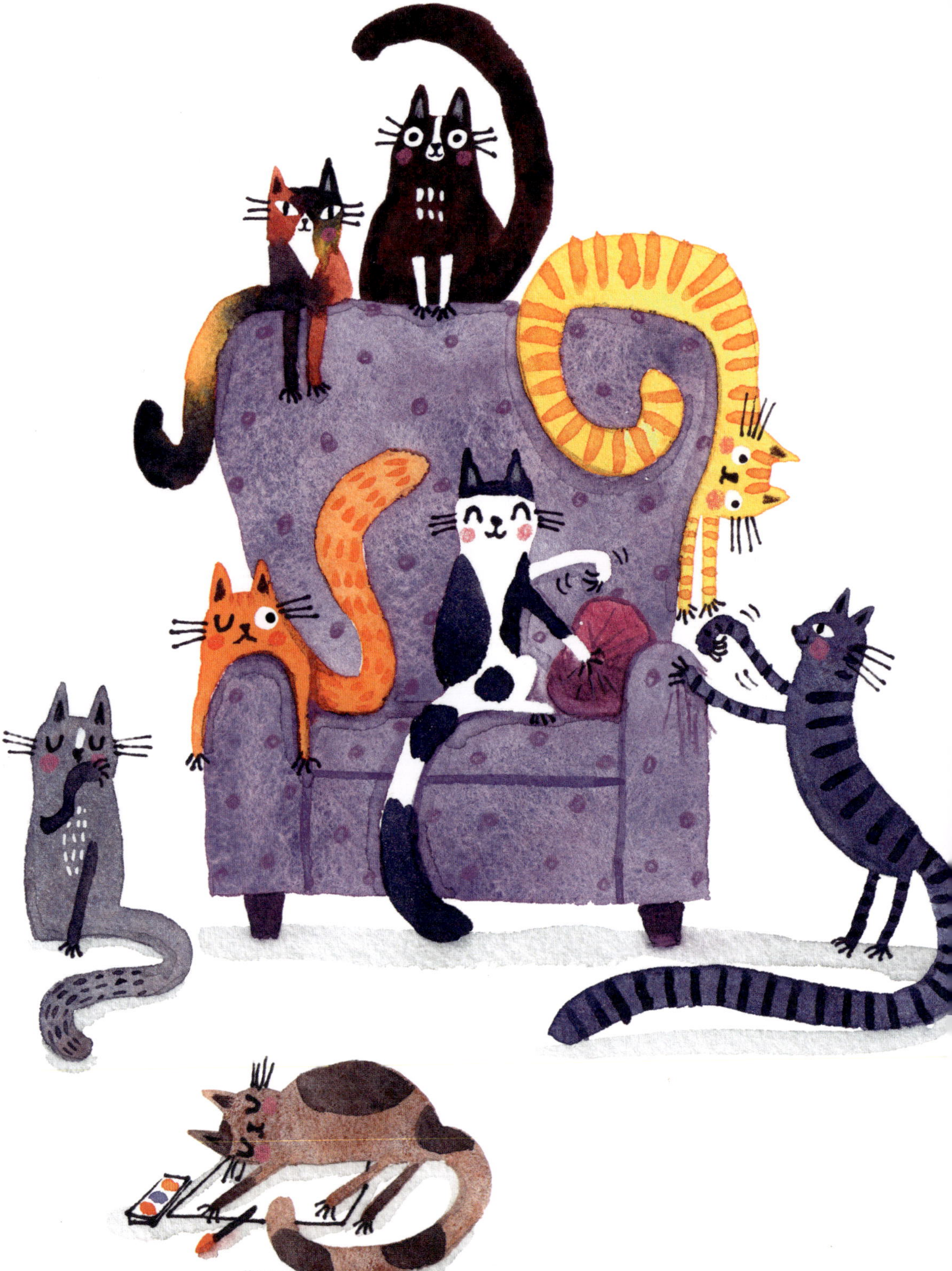

1

Warum Katzen?

Bevor wir anfangen, muss ich Sie auf etwas Wichtiges hinweisen. Menschen suchen immer nach dem Sinn ihres Tuns. Katzen kümmern sich darum nicht. Aus Freude am kreativen Schaffen werde ich in diesem Buch die Perspektive der Katzen, ihre Katzenschwänze, aufgreifen.

Jede Katze ist anders

Jede Katze ist einzigartig. Deshalb sind sie auch so erstaunlich kreative Wesen. Dennoch haben alle Katzen ein paar Eigenschaften gemeinsam, die sie zu hervorragenden Lehrern machen.

Schauen wir uns an, welche das sind: Katzen können Dummköpfe sein (natürlich sind sie selbst vom Gegenteil überzeugt). Ihre Kreativität kennt keine Grenzen, wie ihr nahezu professionelles Talent für Innendesign beweist. Sie sind liebevolle Partner. Sie haben einen natürlichen Humor, sind verrückt, schnell, flexibel, selbstständig, herausfordernd, kühl und wild. Es ist wissenschaftlich nachgewiesen, dass ihre schiere Präsenz Achtsamkeit fördert. Sie sind Zen-Meister und wir können sehr viel von ihnen lernen.

Nichts ist vorhersehbar

Kreativität ist nicht vorhersehbar, genauso wenig sind es Katzen. Eine Katze entfaltet sich in einer offenen Umgebung. Sie begleitet uns in unserer Entwicklung, ohne sich groß vorbereiten zu müssen. Es genügt, wenn wir einfach da sind, uns konzentrieren, spielen und Spuren hinterlassen. Unsere Katzenfreunde sind uns gern behilflich oder halten beim Warten das Papier warm.

Beim Schreiben dieses Buches wird mir diese Unvorhersehbarkeit bewusst. Kreativität fließt, wenn ich nicht an das Überarbeiten denke. Wie in jedem kreativen Prozess entstehen die besten Werke dann, wenn Sie offen bleiben und den Moment bewusst wahrnehmen. Ihr innerer Kritiker schaut ihnen sicher hier und da über die Schulter, aber Sie können ihn wahrnehmen, ohne mit ihm in Kontakt zu treten, und einfach weiter kreativ sein.

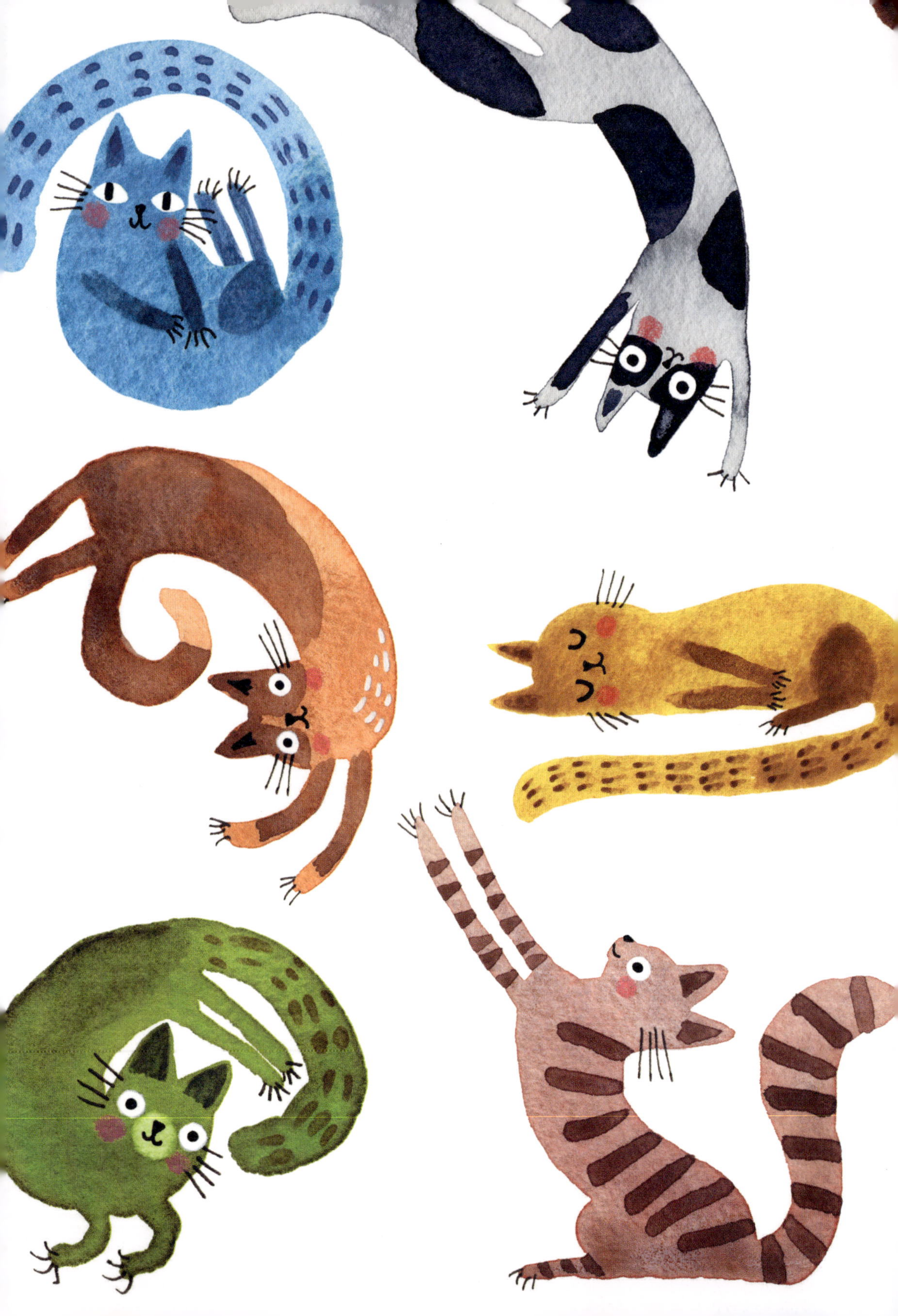

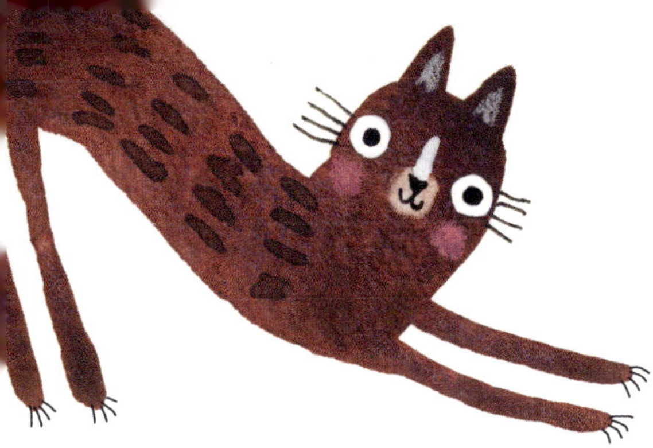

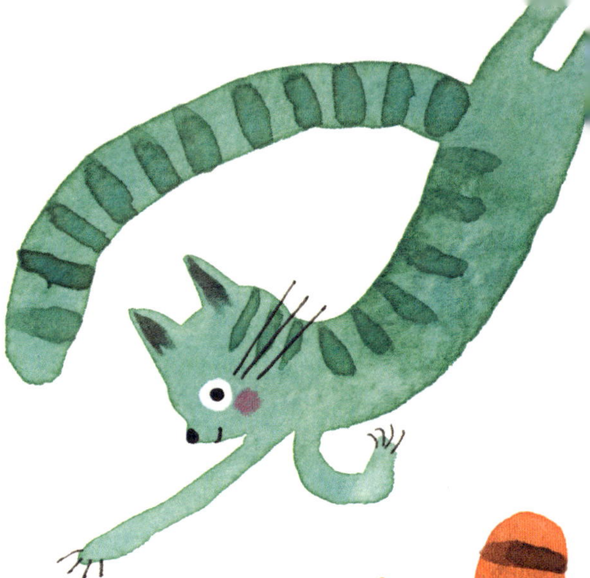

Form im Fluss

Unsere felligen Freunde kennen sich mit Flexibilität gut aus und überlassen sich gern dem Fluss. Auch ihre Bewegungen sind flüssig. Spielen, schlafen und sich recken – sie tun alles mit einer gewissen Leichtigkeit. Wir können uns vieles von den Katzen abschauen. Wenn wir beim Malen etwas Neues wagen, aufmerksam bleiben und alle Vorurteile, die aufkommen, vorbeiziehen lassen, kommen wir in einen Flow.

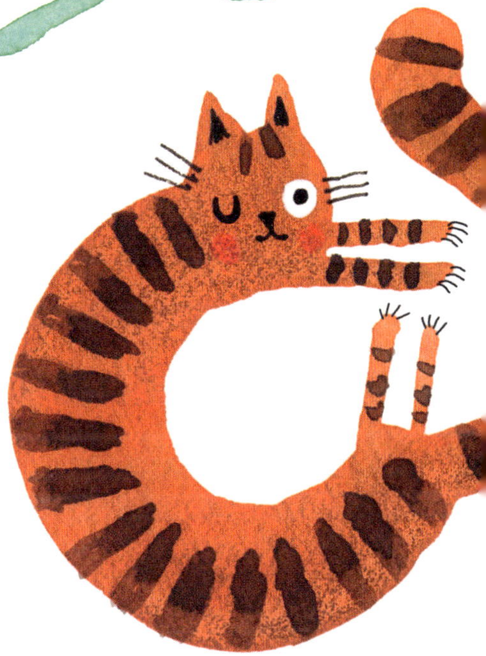

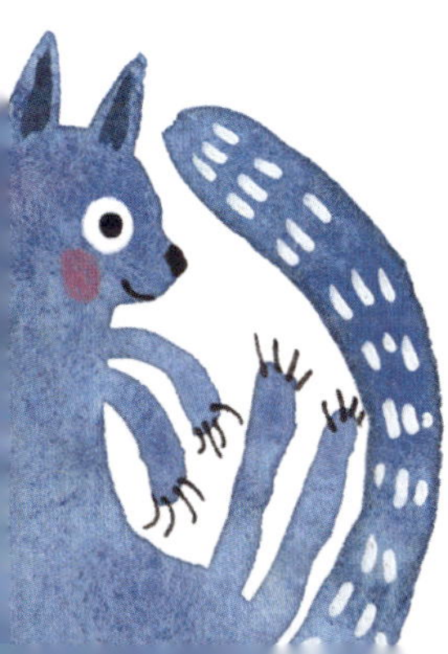

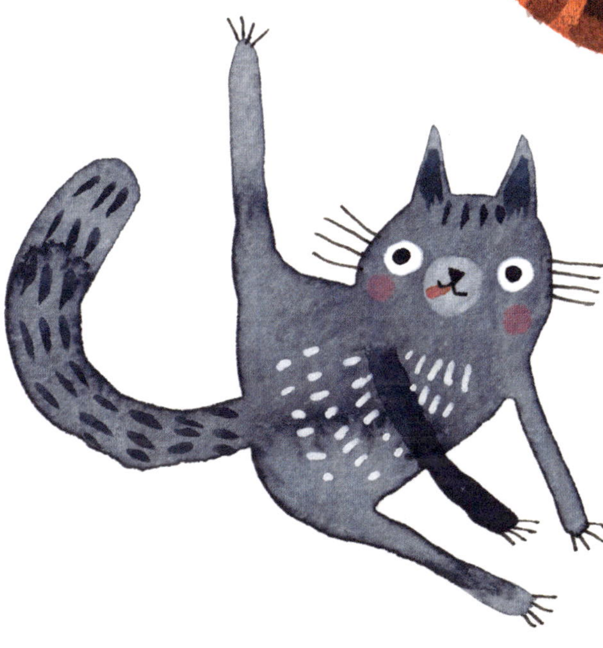

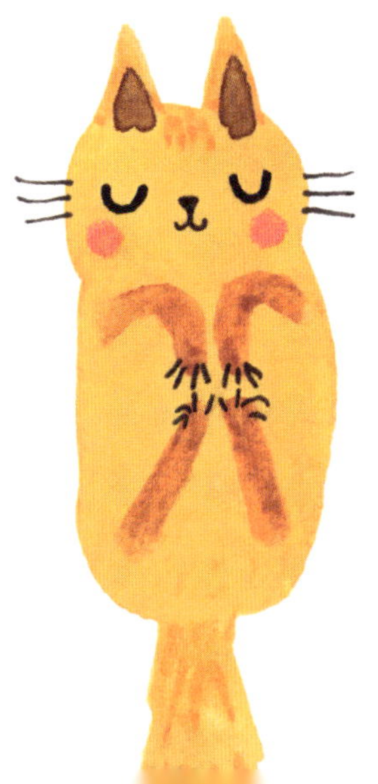

Frei von Sorgen

Unsere Katzenlehrer besitzen offenbar keinen inneren Kritiker. Sie sind völlig unbefangen und haben die unheimliche Gabe, sich um nichts zu sorgen. Mit ein paar Leckerlis oder einer Streicheleinheit lassen sie sich verführen. Dabei tun sie dem Menschen nie einen Gefallen. Wenn sie reagieren, dann nur, weil sie es wollen. Die Glücklichen!

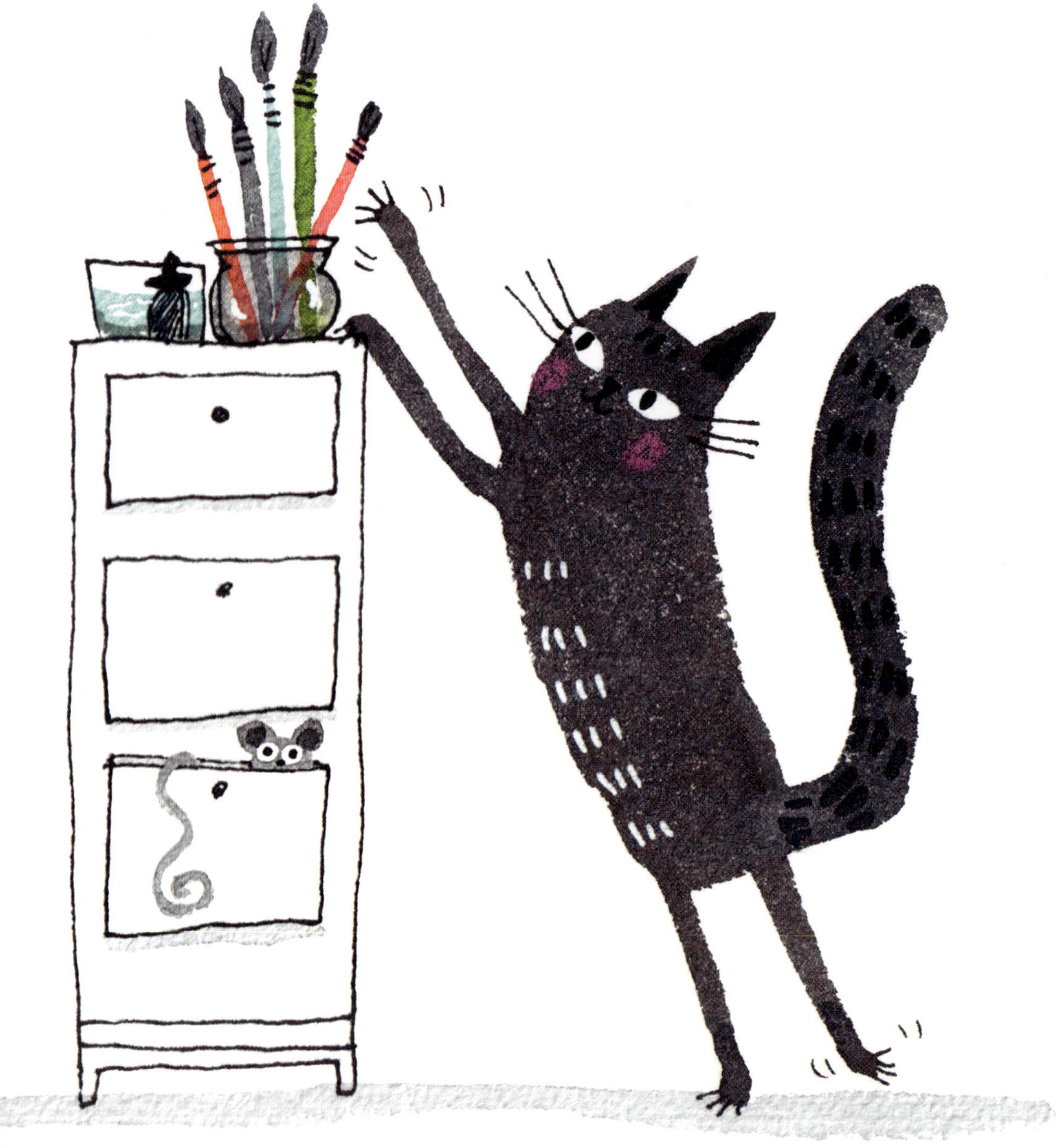

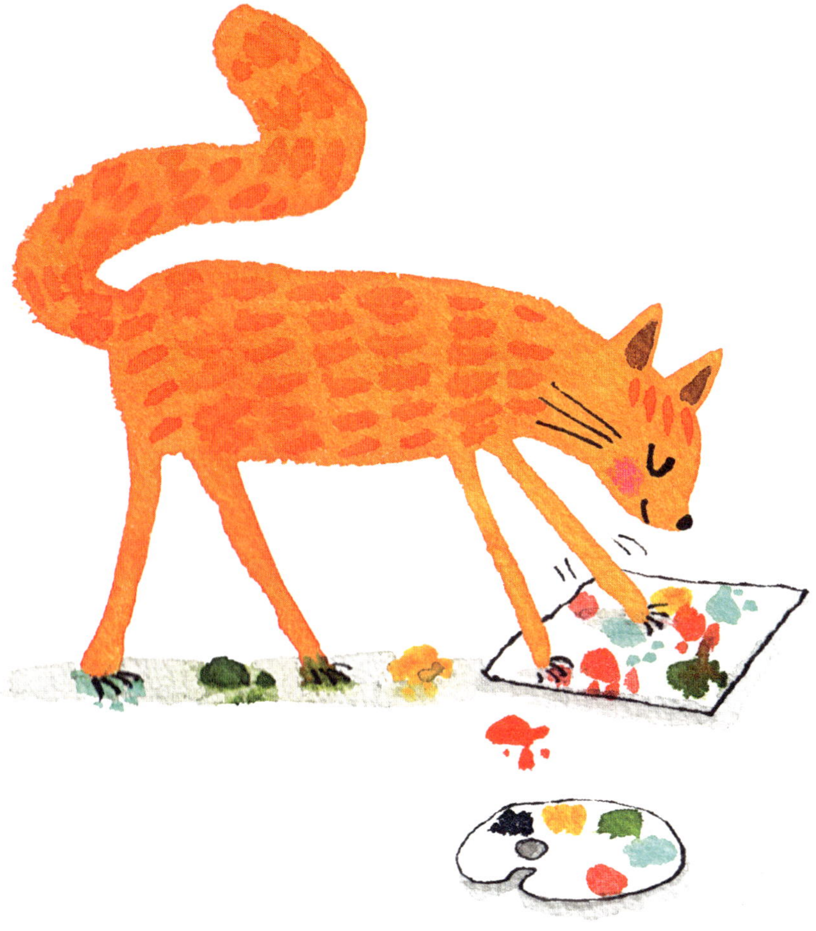

Freigeister

Kreativität lädt uns ein, so neugierig, mutig, risikofreudig und offen für neue Erfahrungen zu sein wie Katzen. Kreativität erfüllt uns, wenn wir aufmerksam und offen sind und unserem Geist freien Lauf lassen – für Kätzchen ganz normal!

Sie werden keine Katze finden, die sich mit Ihnen in eine Badewanne voller Wasser legt. Dennoch ist sie immer für eine Überraschung gut! Im Notfall vertreibt sie Sie einfach aus dem Badezimmer. Genauso unvorhersehbar ist Kreativität.

Katzen und Kreativität sind nicht nur überraschend, sondern auch geheimnisvoll. Unsere angeborene Kreativität wird uns bewusst, wenn wir das Unbekannte wagen. Das kann uns Angst einflößen. Meist bevorzugen wir das Vertraute, das uns ein falsches Gefühl von Sicherheit vermittelt. Doch jeder Moment ist eine neue Gelegenheit, die nur durch unsere Gedanken, Erinnerungen und Prägungen, die wir einbringen, Farbe gewinnt.

Der Sprung ins Ungewisse

Zu solchen Gedankenspielen lassen sich unsere Katzenfreunde gar nicht verleiten. Wenn sie etwas sehen, zum Beispiel einen Pappkarton, springen sie einfach hinein! Sie zeigen uns, dass das Leben ein Abenteuer ist. Selbst wenn sie Angst haben, treibt sie ihre Neugier früher oder später an, das Ungewisse zu erkunden.

Mit all diesem Wissen über Katzen lade ich Sie ein, sich wie eine Katze auf das Mysterium der Kreativität einzulassen.

- Experimentieren Sie auf spielerische Art
- Seien Sie neugierig und erkunden Sie neue Richtungen
- Seien Sie aufmerksam und nehmen Sie den Augenblick bewusst wahr
- Seien Sie risikofreudig (darauf vertrauend, immer auf den Füßen zu landen)
- Seien Sie mutig und verlassen Sie Ihre Komfortzone
- Wenn Sie nicht wissen, wie es weitergeht, hören Sie auf

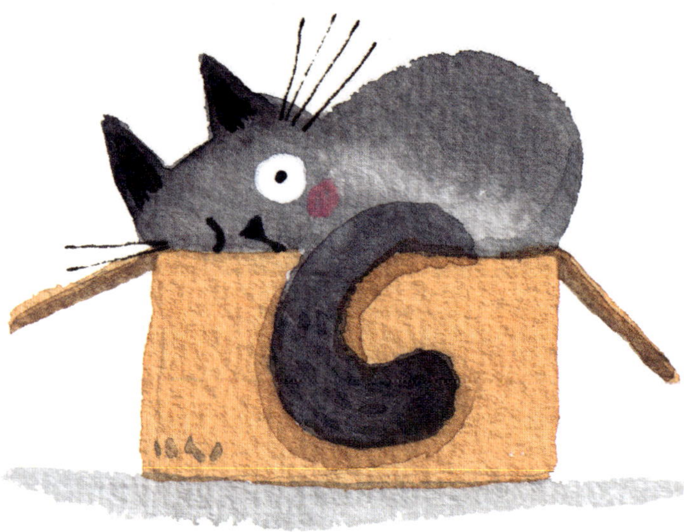

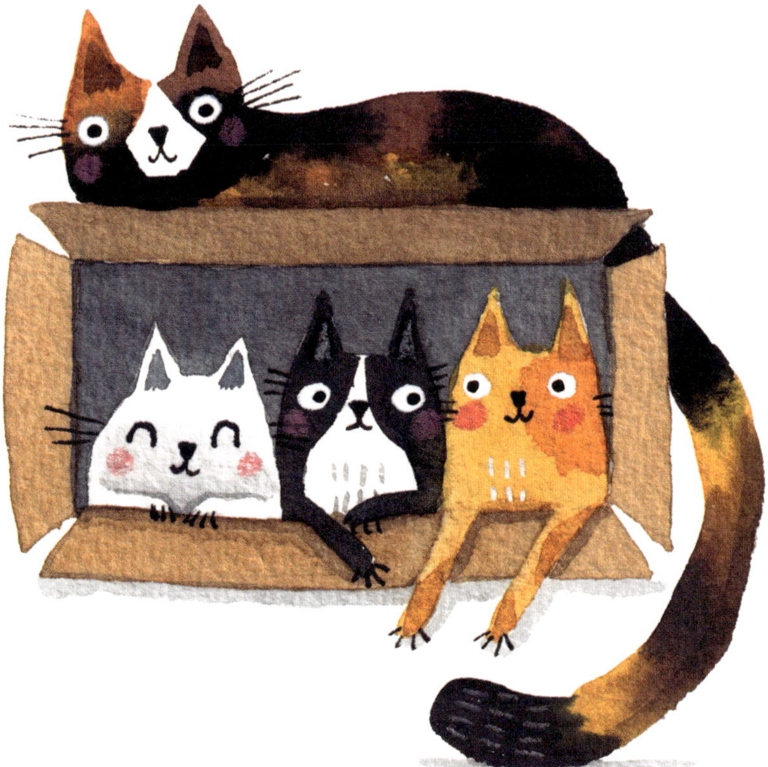

Der Weg zur Achtsamkeit

Wenn wir so neugierig sind wie Katzen, dann gibt es immer etwas zu entdecken. Bei völliger Achtsamkeit und Präsenz im Augenblick werden Sie offen für das Geheimnis der Kreativität, das sich vor Ihnen entfaltet. Kreativität entsteht, wenn Sie mit Pinsel und Farbe vor dem Papier stehen – genau dann und genau dort.

Wie eine Katze sich zu nichts zwingen lässt, kann auch Kreativität nicht erzwungen werden, aber Sie können sich dafür öffnen. Wir können unserer Katze einen ganzen Napf mit ihrem Lieblingsfutter vorsetzen, aber sie allein entscheidet, ob sie sich ihm nähert oder sich vollständig abwendet. All unsere Pläne und Erwartungen für den kreativen Schaffensprozess sind nur Ideen, wir wissen nie, was dabei herauskommt. Bleiben Sie daher offen für alles, was jenseits Ihrer persönlichen Vorstellungen geschehen kann. Es ist wie beim Spielen mit Katzen: Je weniger Erwartungen wir haben, desto mehr Freude empfinden wir, wenn wir Erfahrungen machen.

Wir können das weiße Blatt Papier betrachten wie die Katze den Pappkarton: mit Neugier und wie ein Geheimnis, das erforscht werden will. Genau jetzt ist der richtige Zeitpunkt. Springen Sie hinein! Die Katze hat es schon getan.

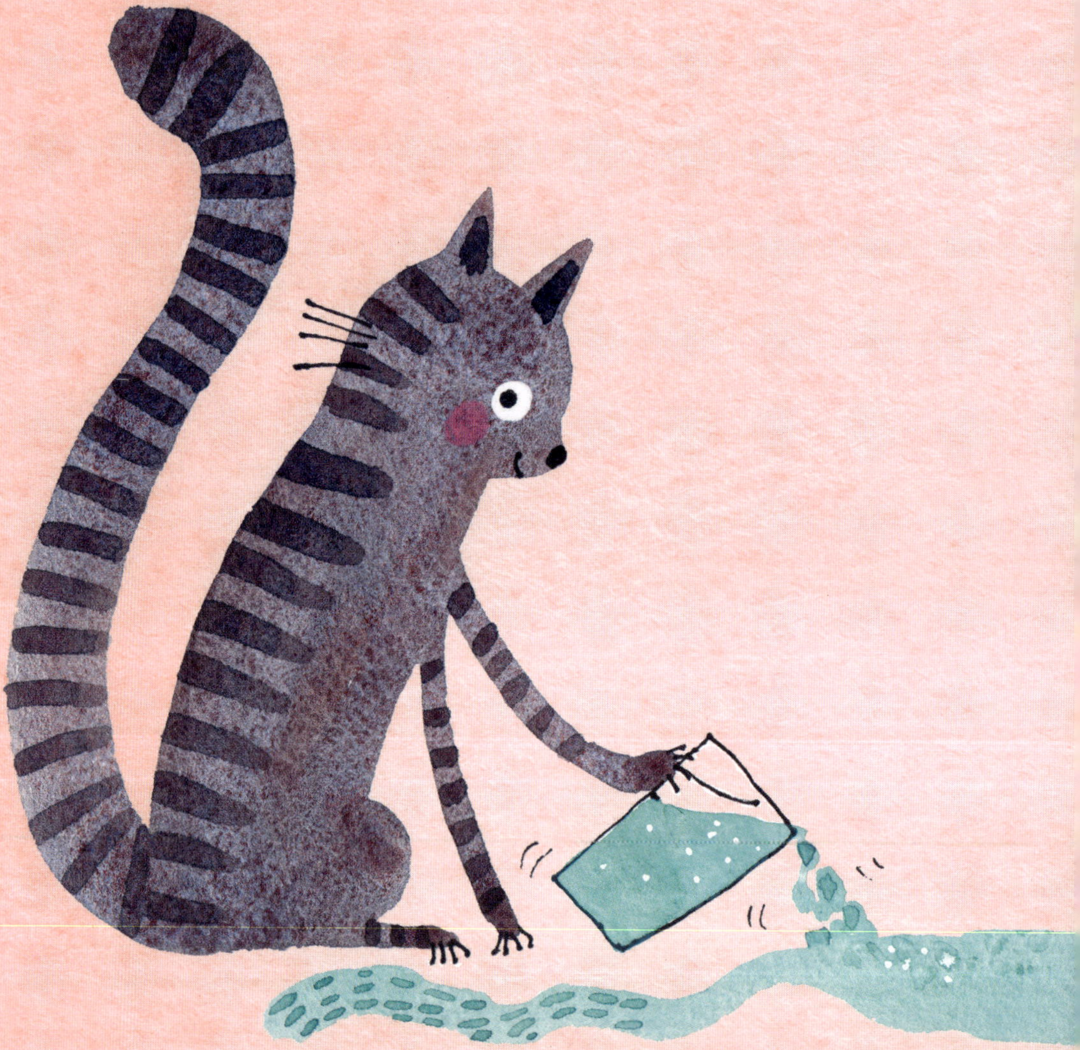

2

Warum Aquarellfarben?

Die Arbeit mit Aquarellfarben erfordert Aufmerksamkeit, ganz wie der Umgang mit Katzen. Aquarellfarben sind ein achtsames Material, und die Art und Weise, wie sie verlaufen und sich mischen, ist ein Wunder und eine Freude, die besondere Beachtung verdienen. Ich bin sicher, dass Tucker und Rylee mir zustimmen. Sie schauen gern zu, wenn sich der Pinsel über das Papier bewegt, und Tucker reicht mir helfend, wann immer es möglich ist, seine Pfote. Sie sind sogar so mutig, dass sie sich des Kunstwerkes vollständig bemächtigen, indem sie sich genau auf die Mitte setzen – der perfekte Ort, um eine kleine Streicheleinheit zu ergattern.

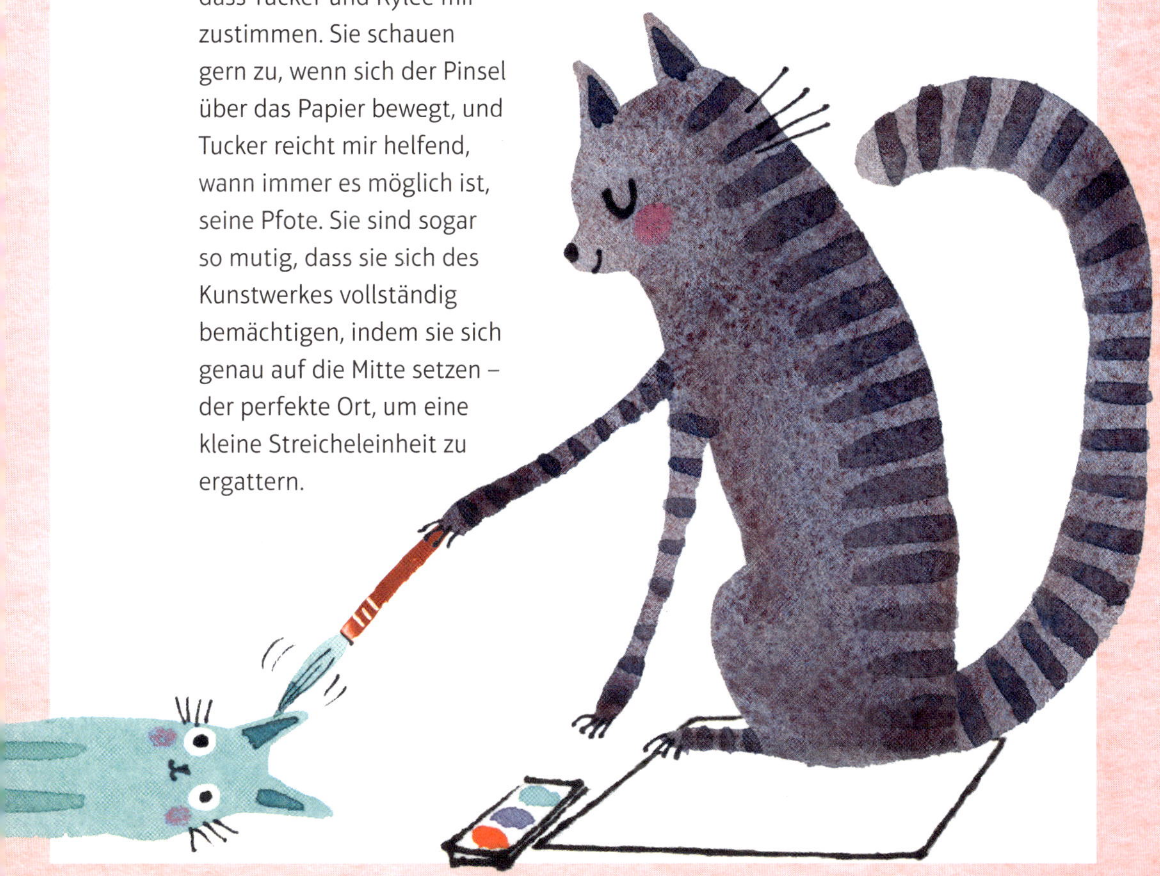

Das Malen mit Aquarellfarben ist – wie die Persönlichkeit einer Katze – unkontrollierbar. Katzen konzentrieren sich immer absolut auf das, was sie tun, ganz gleich, was dabei herauskommt. An ihrer offenen Einstellung gegenüber der Kreativität können wir uns ein Beispiel nehmen und ihnen folgen. Beim Malen geht es mehr um den Prozess als um das Ergebnis.

Ihre Unvollkommenheit kommentieren Katzen lediglich mit einem Schnurren. Ihre sorglose Haltung ist unglaublich.

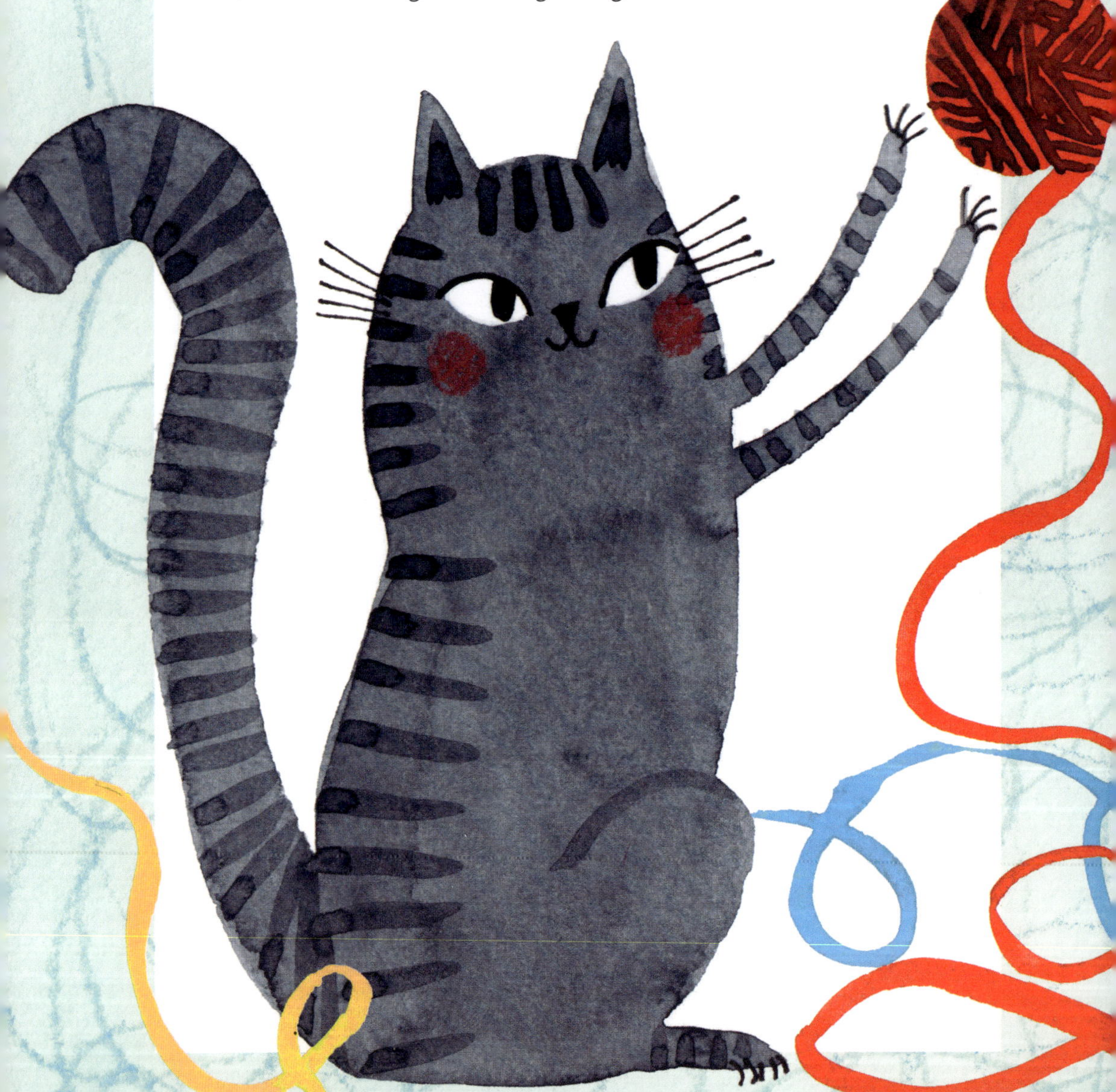

Wir können spielen und uns daran erfreuen, wie die Farbe zu hübschen Mischungen zerläuft und überraschende Formen hervorbringt.

Aquarellfarben sind – wie Katzen – spontan. Neugierig folgen sie einem Weg, ohne zu wissen, wohin er führt. So entwirren sich mit jedem Pinselstrich chaotische Gedanken und Knoten im Kopf. Danach können wir, wie unsere Miezekatzen, sorglos weggehen, wissend, dass wir an einem anderen Tag weiterspielen.

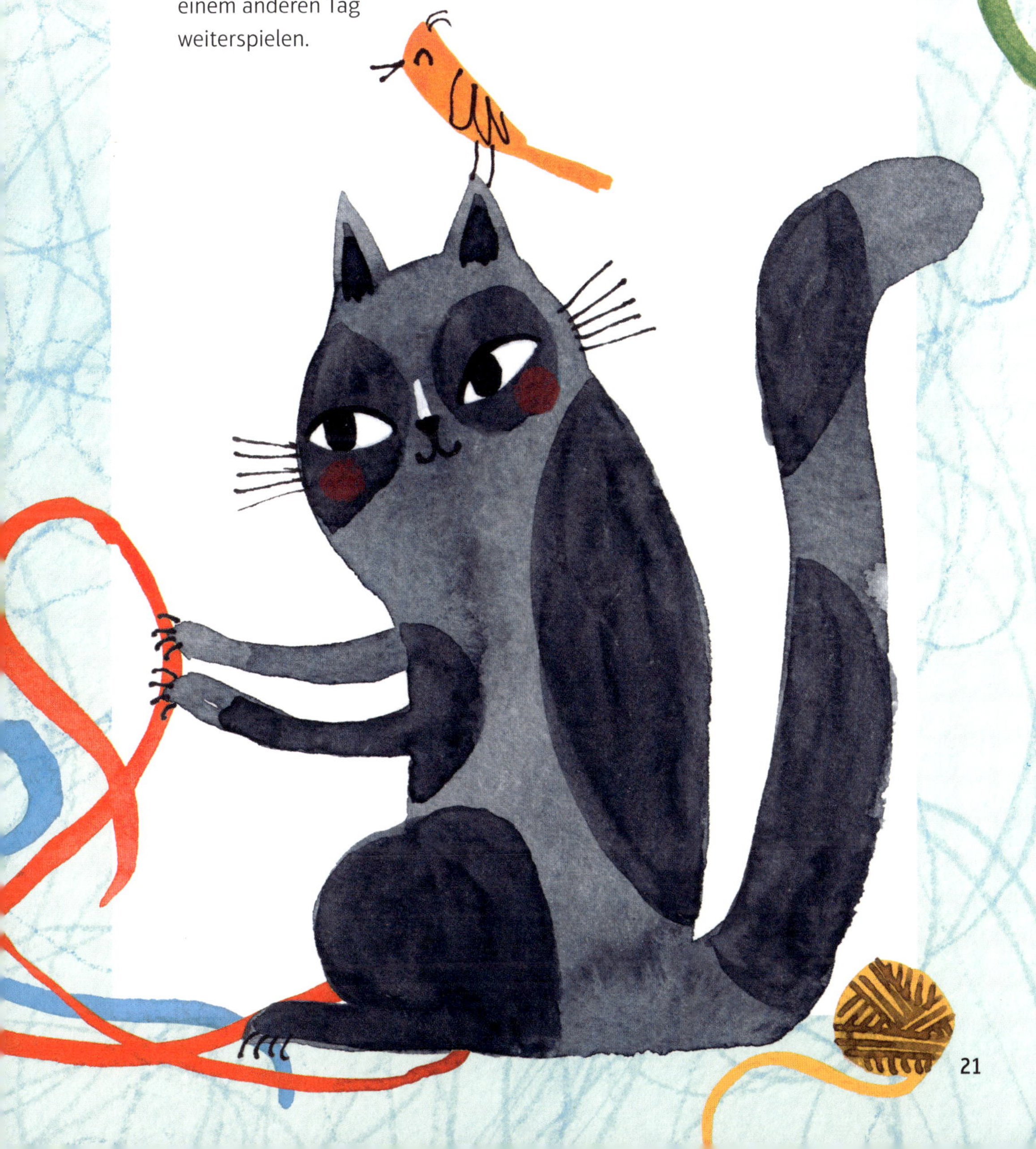

Aquarellfarben sind ein spielerisches Medium, das auf unterschiedliche Weise verwendet werden kann. Sie können das Papier anfeuchten und die Farbe auftropfen oder üppige Farben und Details auf eine trockene Oberfläche malen. Sie können den Pinsel drehen und wenden und Tropfen und Spritzer verteilen, um eine Textur zu schaffen. Und mit einer Schnur oder dem aufgerollten Papier lassen sich sogar Muster erzeugen. Damit wecken Sie ganz sicher die Aufmerksamkeit der Katze, die immer für eine Spielchen zu haben ist.

Beim Malen mit Aquarellfarben gehen Sie ein Risiko ein und probieren etwas Neues. Wenn Sie mit Farbe spielen, verlassen Sie Ihre Komfortzone. Die Transparenz und Deckkraft der Farben sind überraschend und können vielfältige Wirkungen erzeugen.

Aquarellmalerei erweckt unseren Spieltrieb zu neuem Leben. Mit dieser Neugier entwickeln Sie einen eigenen Malstil, und je mehr und häufiger Sie malen, desto mehr Spaß macht es. Natürlich entstehen immer wieder Herausforderungen, aber genau wie die Katzen können Sie sich strecken und über sich hinauswachsen, ohne den Boden unter Ihren Füßen zu verlieren. Denn: Sie haben immer die Möglichkeit aufzuhören und an einem anderen Tag weiterzumachen. Die Katze in Ihnen ist bereit – los geht's!

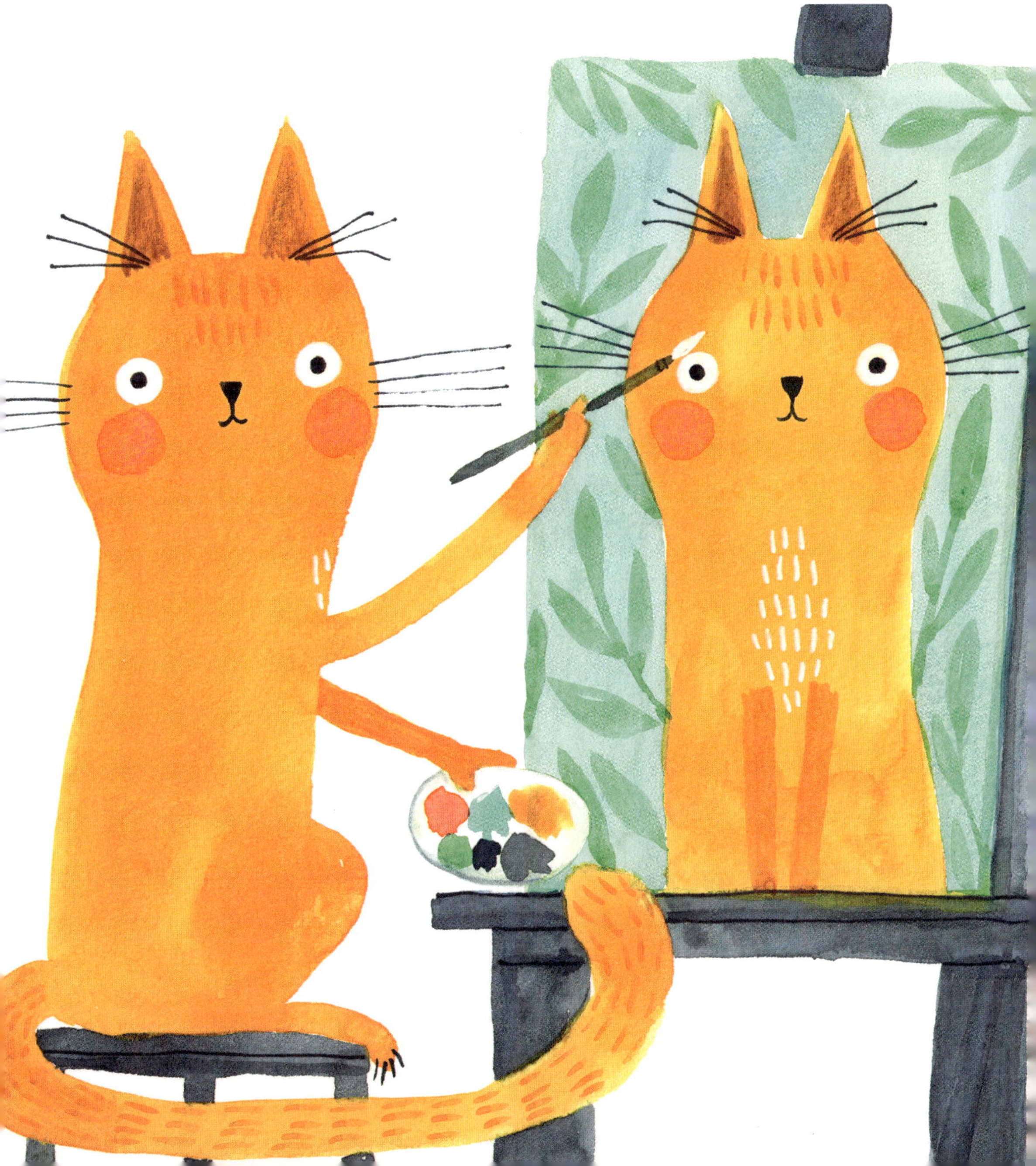

3

Material

Es gibt zwei Arten von Aquarellfarben: Trockenfarben und Farben in Tuben. Ich verwende Tubenfarben, weil ich sie direkt auf meine Palette drücken und alle meine Lieblingsfarben mischen kann. Außerdem sind sie sehr haltbar und ich muss sie nicht mit allzu viel Wasser mischen, da sie frisch aus der Tube verwendbar sind. Bei Pinseln setze ich fast ausschließlich auf Rundpinsel. Mit diesen Allroundern lassen sich sowohl große Flächen als auch dünne Linien malen. Eine Liste meiner Lieblingsmaterialien finden Sie am Ende dieses Buches im Kapitel »Hilfsmittel«. Außerdem benötigen Sie einige Behältnisse, einen zum Befeuchten der Farbe und einen anderen zum Reinigen des Pinsels.

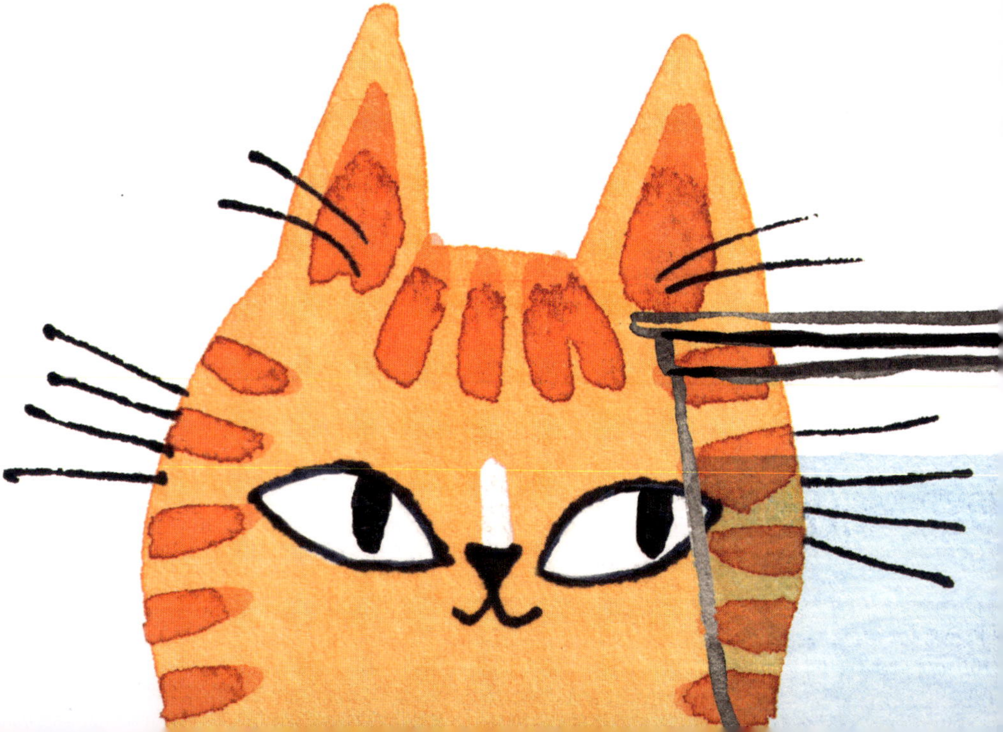

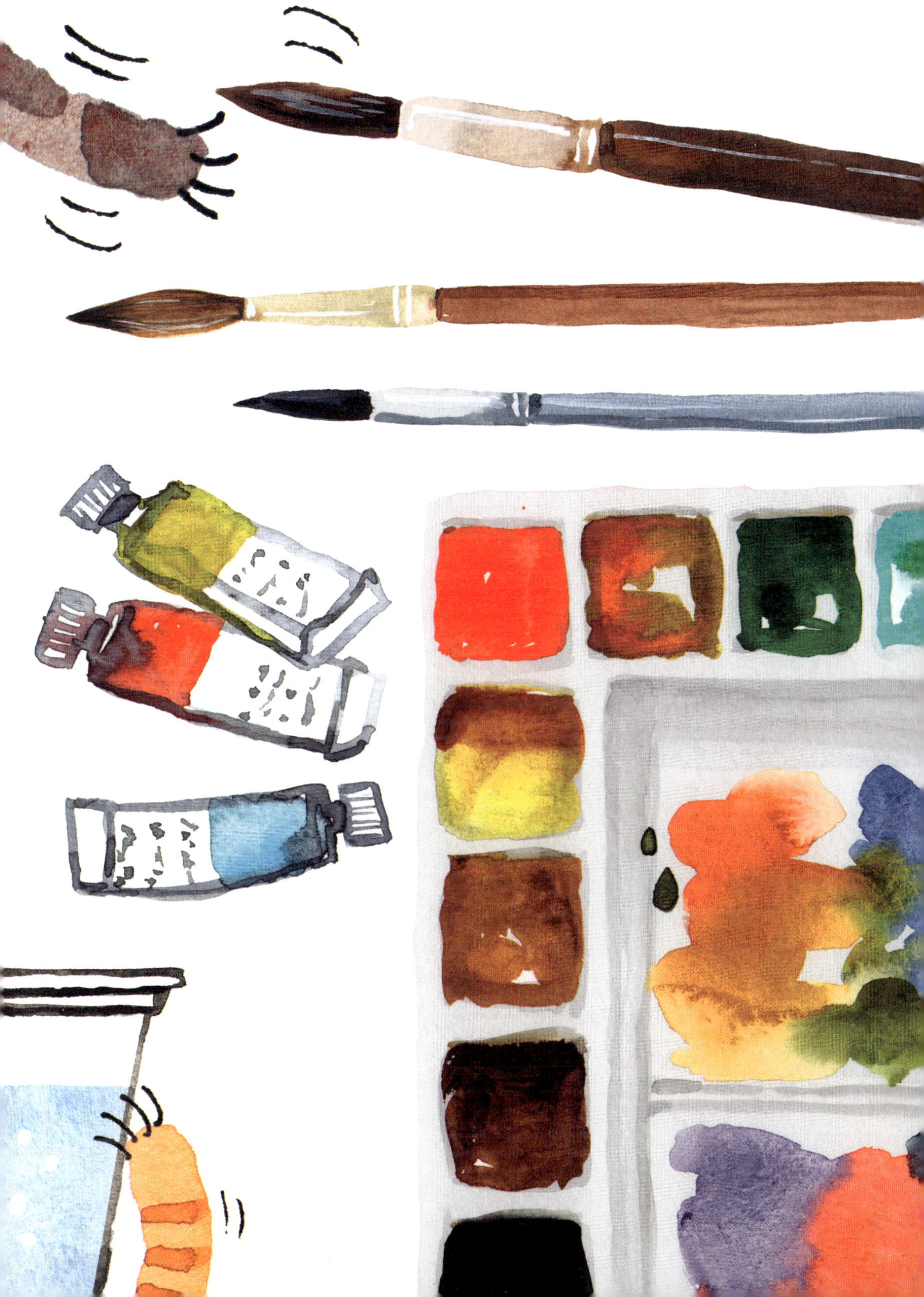

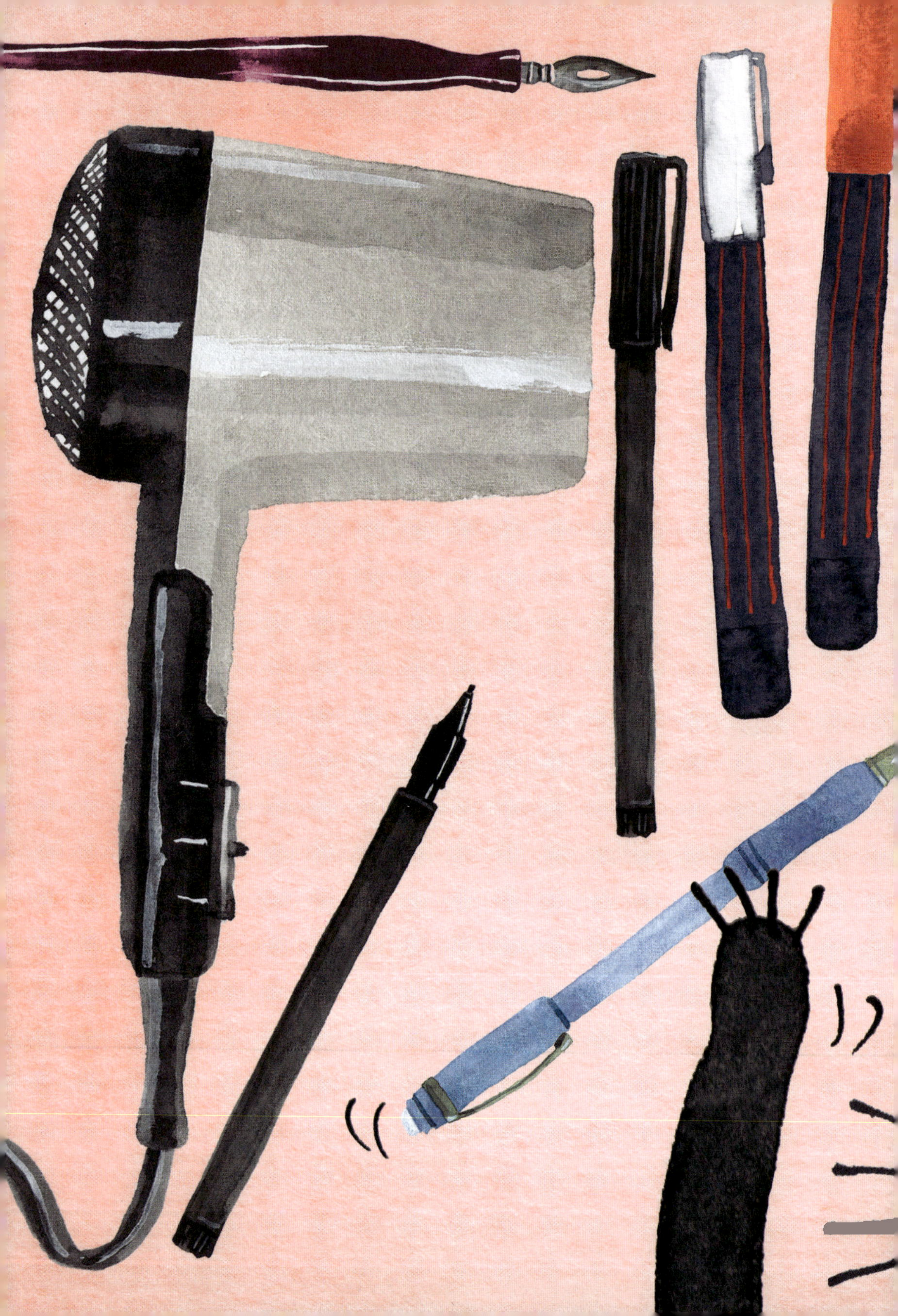

Außerdem brauchen Sie kaltgepresstes Aquarellpapier (300 g) und Acrylstifte. Ich mag Posca-Marker, aber auch andere Stiftsortimente eignen sich hervorragend. Auch sollten Sie einen Tuschestift oder einen Permanent-Marker mit feiner Spitze bereithalten. Wenn Sie Ihr Bild skizzieren möchten, bevor Sie mit dem Malen beginnen, sollten Sie einen Bleistift zur Hand haben.

Häufig verwende ich einen Föhn, um den Trockenprozess zu beschleunigen, vor allem, wenn ich im Atelier arbeite. Mit Papiertüchern oder einem sauberen, weichen Stofftuch können Sie überschüssiges Wasser aufsaugen und Farbe vom Pinsel abwischen.

Und vergessen Sie auf keinen Fall die Katze, die Ihnen gern hilft!

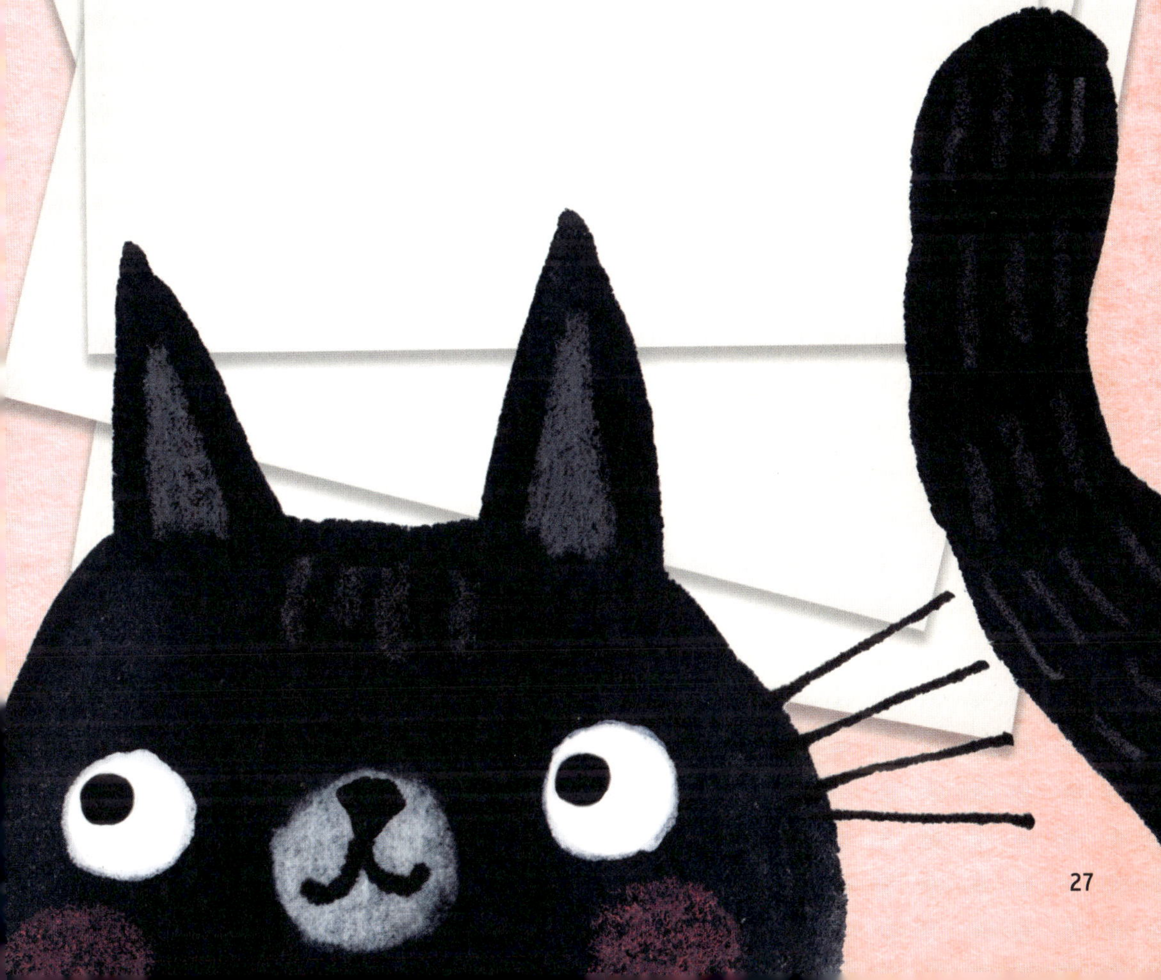

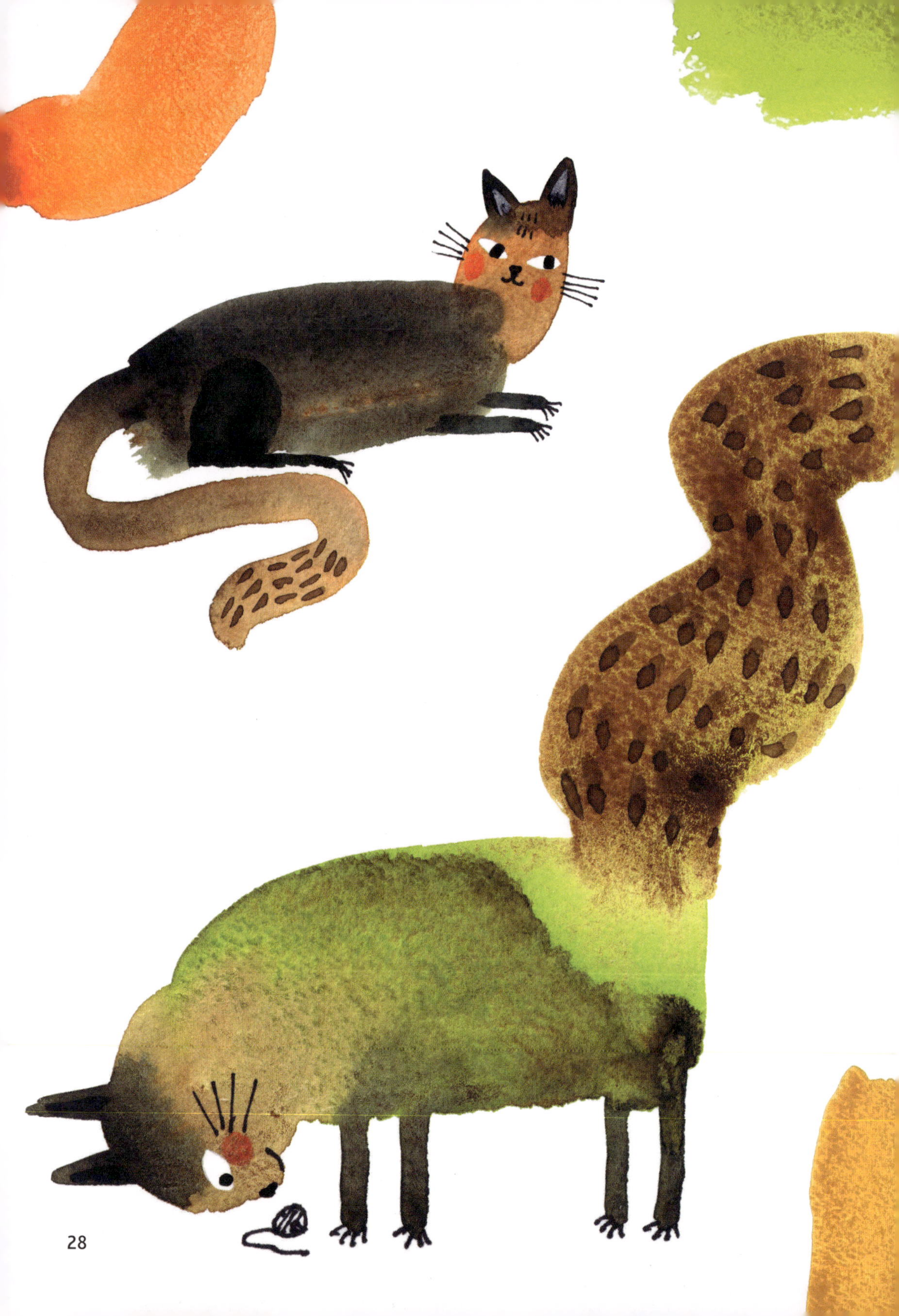

4

Katzen malen

Kleckse machen locker

Ich liebe die Spontaneität von Katzen! Seien Sie genauso spontan mit Ihren Aquarellfarben. Beginnen Sie mit einem Farbklecks, aus dem Sie viele unterschiedliche und verrückte Katzen malen können. Katzen können jede Form haben. Es ist fast unmöglich, eine Form zu malen, die Sie nicht in ein süßes Kätzchen verwandeln können.

Für die erste Katze oben links habe ich zuerst einen Klecks für den Körper gemalt und dann Kleckse für den Kopf, den Schwanz und die Beine hinzugefügt.

Die zweite Katze ist aus einem Klecks für den Schwanz entstanden. Zunächst wusste ich nicht, dass es der Schwanz werden würde, aber dann habe ich Körper, Kopf und Beine hinzugefügt und war begeistert vom Katzenhaften. Sehr achtsam!

Das Tüpfelchen auf dem »i« war das Wollknäuel und so ist eine lustige Geschichte entstanden.

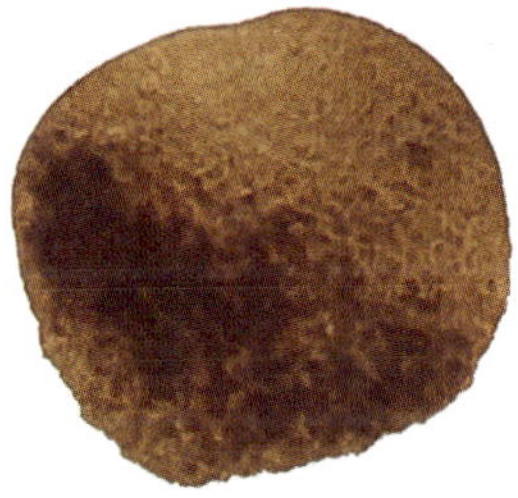

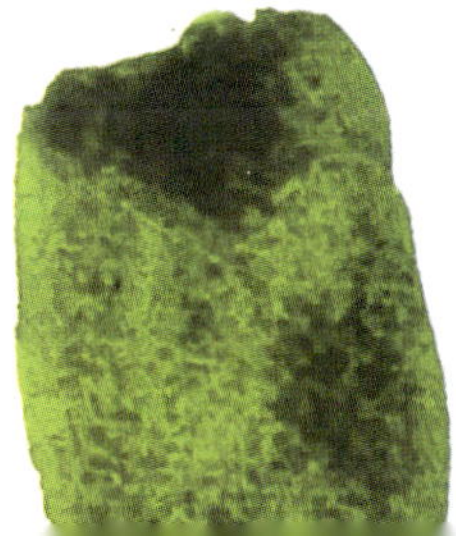

Für das »Klecks-Katzen-Projekt« malen Sie zuerst spontane Formen aus unterschiedlichen Aquarellfarben auf das Papier. Wichtig ist, nicht zu viel nachzudenken oder zu planen. Konzentrieren Sie sich auf den Augenblick und lassen Sie Pinsel und Farbe ihre eigenen Wege gehen. Später werden wir die Formen mit Details versehen. Die Form gibt die Richtung vor, in die sich Ihre Katze entwickelt.

Aber natürlich können Sie auch gleich zu Beginn Ohren, Schwanz und Beine malen. Probieren Sie beides aus! Sie können nichts falsch machen. Füllen Sie das Papier einfach mit Formen. Rund um die einzelnen Formen sollten Sie ein wenig Platz lassen, damit Sie weitere Kleckse und Einzelheiten hinzufügen können.

Den Spieltrieb nutzen

Spielen Sie mit Ihren Klecksen. Experimentieren Sie und überlassen Sie sich dem Flow. Denken Sie daran: Sie tauchen in ein Geheimnis ein und wissen nicht, wie die Katzen später aussehen werden. Manche Formen sehen absurd aus. Dass daraus eine Katze entstehen kann, ist möglicherweise schwer vorstellbar. Lassen Sie sich von der Form überraschen! Katzen sind flexibel und können jede Form annehmen.

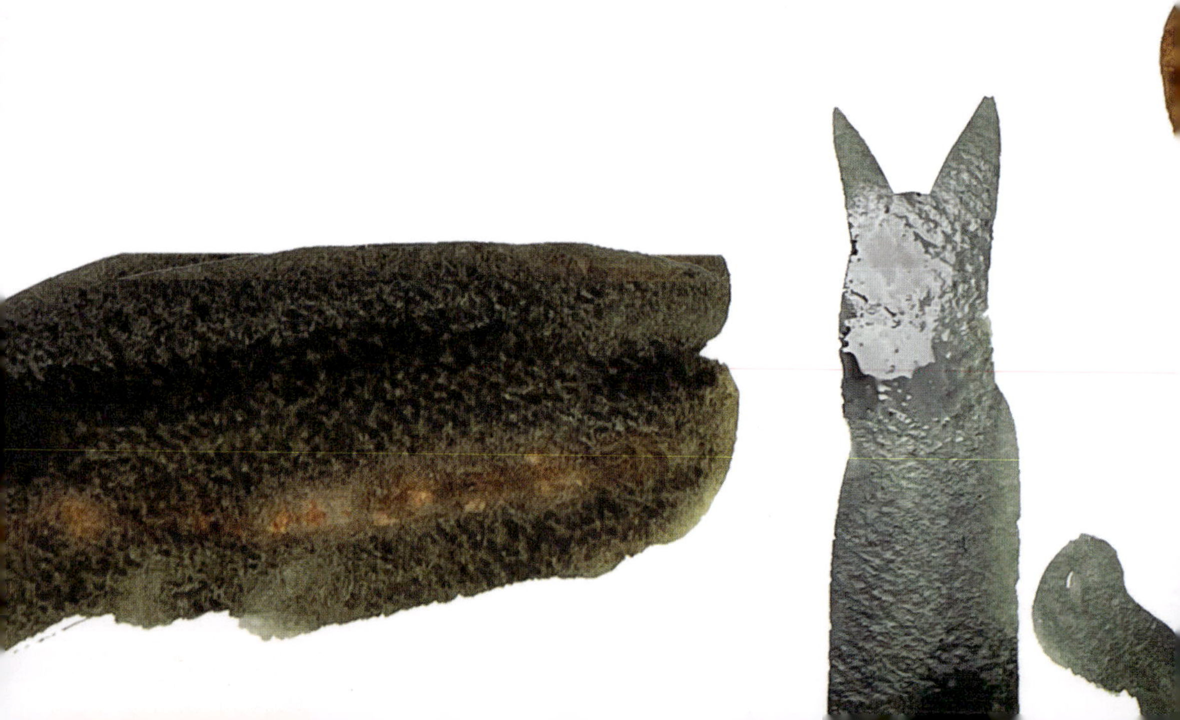

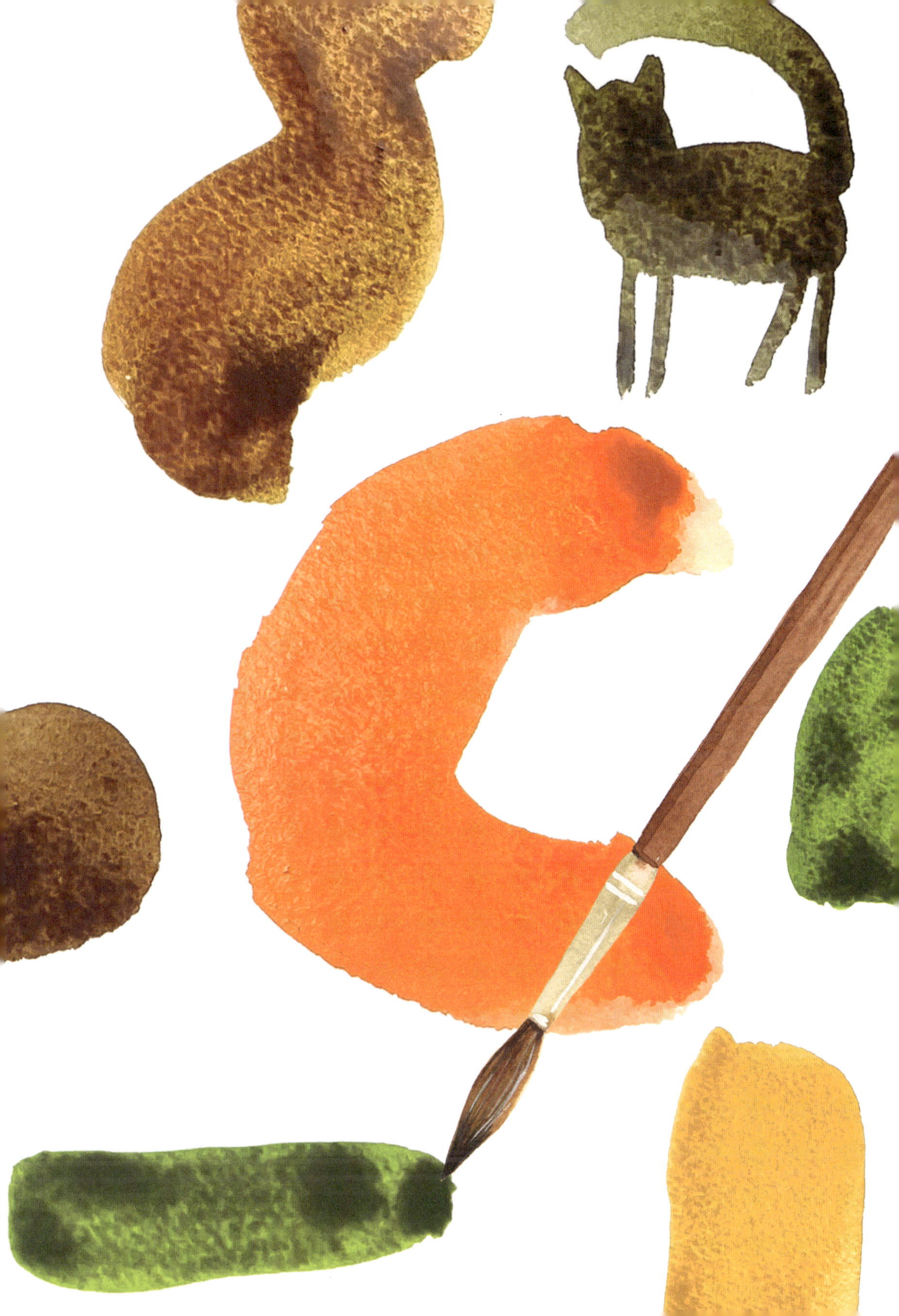

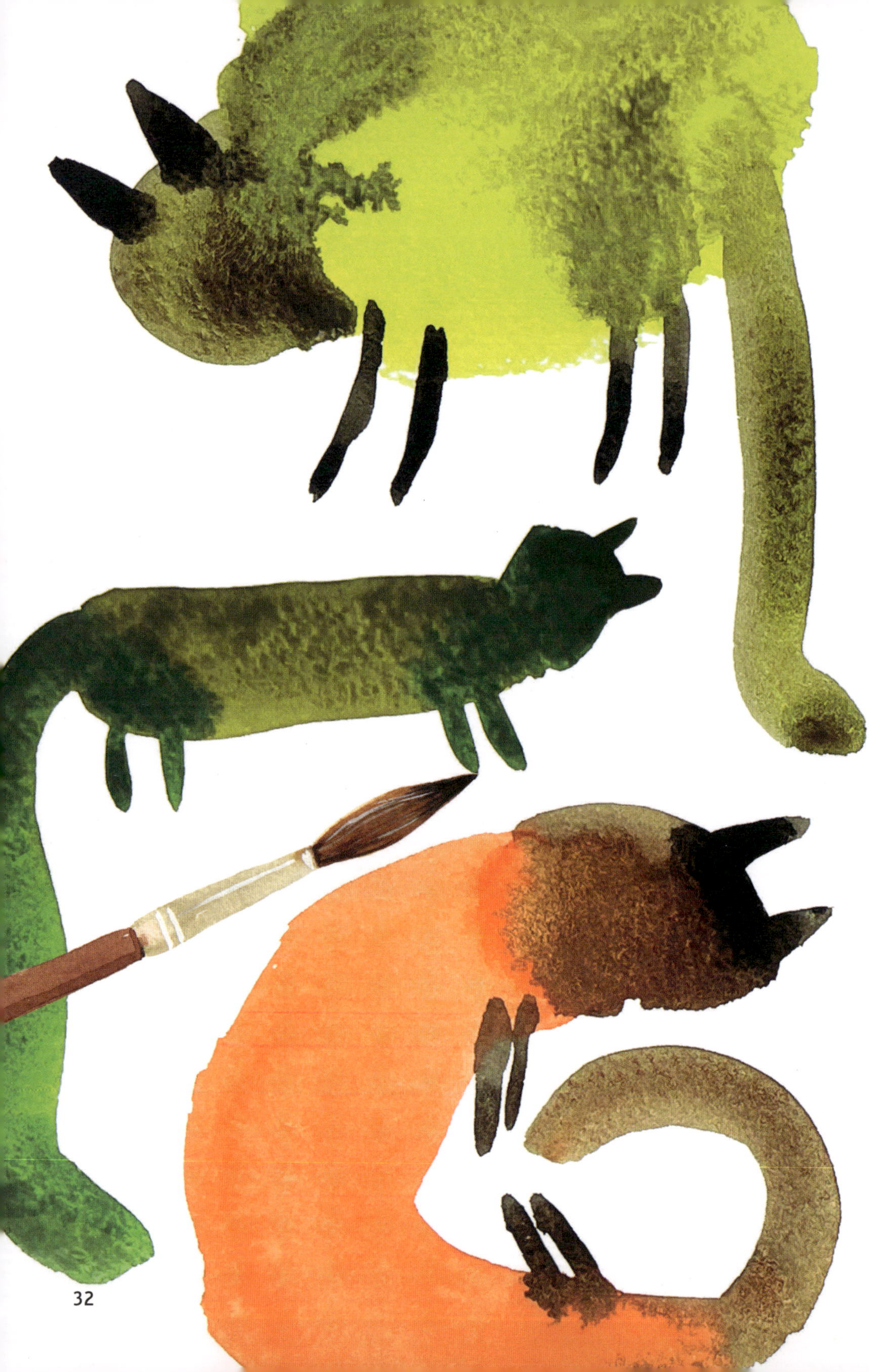

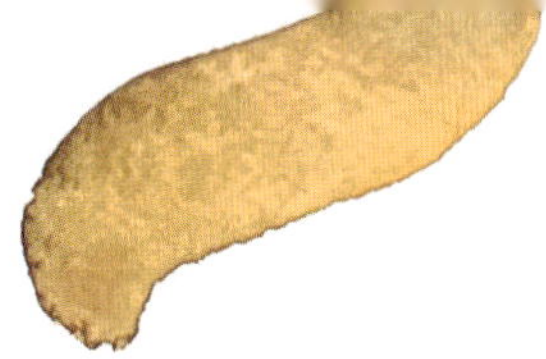

Katzen entstehen

Wenn Sie ausreichend Kleckse auf das Papier gesetzt haben, erweitern Sie diese durch Kleckse für Köpfe, Ohren, Schwänze und Beine. Nun können Sie schon gut erkennen, wie die Katzen entstehen und wie sie sich verhalten. Vielleicht spielen sie miteinander, schlafen, springen oder gehen einer der unendlich vielen Tätigkeiten nach, an denen Katzen Spaß haben.

Solange die Farbe feucht ist, können Sie weitere Kleckse malen. Zu sehen, wie die Farben ineinander verlaufen, ist ein echtes Wunder. Es macht nichts, wenn die Farben schon getrocknet sind. Auch so können sich lustige Katzen formen.

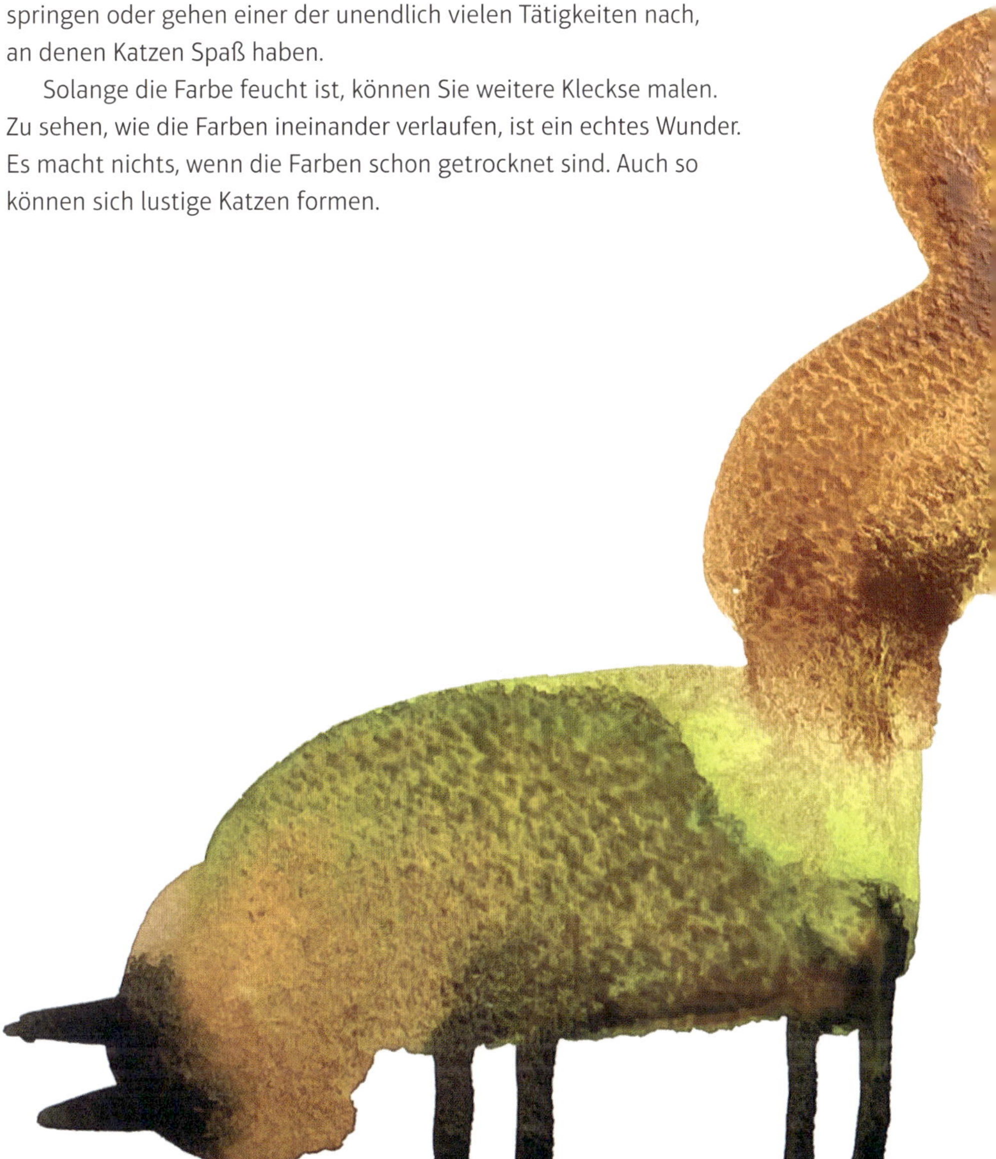

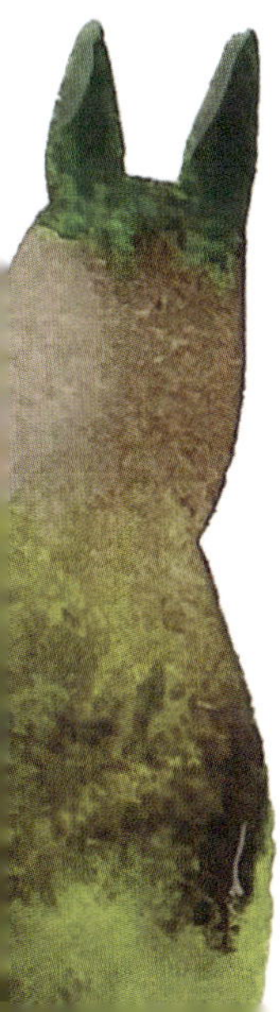

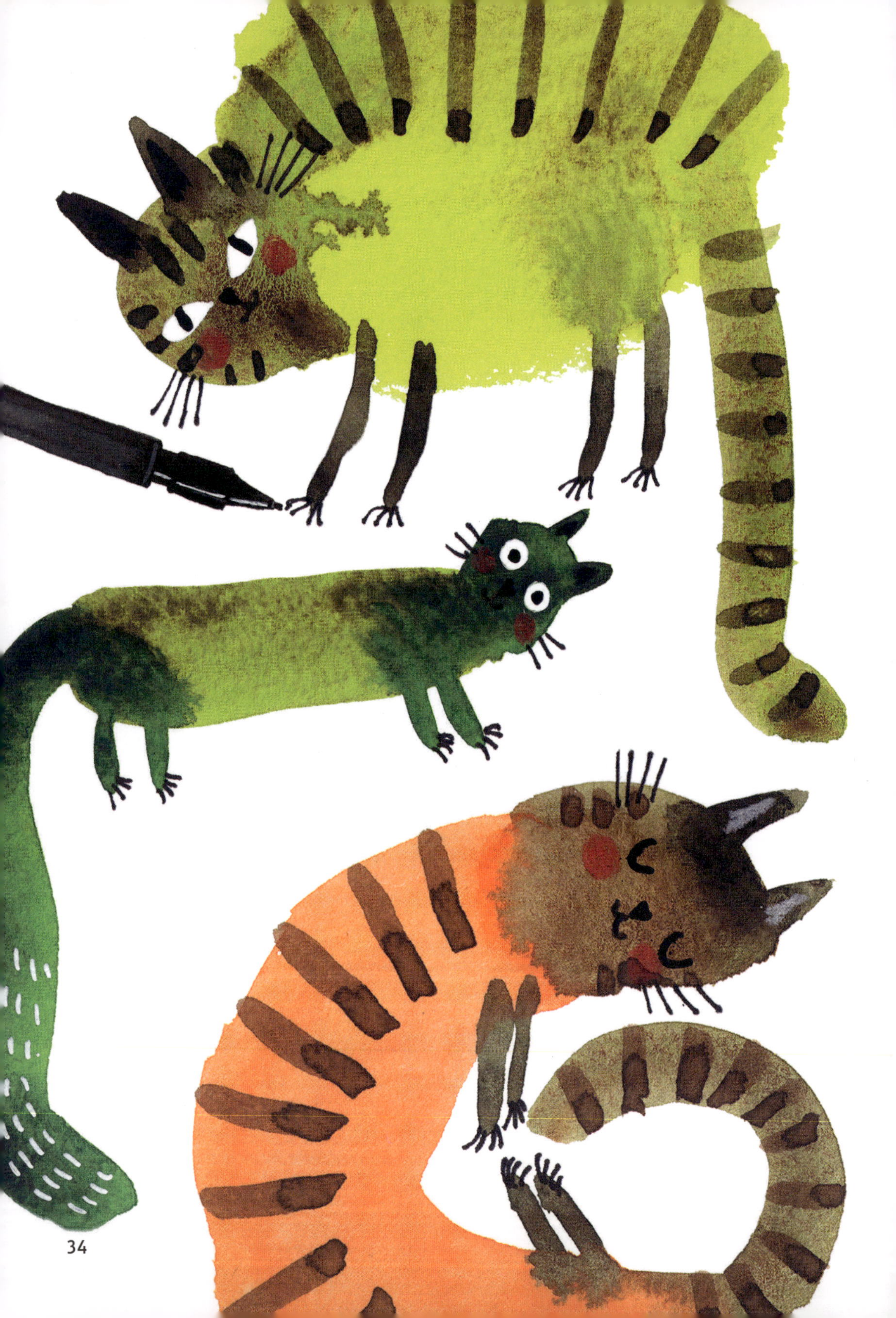

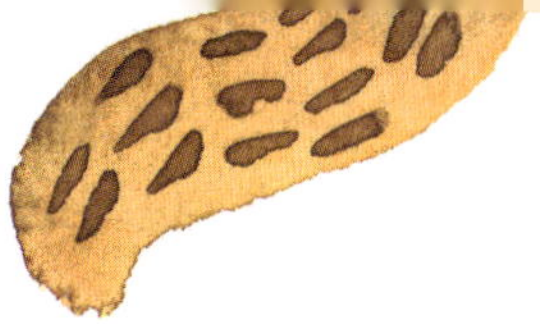

Einzelheiten hinzufügen

Jetzt können wir erforschen, wer diese Katzen sind. Sobald die Farbe trocken ist, können Sie die Formen mit einzelnen Merkmalen anreichern. Spielen Sie mit Streifen, Fellmustern, Augen, Beinen, Nasen und Mündern. Verwenden Sie dazu nicht nur Aquarellfarben, sondern auch andere Materialien. Experimentieren Sie mit unterschiedlichen Augenformen und Gesichtsausdrücken. Eine Katze könnte rennen, eine andere springen. Haben Sie einfach Spaß und bleiben Sie spontan – wie ihre haarigen Freunde.

Eine Katze allein ist schön, aber Sie können sie auch auf einen Stuhl setzen oder zusammengerollt auf einen Teppich legen. Fügen Sie Katzenspielzeug und andere Katzen hinzu. Lassen Sie sich überraschen von den Kätzchen, die Sie auf dem Papier zum Leben erwecken.

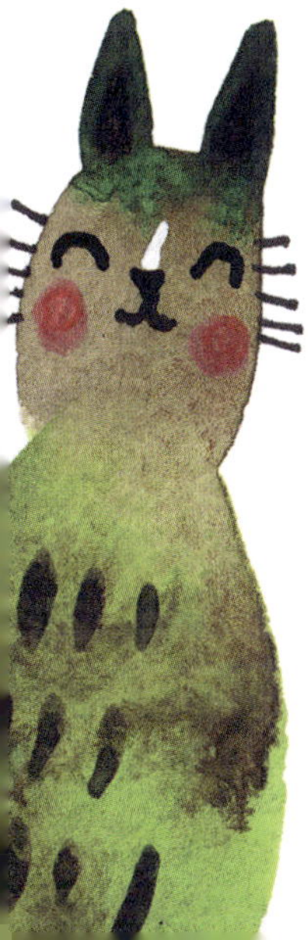

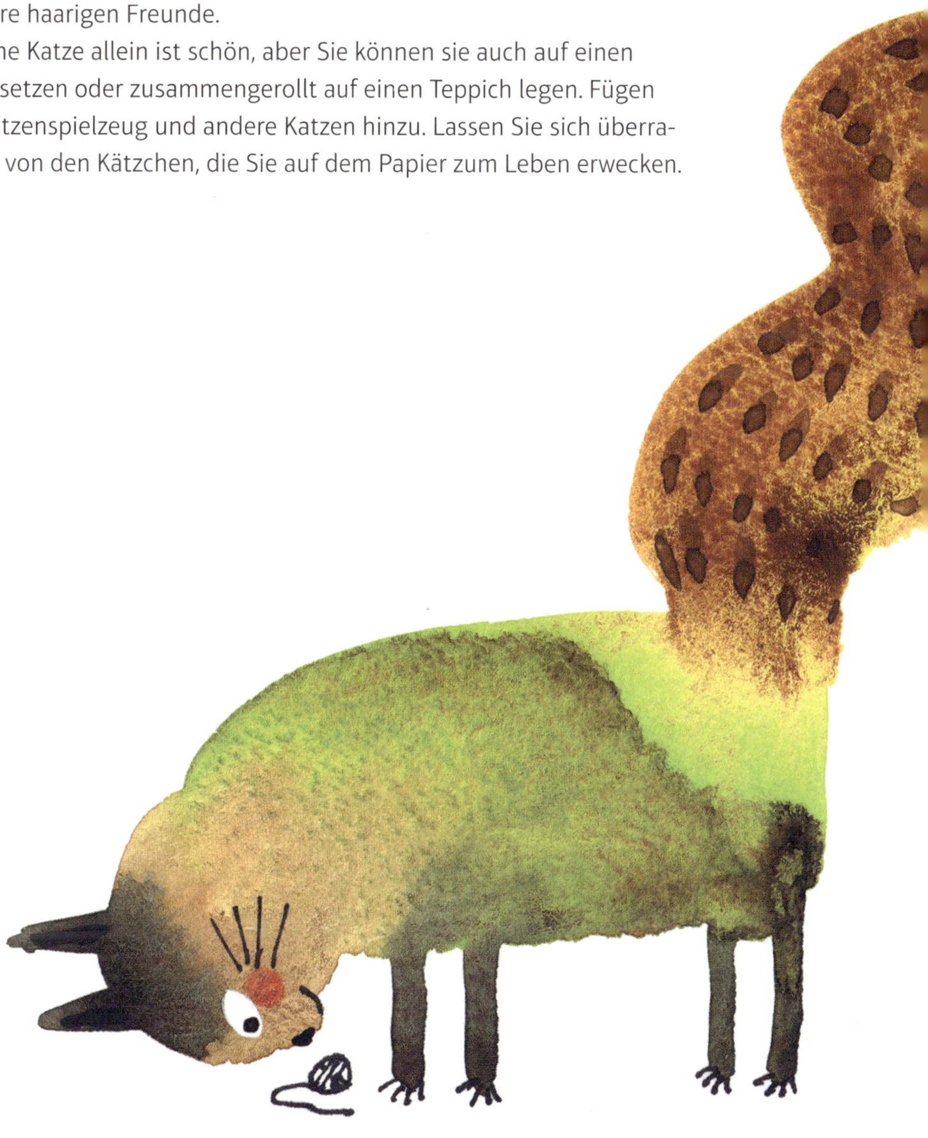

5

Farbe

Der Farbkreis

Es gibt drei Primärfarben: Rot, Gelb und Blau. Sie können diese zu Sekundärfarben mischen: Ein gleicher Anteil von Rot und Gelb wird zu Orange, Blau und Rot mischen sich zu Violett und Blau und Gelb zu Grün. Zwischen den Primär- und den Sekundärfarben gibt es unendlich viele Abstufungen.

Komplementärfarben liegen sich im Farbkreis direkt gegenüber. Wenn Sie in einem Kunstwerk nebeneinander liegen, bringen sie sich gegenseitig zum Leuchten und erzeugen starke Kontraste. Farben können kalt oder warm erscheinen: Die Farben zwischen Rot und Gelb/Grün sind eher warm, während die Farben zwischen Grün und Violett/Rot eher kalt sind. Jede Farbe kann je nach Mischung eine wärmere oder kältere Tönung haben.

Auch gibt es von jeder Farbe hellere und dunklere Töne. Das hängt davon ab, wie viel Wasser oder Schwarz hinzugemischt wird. Wenn Sie Komplementärfarben mischen, entstehen unterschiedliche Grautöne.

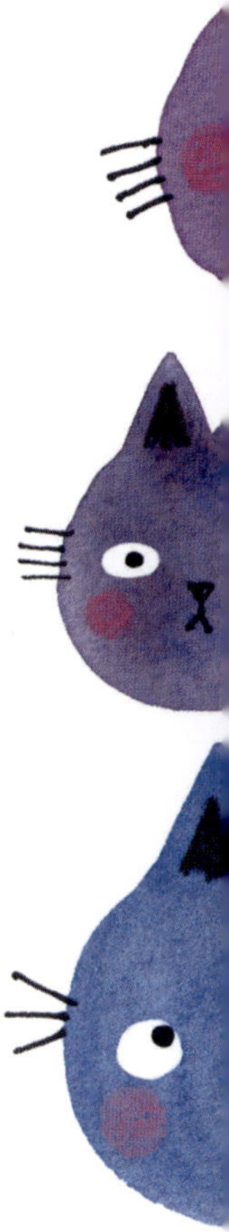

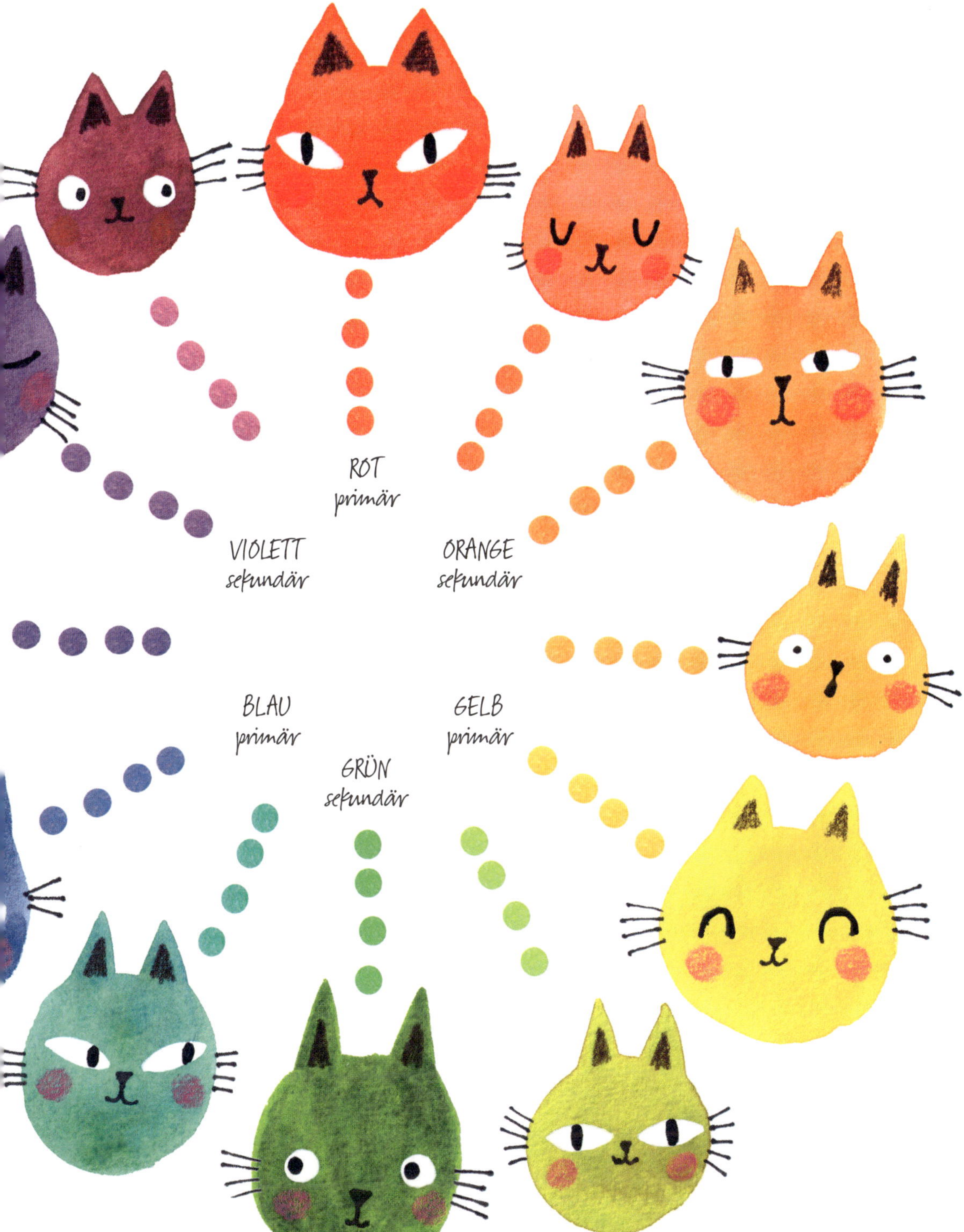
ROT
primär
VIOLETT
sekundär
ORANGE
sekundär
BLAU
primär
GELB
primär
GRÜN
sekundär

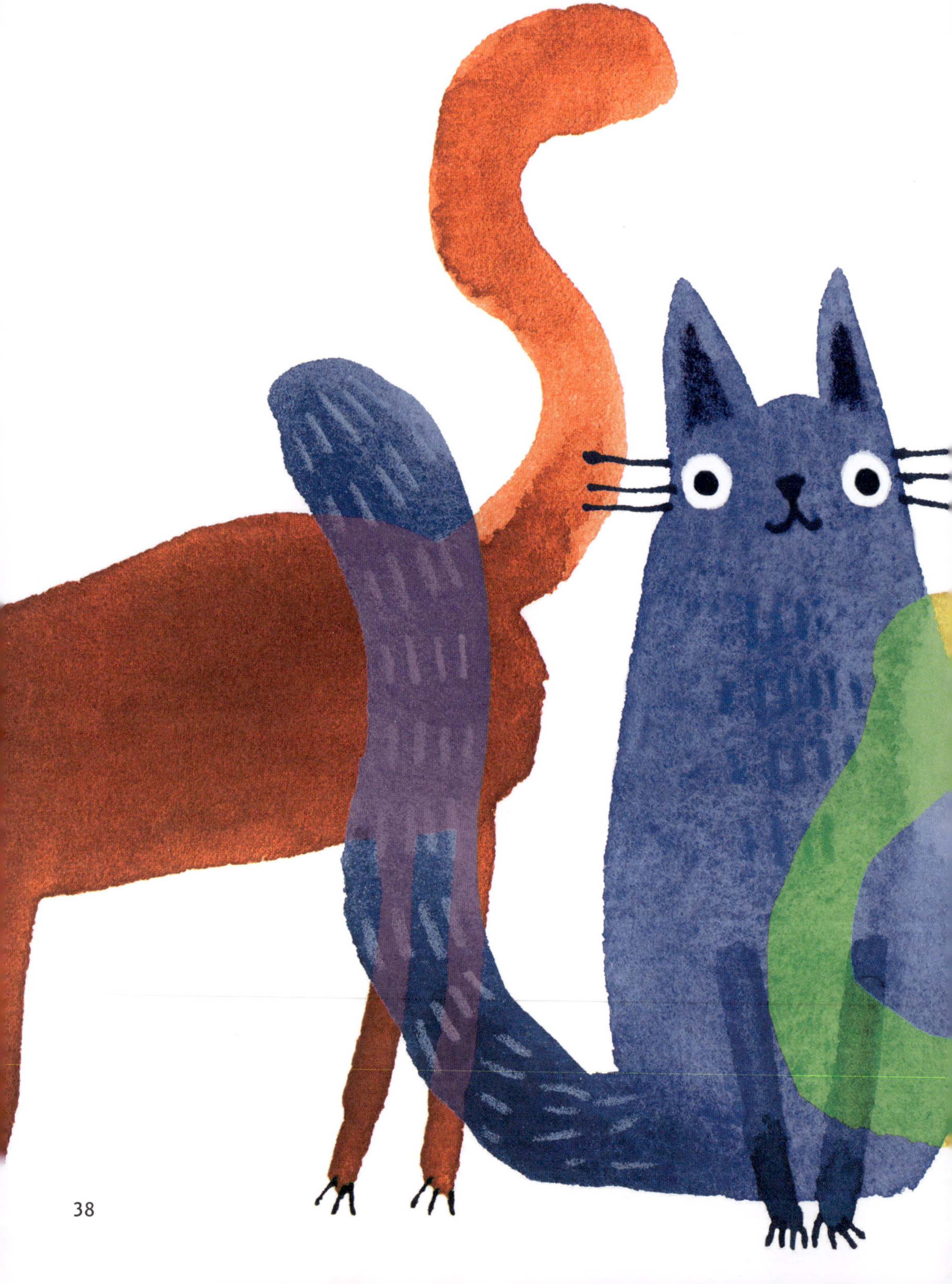

Schichten

Wenn Sie Farbschichten übereinanderlegen, denken Sie daran, dass Aquarellfarben transparent sind. Legen Sie also die Primärfarben Rot, Blau und Gelb übereinander, entstehen die Sekundärfarben Violett, Grün und Orange. Probieren Sie einfach unterschiedliche Farbschichten aus. Je näher die Farben auf dem Farbrad liegen, desto heller (gesättigter) wird die Farbe. Wenn Sie einander gegenüberliegende Farben übereinander malen, entsteht ein grauerer Farbton.

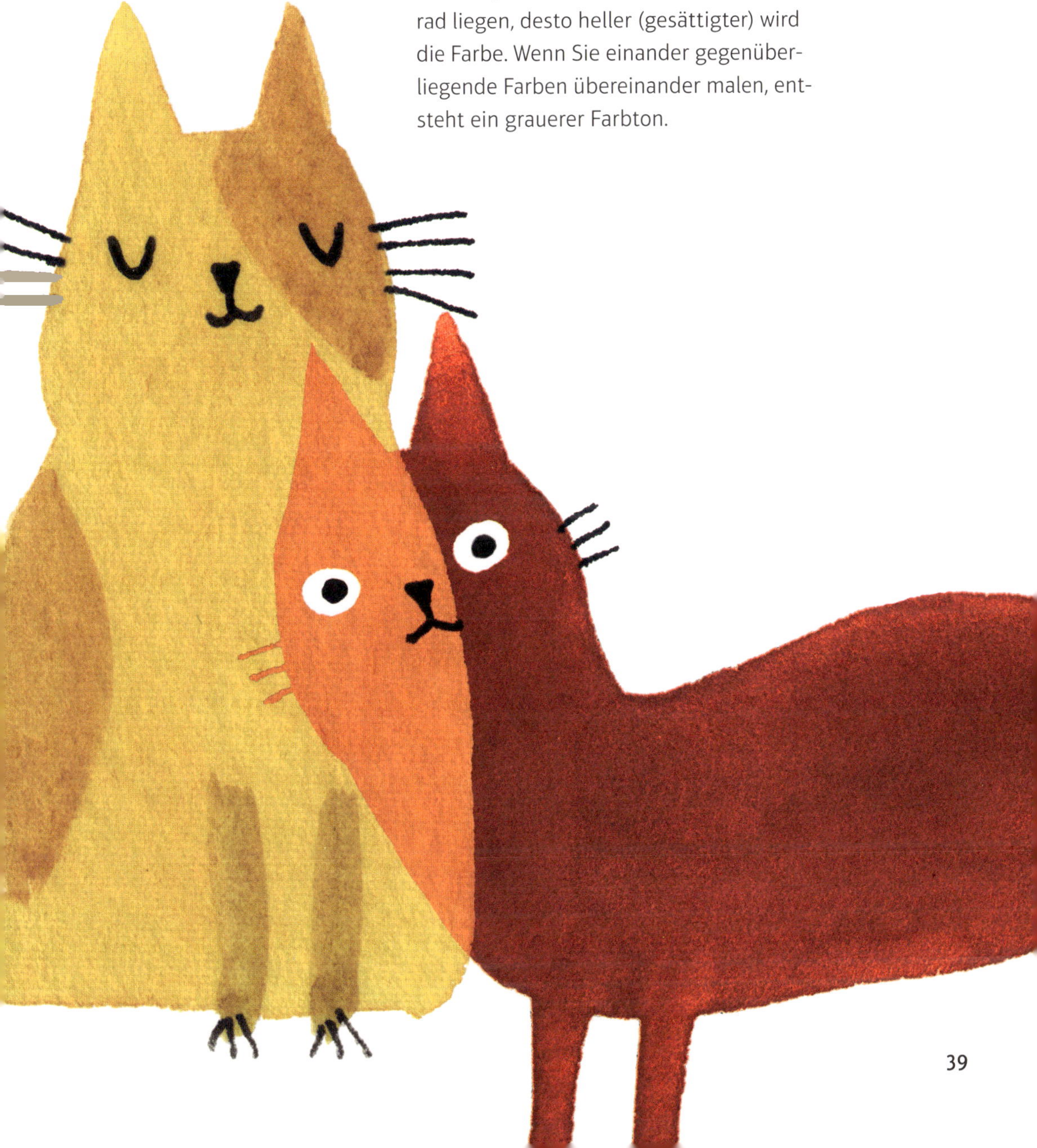

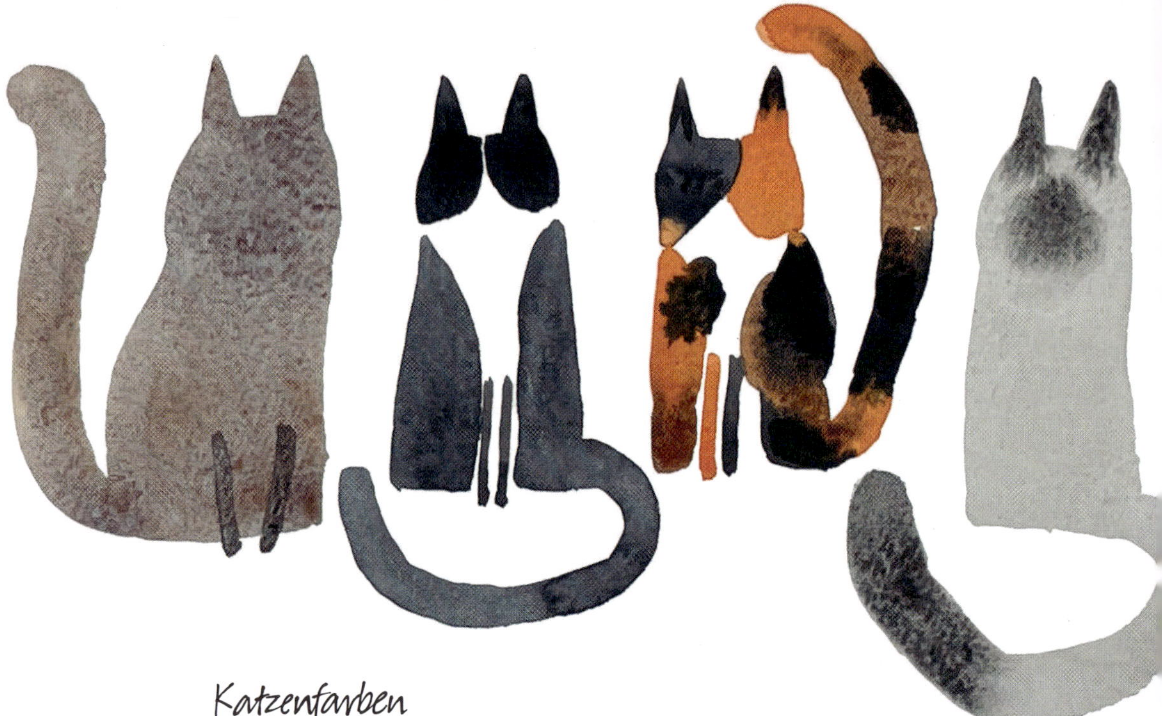

Katzenfarben

Von Schwarz bis Rotbraun, von Kattun bis Smoking: die Farben der Katzen sind so vielfältig wie ihre Persönlichkeiten. Genießen Sie die Freude am Malen – warum soll Ihre Katze nicht grün sein!

Beginnen Sie, wie oben gezeigt, mit der Grundfarbe der Katze. Dann malen Sie, wie Sie unten sehen können, das Fellmuster und die Beine.

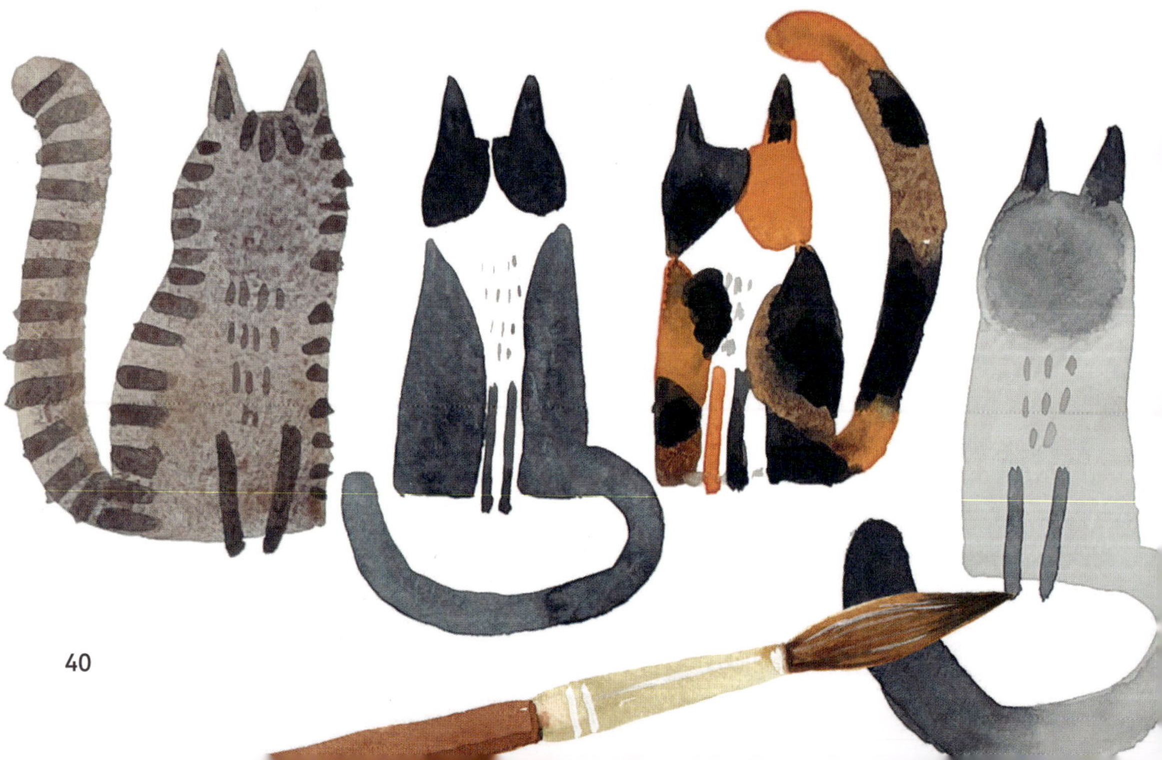

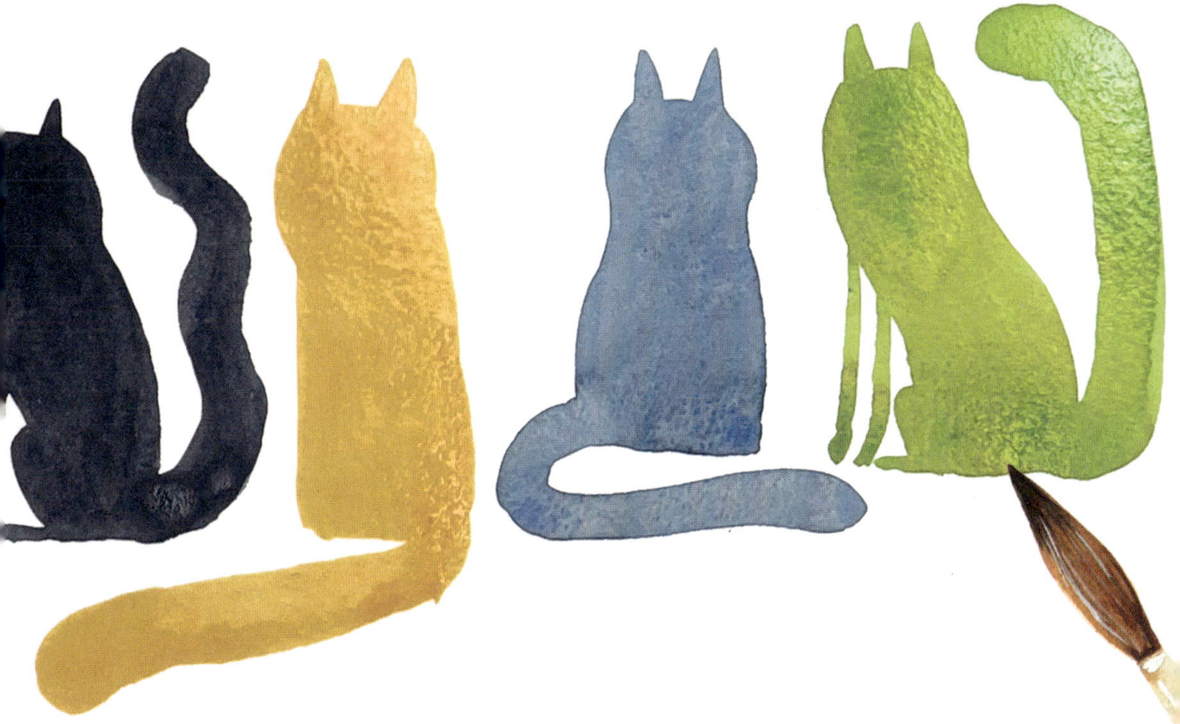

Abwechslung ist der Schlüssel zu interessanten Katzen. Malen Sie Ihre Katzen in allen Farben des Regenbogens. Ihrer Fantasie sind dabei keine Grenzen gesetzt. Machen Sie es wie die Katzen, folgen Sie dem Flow.

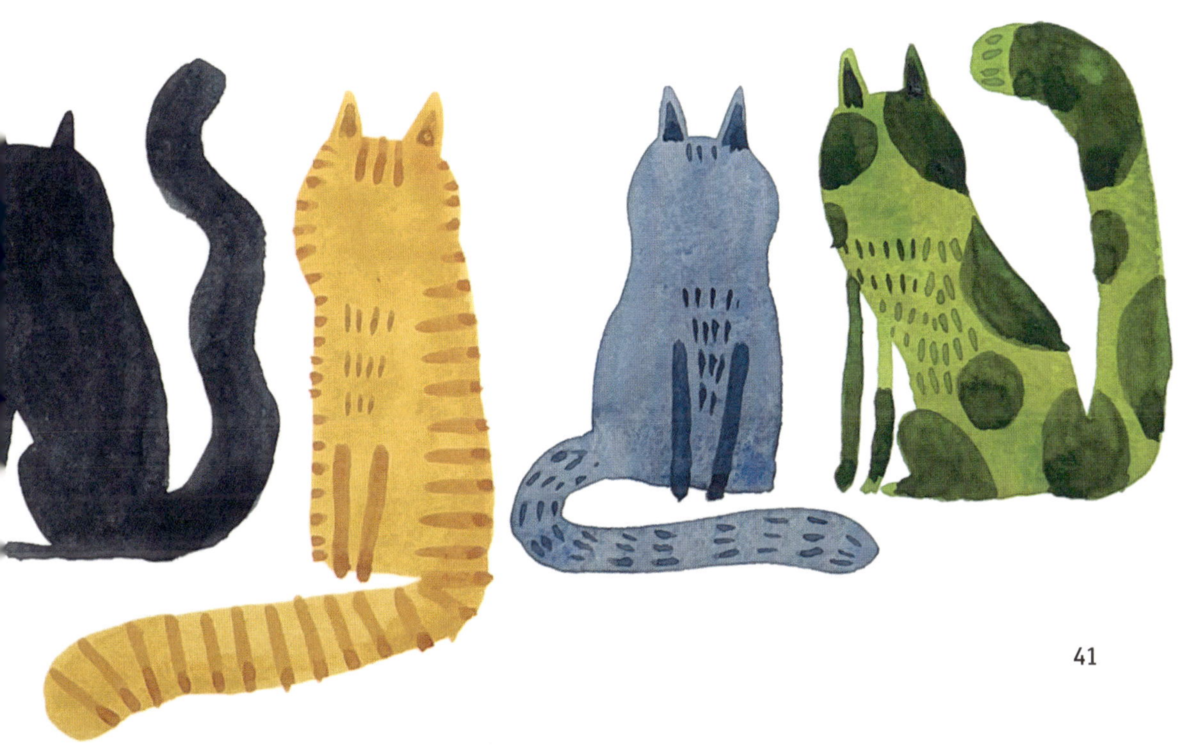

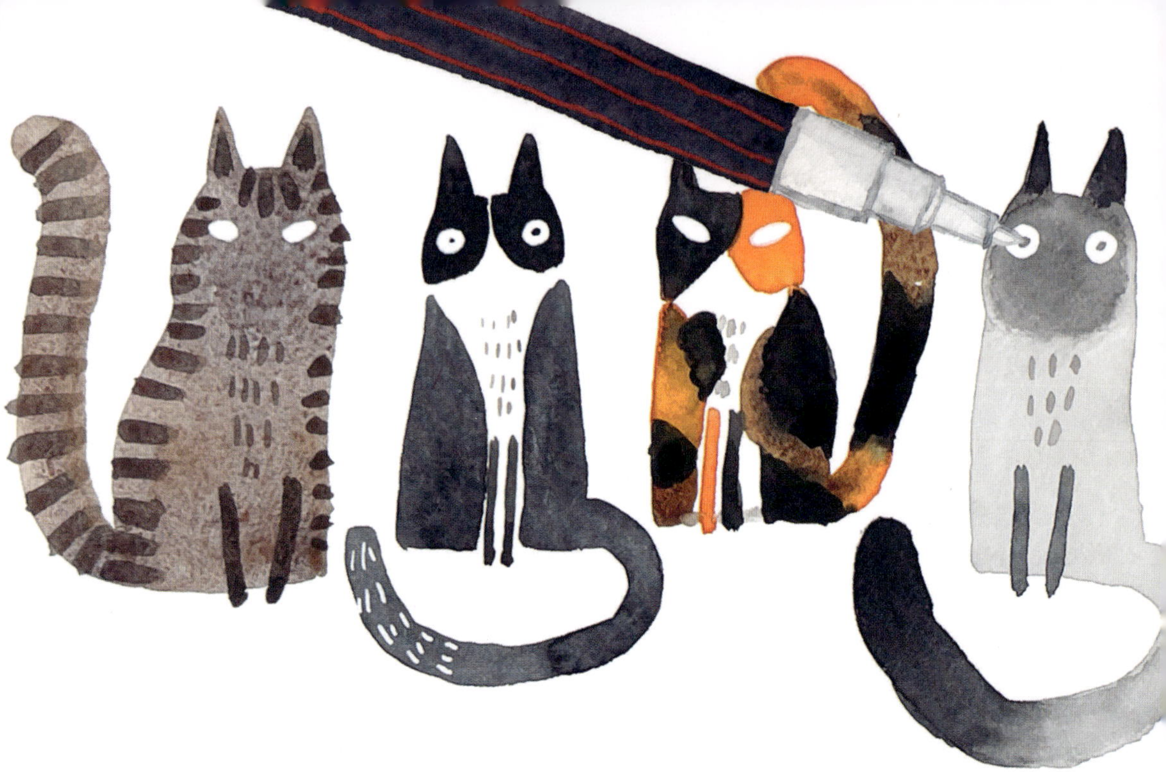

Die Augen malen Sie am besten mit einem Posca-Stift oder in einer anderen Farbe. In diesem Beispiel sind die Augen weiß, aber ich habe sie in unterschiedlichen Formen gemalt. Das ist interessanter und macht mehr Spaß.

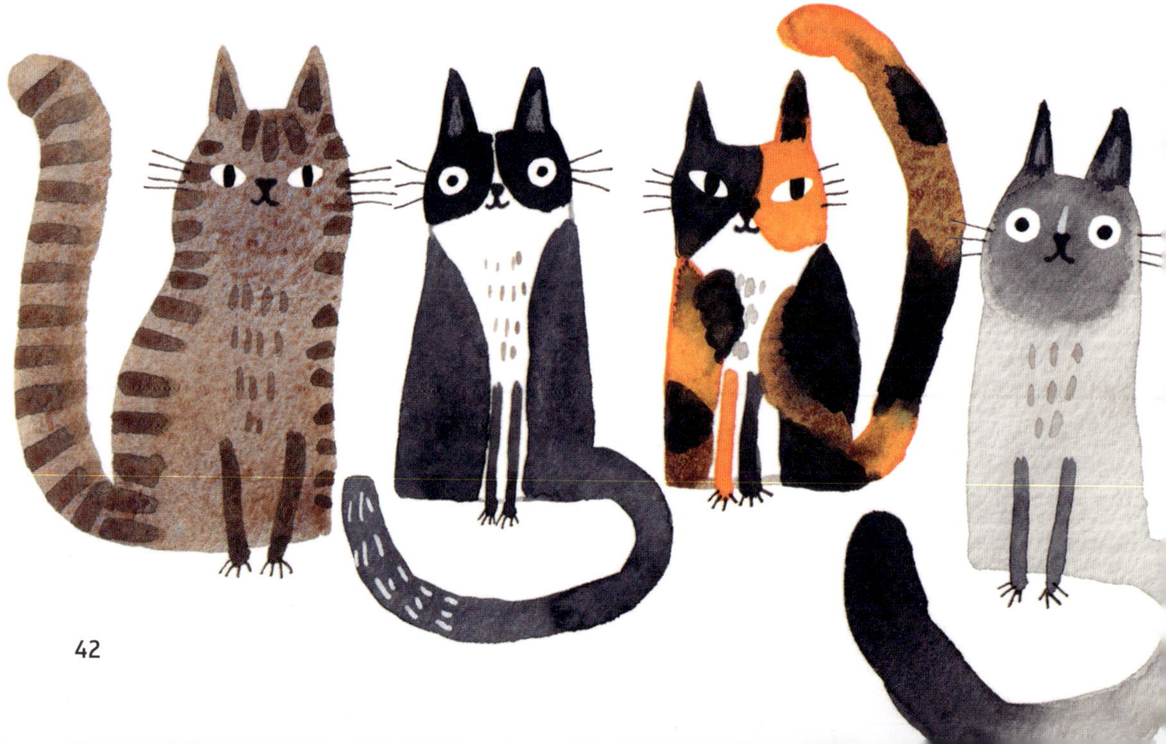

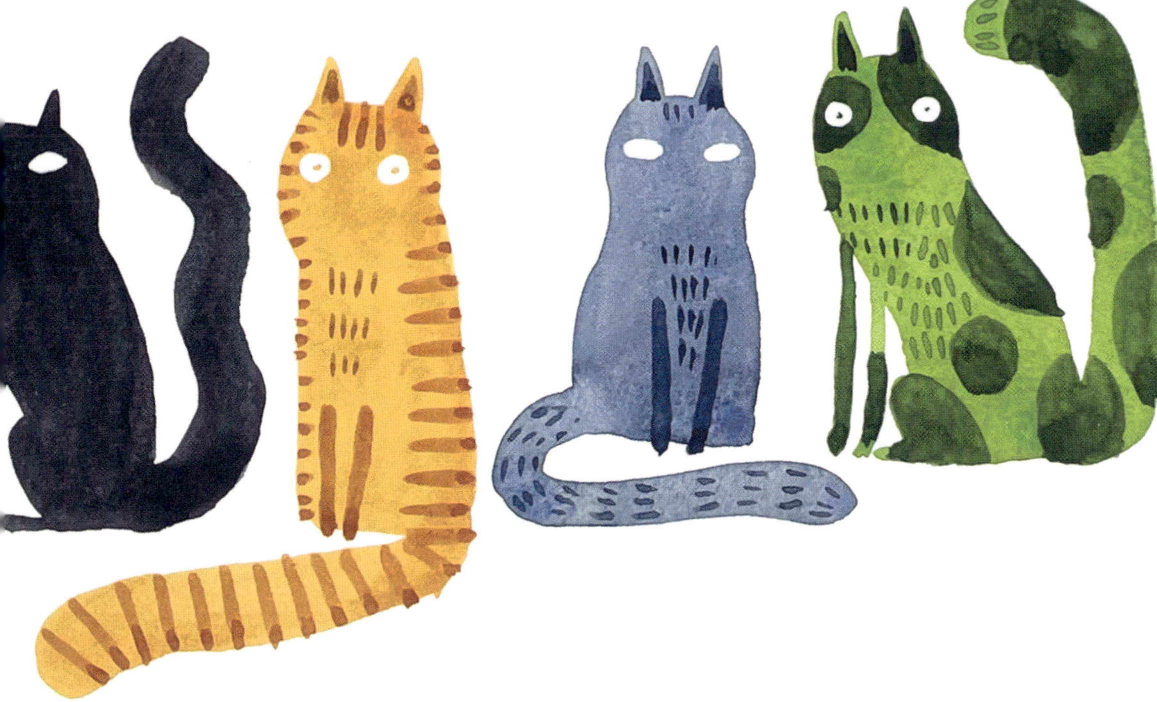

Bei den farbenfrohen Katzen habe ich weitere Einzelheiten hinzugefügt: Nasenlöscher, Nase, Mund, Schnurrhaare und Krallen machen jede von ihnen zu einer Persönlichkeit. Im Verlauf des Buches werden Sie mehr über die verschiedenen Merkmale einer Katze erfahren. Katzen sind so einzigartig wie ihre Farben!

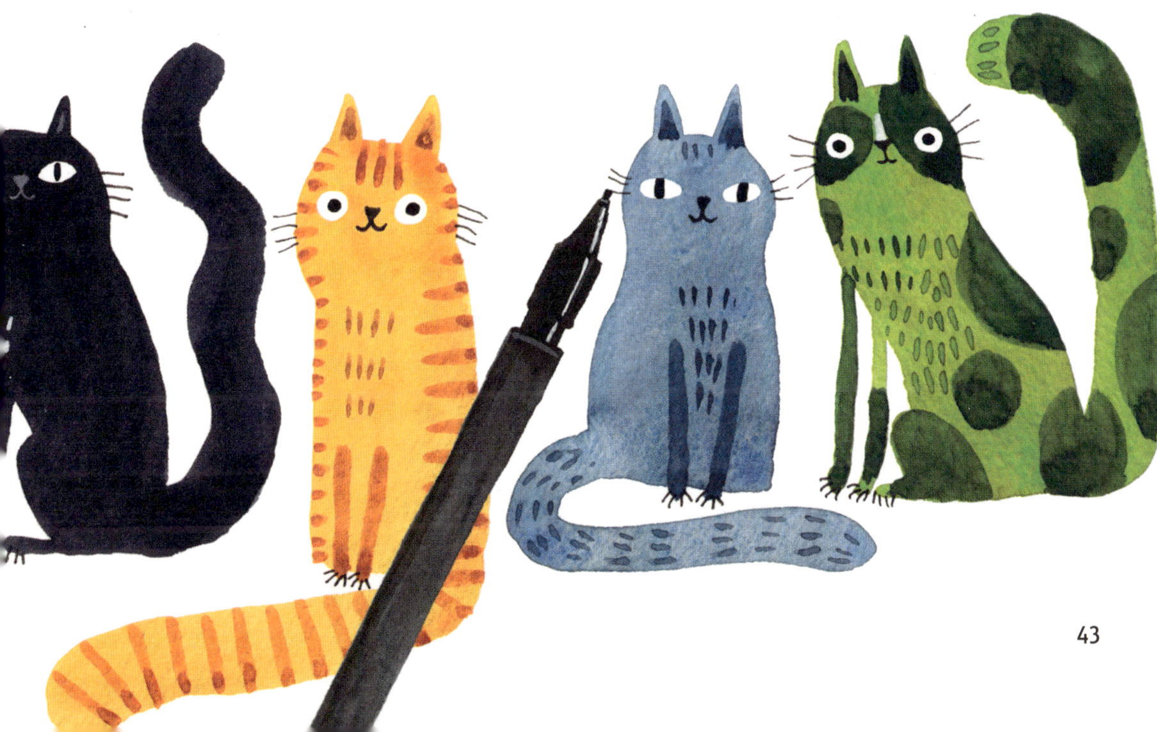

6

Mit Techniken spielen

Nass in Nass

Lassen Sie uns »Nass in Nass«-Katzen malen. Hierzu sollten Sie Aquarellpapier der Stärke 140 g verwenden. Auch Papierblöcke mit geklebtem Rand eignen sich gut, da dieses Papier nicht so schnell knickt oder sich wölbt. Wenn Sie auf einzelnen Blättern malen, sollten Sie diese an den Ecken festkleben.

Bei dieser Maltechnik werde ich mich auf eine stärker kontrollierte und weniger katzenartige Vorgehensweise konzentrieren. Jede Malweise steckt voller Überraschungen und ist großartig, um zu experimentieren. Ob Sie mit einer Skizze beginnen oder nicht, wird Sie vor dem Befeuchten des Papiers vor ein paar Alternativen stellen. Ich werde Ihnen verschiedene Methoden zeigen, um Augen und Schnurrhaare zu malen. Die Art und Weise wie Sie diese Merkmale zeichnen möchten, entscheidet darüber, ob eine Skizze erforderlich ist.

Beim Malen auf nassem Papier können Sie unterschiedlich anfangen. Sie können das Papier mit einer Sprühflasche und/oder einem großen Flachpinsel befeuchten und loslegen. Das ist die spontanste und intuitivste Herangehensweise, die auch Katzen wählen würden. So zu malen, ist völlig verrückt und unkontrolliert. Trauen Sie sich. Es ist erlaubt!

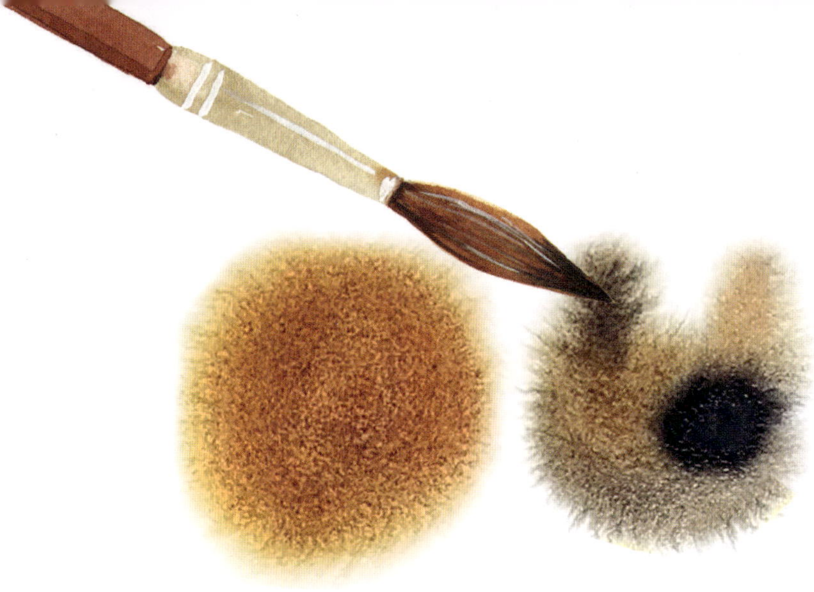

Bevor Sie malen, können Sie auch zuerst die Rückseite befeuchten. Dadurch klebt das Papier auf einer festen Oberfläche, wie zum Beispiel einer Kunststoff- oder Glasplatte (es sollte eine sehr glatte und nicht absorbierende Oberfläche sein). Das Papier bleibt so länger feucht.

Beginnen Sie mit Farbklecksen

Setzen Sie als nächstes einige Farbkleckse auf das feuchte Papier. Die Farbe wird verlaufen. Wenn Sie mehrere Katzen malen möchten, sollten Sie daher ausreichend Platz zwischen den Klecksen lassen. Sie können die Ohren auf das noch feuchte Papier malen oder warten, bis es trocken ist. Ich male die Ohren gern auf das feuchte Papier. Warten Sie aber bis es trocken ist, bevor Sie weitere Einzelheiten wie Streifen oder Punkte malen. Dann wird es Zeit für den Acrylstift, um die Augen zu malen. Danach kommen die schwarzen Details und die Wangen!

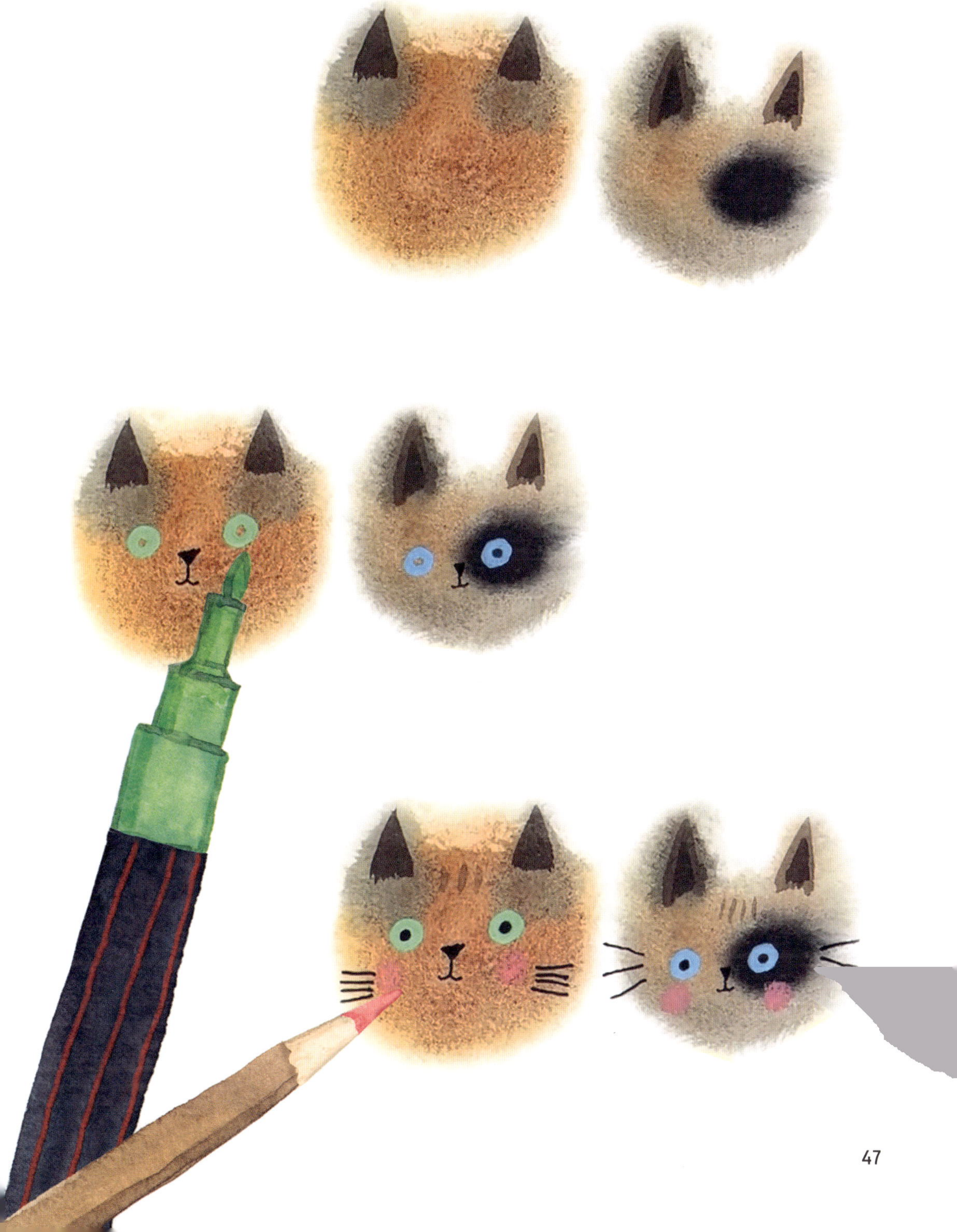

Mit einer Skizze beginnen

Wenn Sie zuerst eine Skizze anfertigen, sollten Sie eine Abdeckflüssigkeit auftragen, bevor Sie die »Nass in Nass«-Katze malen. An den abgedeckten Stellen bleibt das Papier weiß, sodass Sie zum Beispiel die Augen oder eventuell dünne Schnurrhaare später malen können.

Danach feuchten Sie das Papier an und tragen die Farben auf. Für die Ohren können Sie die Farbe im Ohreninneren mit einem trockenen Tuch aufnehmen, damit sie nicht über die Ränder der Ohren hinausläuft.

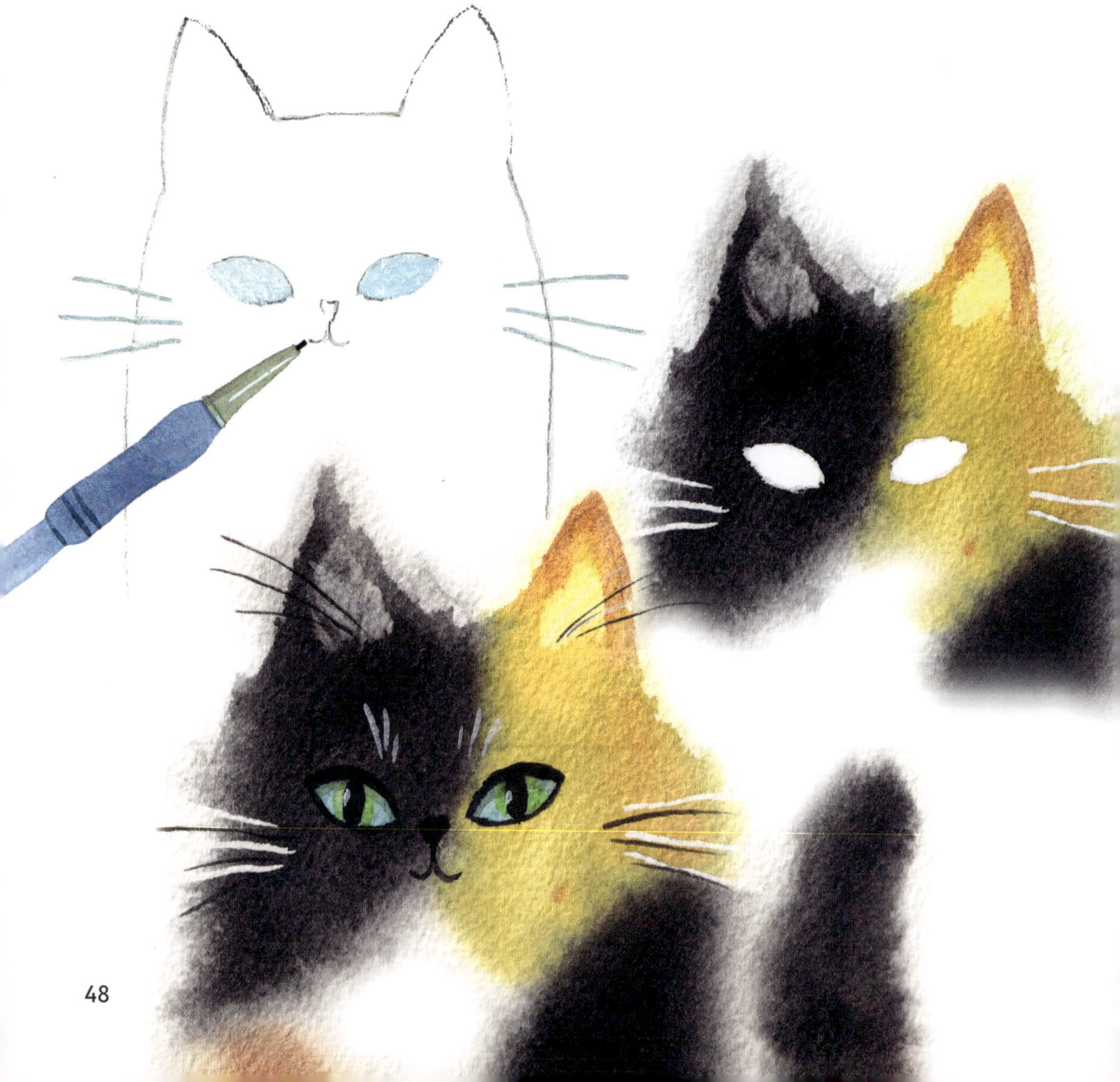

Außerdem können Sie den Bereich um die Augen trocken lassen, um später die Augenform zu malen. Diese Technik ist nicht ganz einfach, und ich setze sie nicht so häufig ein.

Wenn die Form des flauschigen Katzenknäuels fertig ist, malen Sie die Augen und Schnurrhaare. Hierzu sollten Sie eine undurchsichtige Aquarellfarbe (Gouache) oder einen opaken Buntstift wählen, damit die Farbe der Augen und der Schnurrhaare deutlich wird. Gerade wenn Sie das Katzenknäuel ohne Skizze malen, wirkt das großartig.

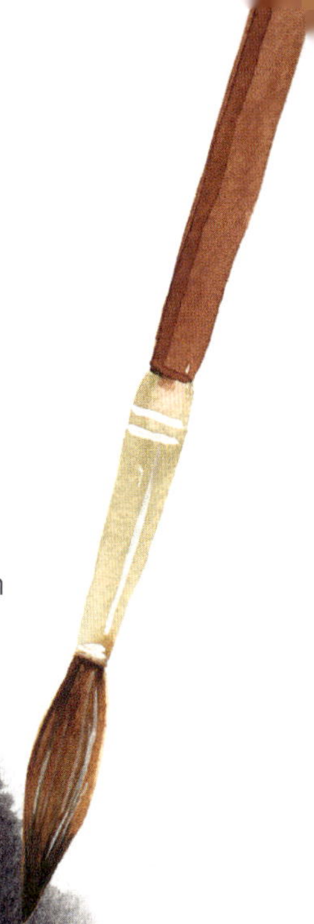

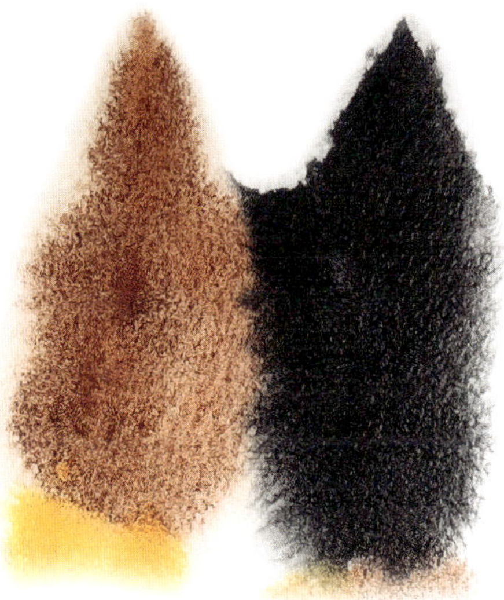

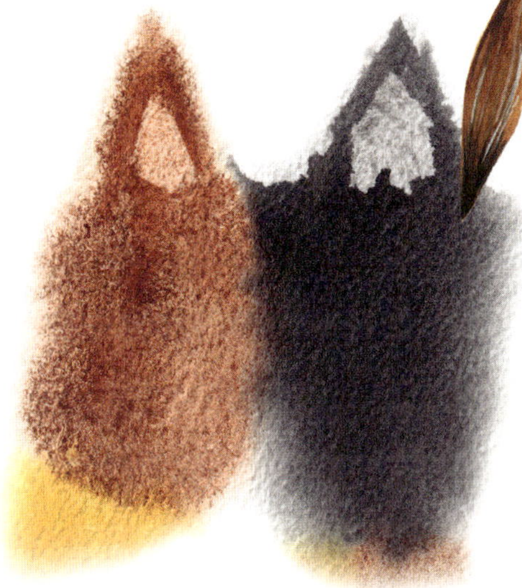

Hier habe ich die Ohrenform mithilfe eines trockenen Tuches auf dem feuchten Papier definiert. Die Augen und Schnurrhaare habe ich auf der trockenen Farbe mit einer undurchsichtigen Aquarellfarbe (Gouache) gemalt.

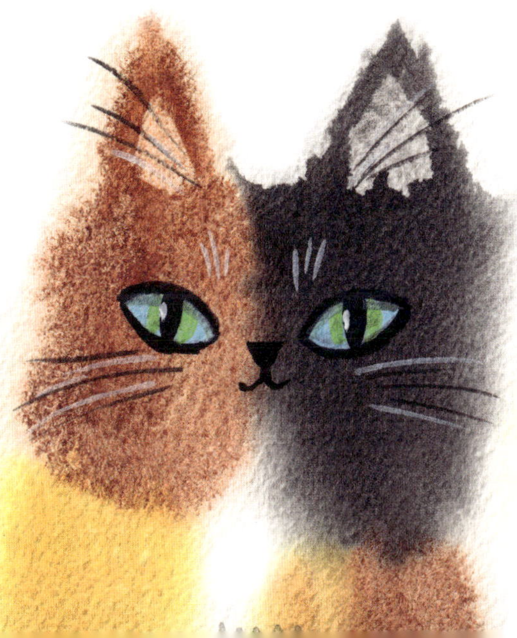

Abdeckflüssigkeit verwenden

Dieses Mal zeichnen wir zunächst eine zarte Skizze und decken den Augenbereich mit Abdeckflüssigkeit ab. Ich male die Schnurrhaare gern mit einem weißen Stift oder einer undurchsichtigen weißen Aquarellfarbe, kurz bevor das Bild fertig ist.

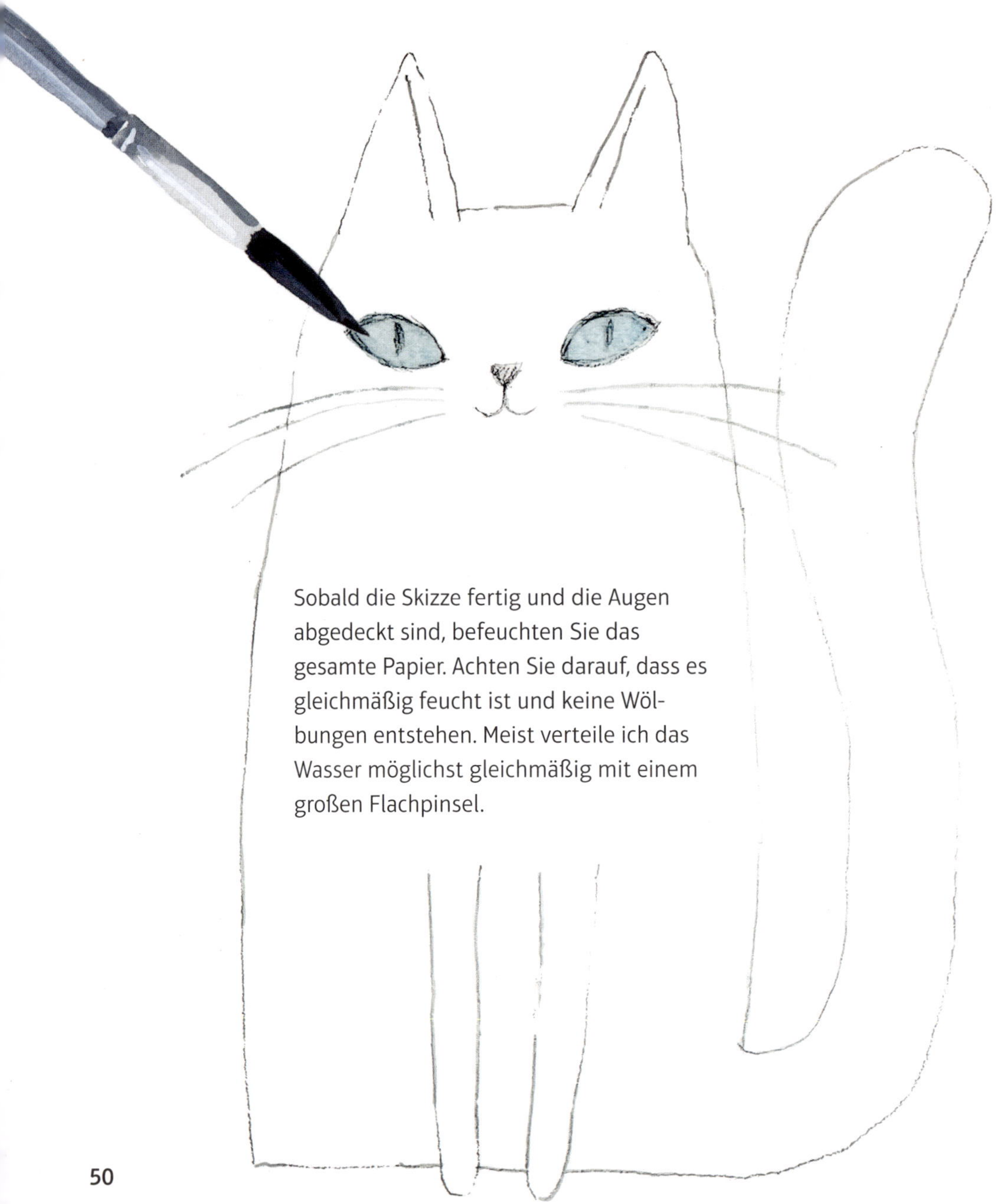

Sobald die Skizze fertig und die Augen abgedeckt sind, befeuchten Sie das gesamte Papier. Achten Sie darauf, dass es gleichmäßig feucht ist und keine Wölbungen entstehen. Meist verteile ich das Wasser möglichst gleichmäßig mit einem großen Flachpinsel.

Bevor das Papier trocknet, tragen Sie nun die Farbe auf der nassen Oberfläche auf. Setzen Sie den Pinsel etwas im Inneren der Zeichnung auf, damit die Farbe über die Ränder hinaus verlaufen kann. Läuft die Farbe zu weit, können Sie sie an den Rändern mit einem trockenen Tuch aufnehmen.

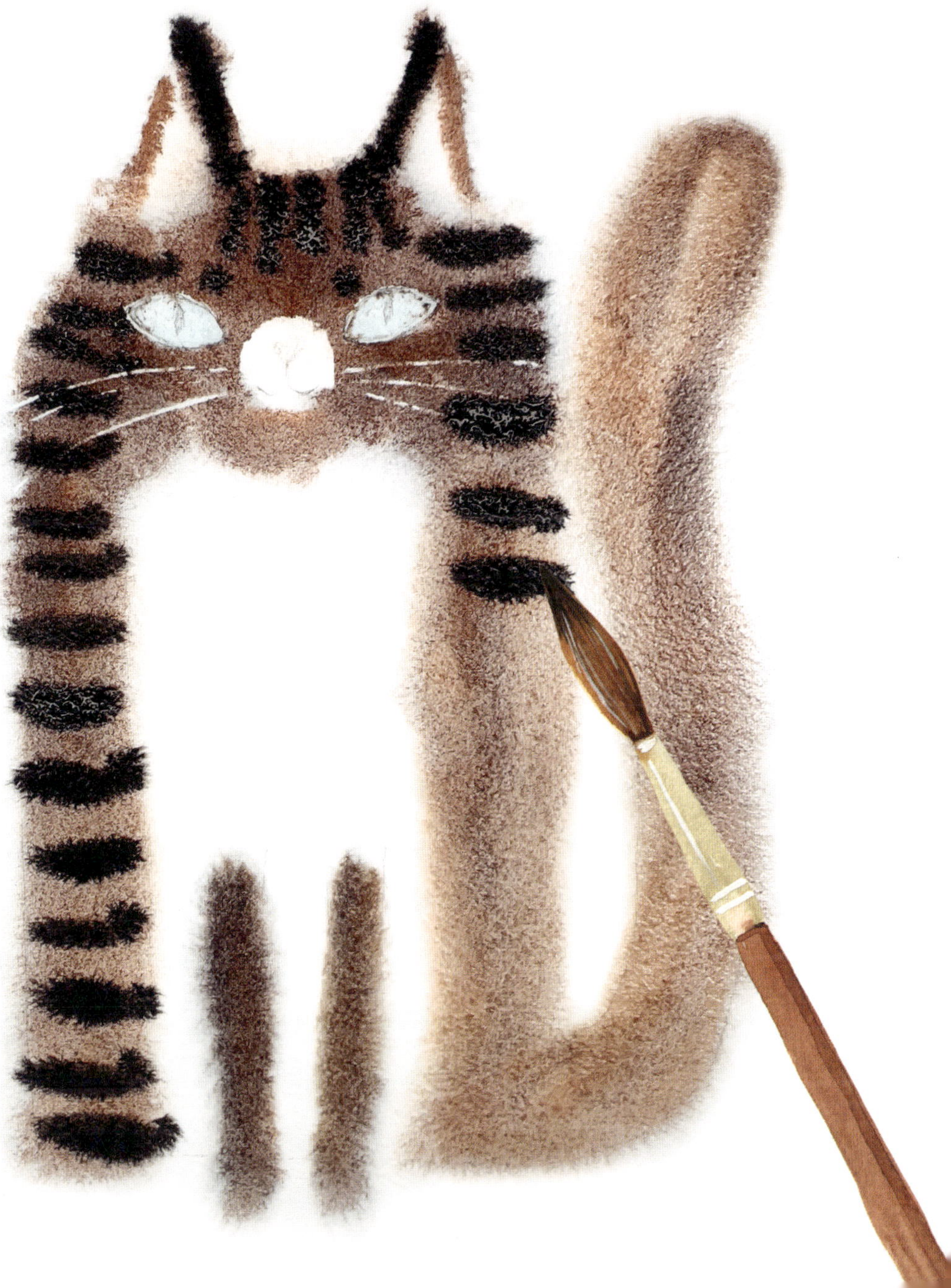

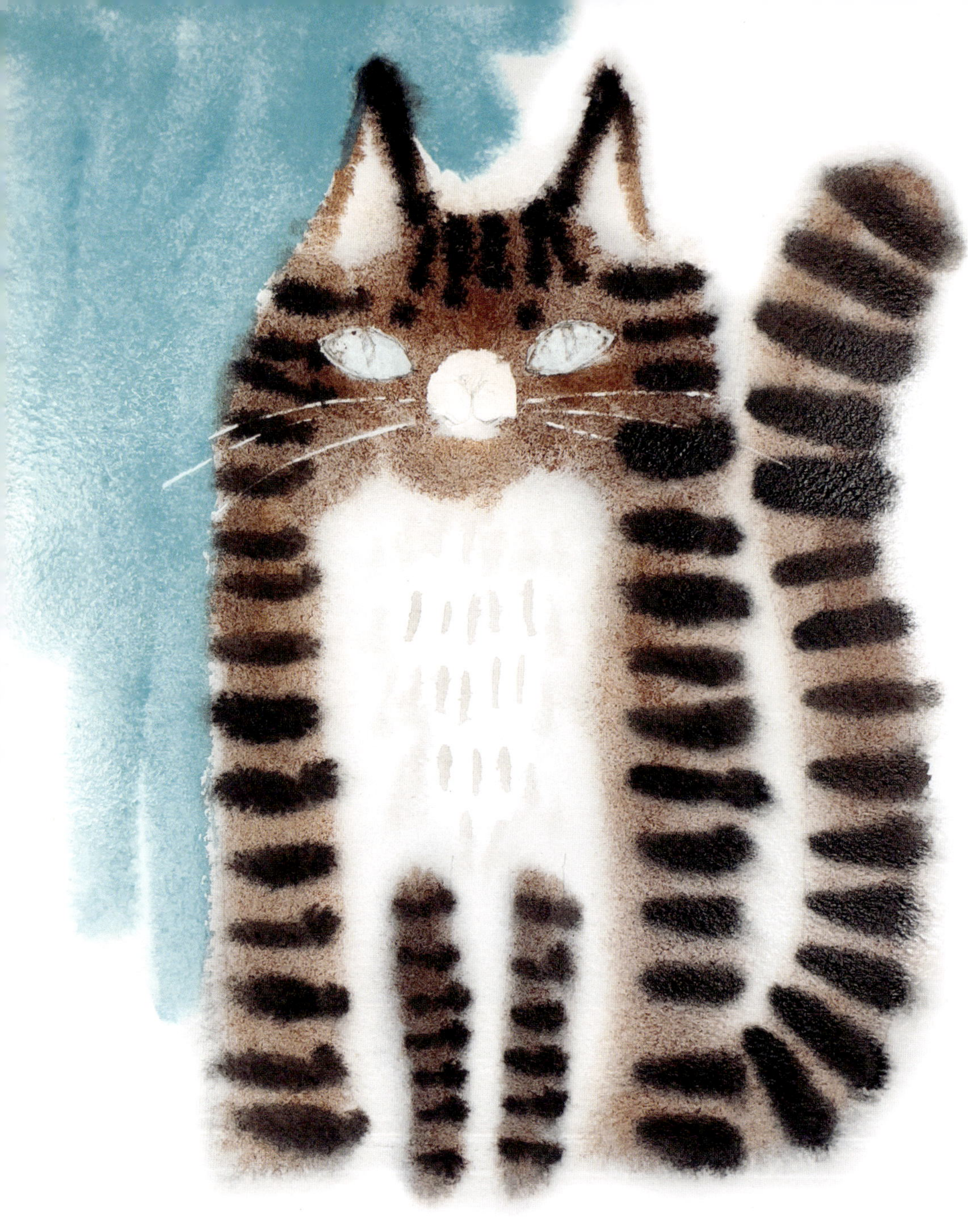

Wenn die Form der Katze und vielleicht auch ein Hintergrund fertig sind, reiben Sie die Abdeckflüssigkeit ab. Nun können Sie Farben und Einzelheiten der Augen malen.

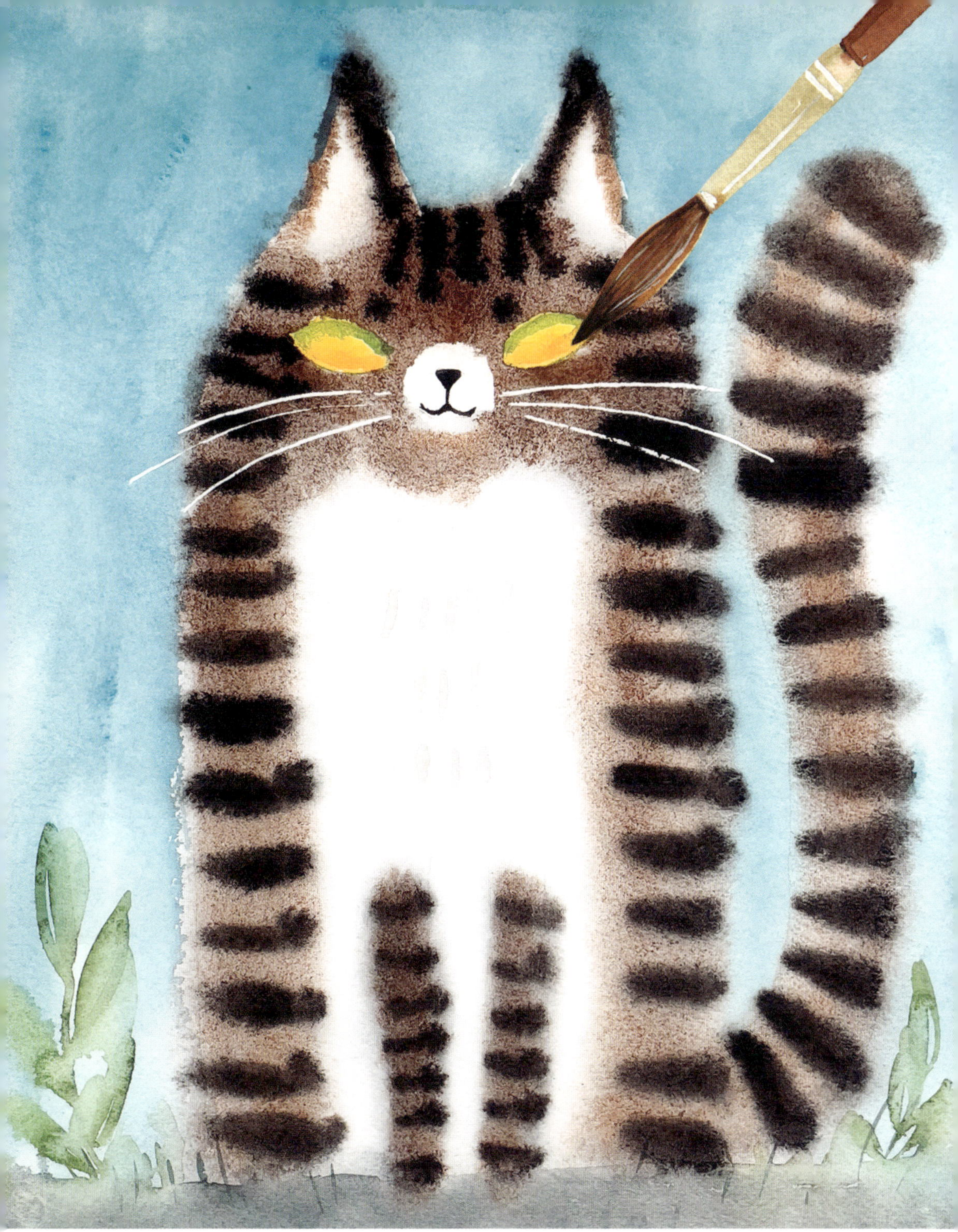

Zum Malen der Augenfarbe fangen Sie mit der hellsten Farbe an.

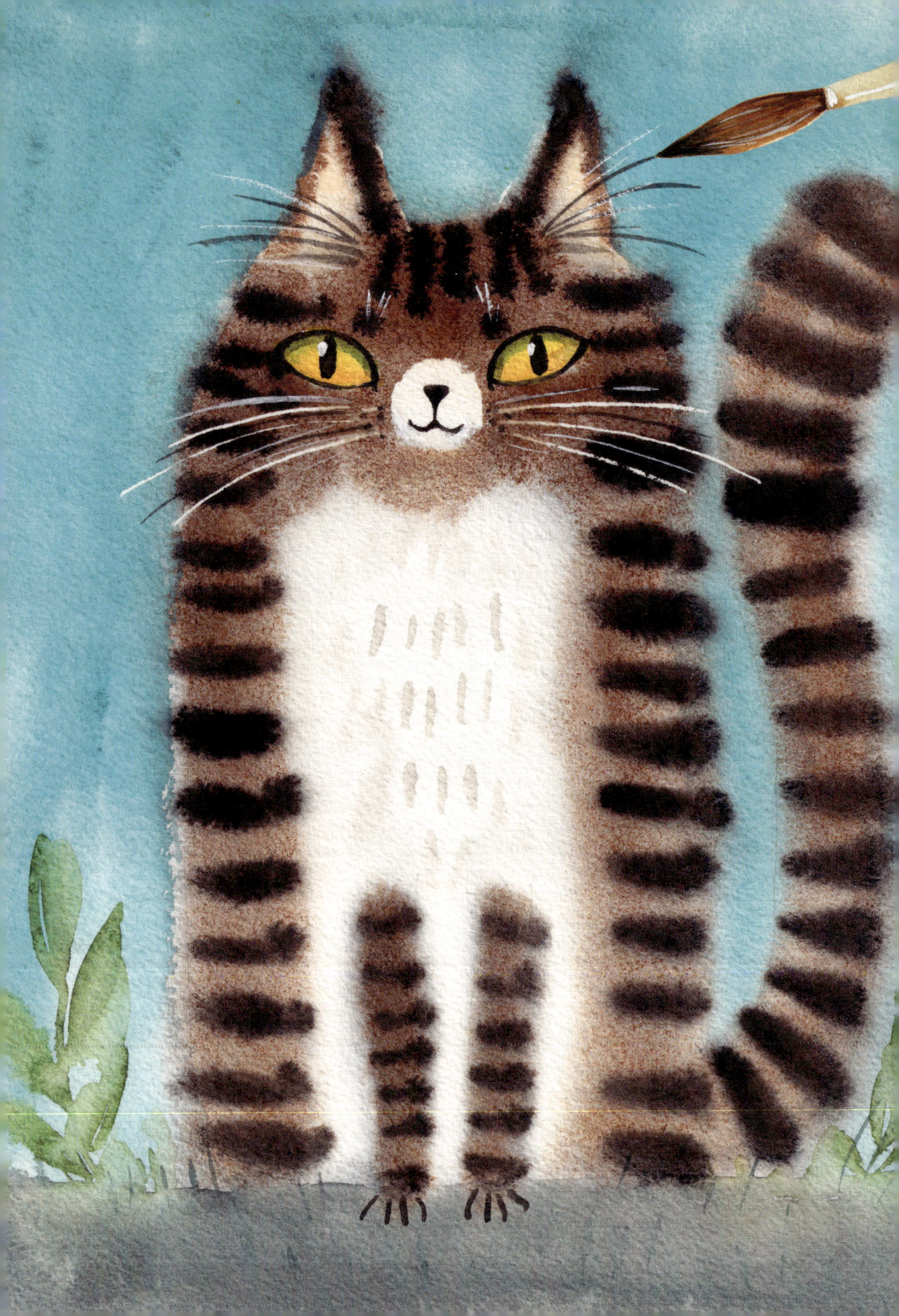

Nun können Sie weitere Farbschichten für die Augen auftragen. Die Augen sind ein eigenes kleines Kunstwerk. Sie haben mehrere Farben, Augenkonturen, Pupillen, einen kleinen Schatten unter dem Oberlid und einen weißen Glanzpunkt, der sie zum Funkeln bringt. Die Augen sind der Spiegel der Seele, habe ich gehört. Mit den Augen verleihen Sie Ihrer Katze das letzte i-Tüpfelchen!

Schnurrhaare in dunkler Farbe und deckendem Weiß machen das Katzengesicht weicher. Jetzt malen Sie die Krallen und weitere Details. Meine Bilder sind meist recht einfach und ohne zu viele Fellmuster, aber manchmal wirkt Ihr Kätzchen durch solche Einzelheiten noch flauschiger.

Probieren Sie neue Techniken möglichst viel aus, und versuchen Sie auf unterschiedliche Weise, Ihre Katze besonders weich und wollig zu malen. Beim Ausprobieren der Nass-in-Nass-Technik entstehen für gewöhnlich ziemlich verrückte Bilder. Ich mag diese verrückten und geheimnisvollen Zufälle, die mir begegnen, wenn ich ganz achtsam bin.

Noch einmal: von unseren Katzen können wir viel lernen! Lassen Sie sich auf das Geheimnis und auch auf verrückte Bilder ein, bleiben Sie achtsam und nehmen Sie jedes Ergebnis an. Spielen Sie intensiv, machen Sie einen Klecks und spielen Sie weiter!

Der Hintergrund zuerst?

Sollten Sie mit dem Hintergrund oder mit der Katze beginnen? Auch das ist eine Frage, die einer Katze völlig gleichgültig ist. Aber je nach der Farbe Ihrer Katze sollten Sie diese Entscheidung treffen. Weiße oder helle Katzen werden meist durch den Hintergrund hervorgehoben. In diesem Fall sollten Sie daher mit dem Hintergrund beginnen.

Wenn Ihre Katze farbenfroher werden soll, sollten Sie die Katze zuerst malen und bei Bedarf einen Hintergrund hinzufügen. Tiermotive und Hintergrund können dabei ineinanderfließen. Das Beispiel in diesem Abschnitt ist anschaulich dafür.

Natürlich können Sie Ihr Samtpfötchen auch ohne Hintergrundfarbe malen. Nass-in-Nass-Katzen sehen in jedem Fall schön aus!

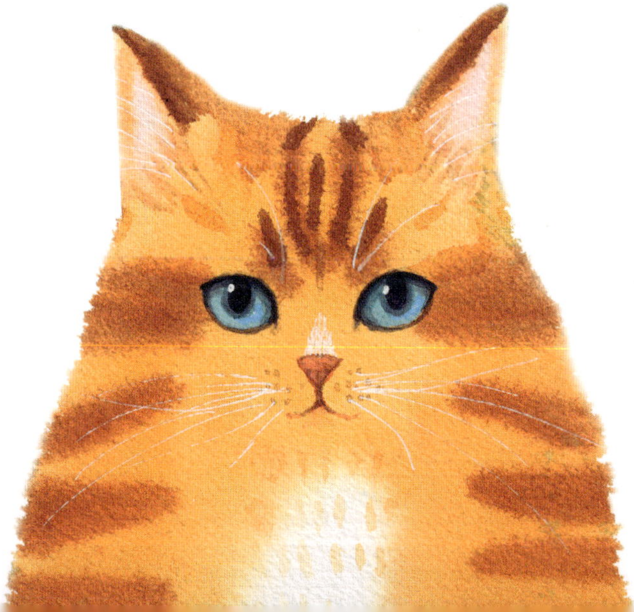

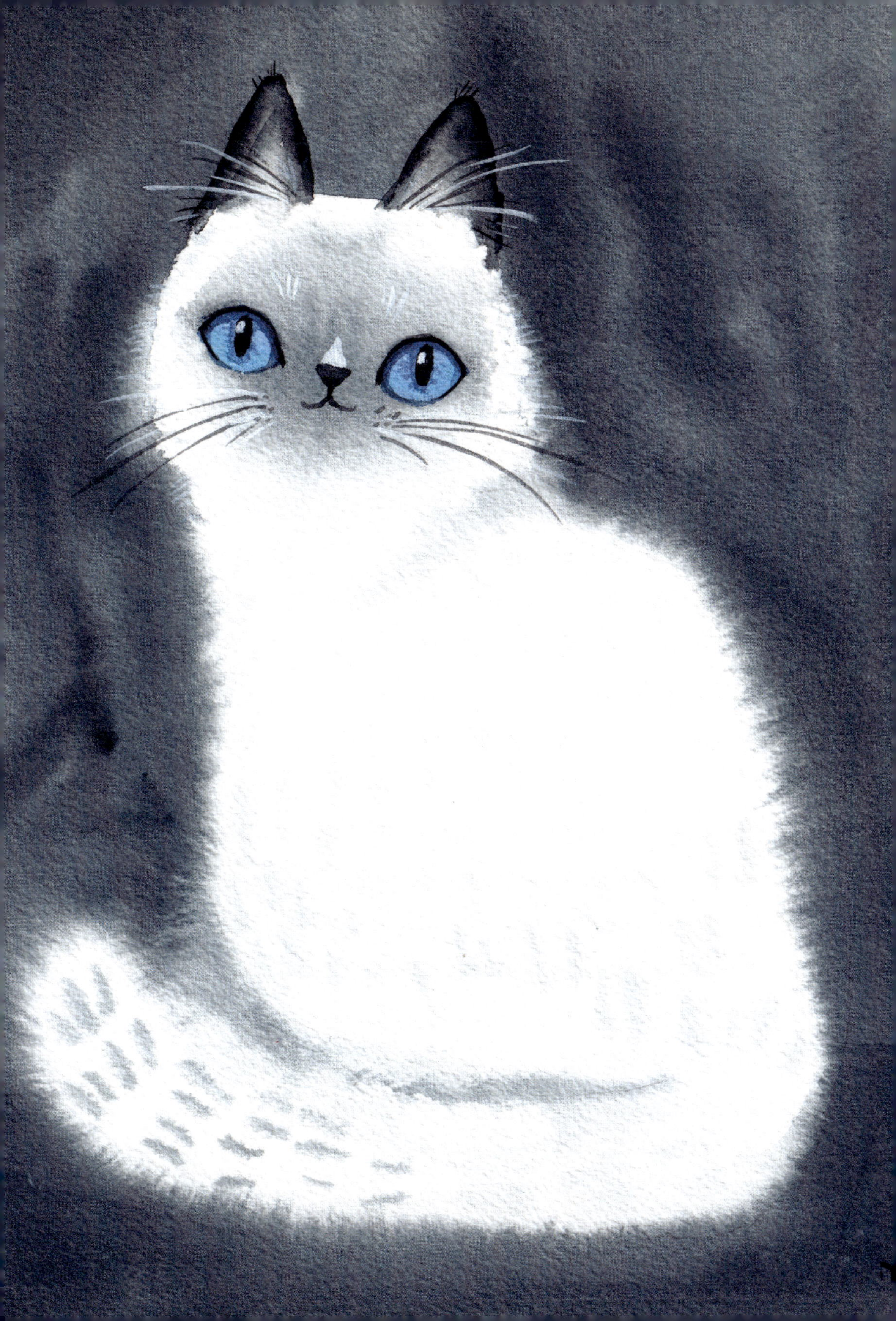

Nass auf Trocken

Bei der Nass-auf-Trocken-Technik lassen Sie die erste Farbschicht trocknen, bevor sie die zweite auftragen, zum Beispiel um Streifen zu malen.

Auf der trockenen Farbe treten die Ränder der zweiten Farbe deutlicher hervor, weil diese nicht verläuft.

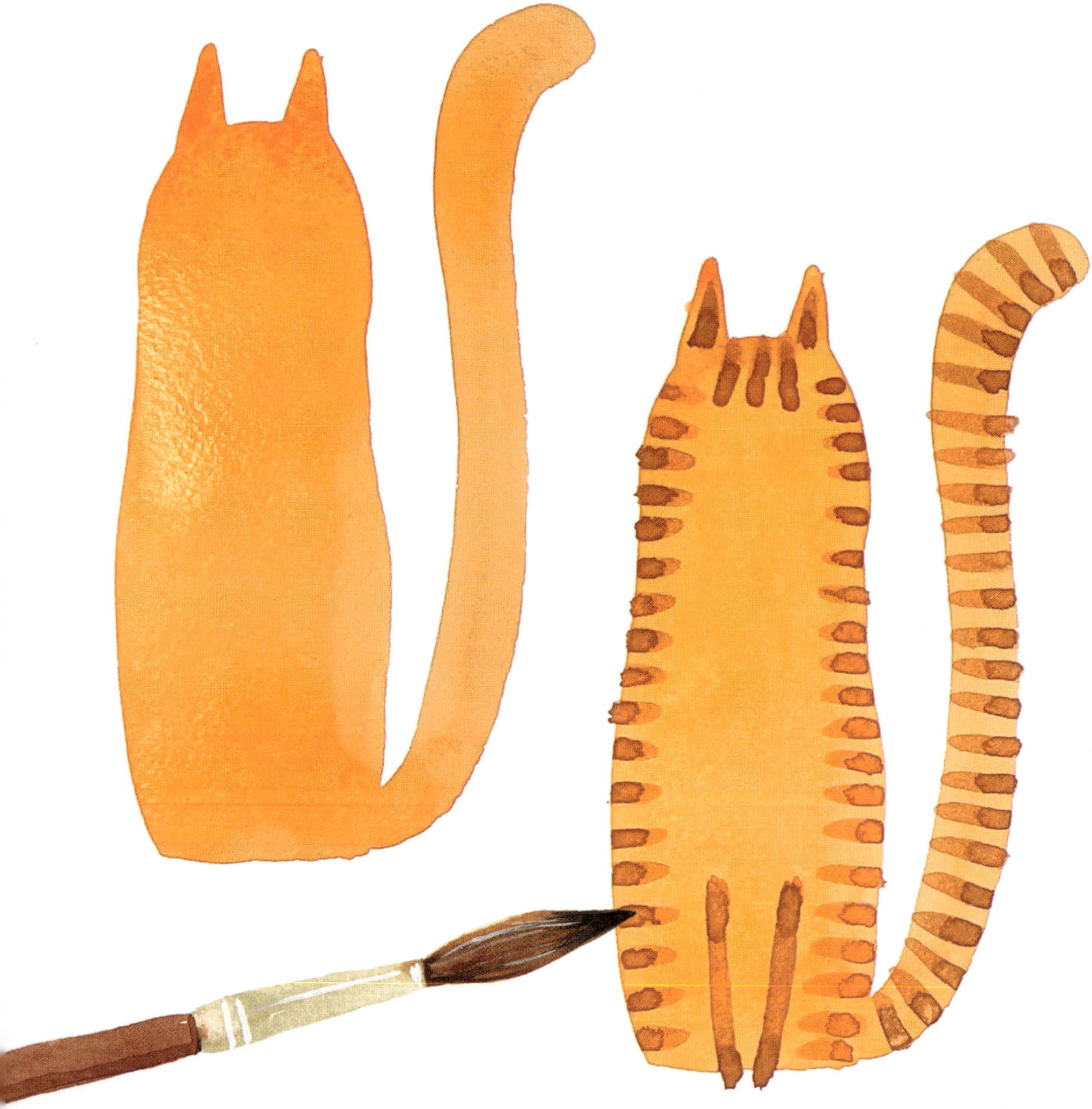

In diesem Beispiel habe ich die letzten Details auf die getrocknete erste und zweite Farbschicht gemalt. Die Augen habe ich mit einem weißen Posca-Stift gezeichnet, Pupillen, Schnurrhaare, Nase, Mund und Krallen mit schwarzer Tinte.

Für die Wangen habe ich schließlich einen Buntstift gewählt.

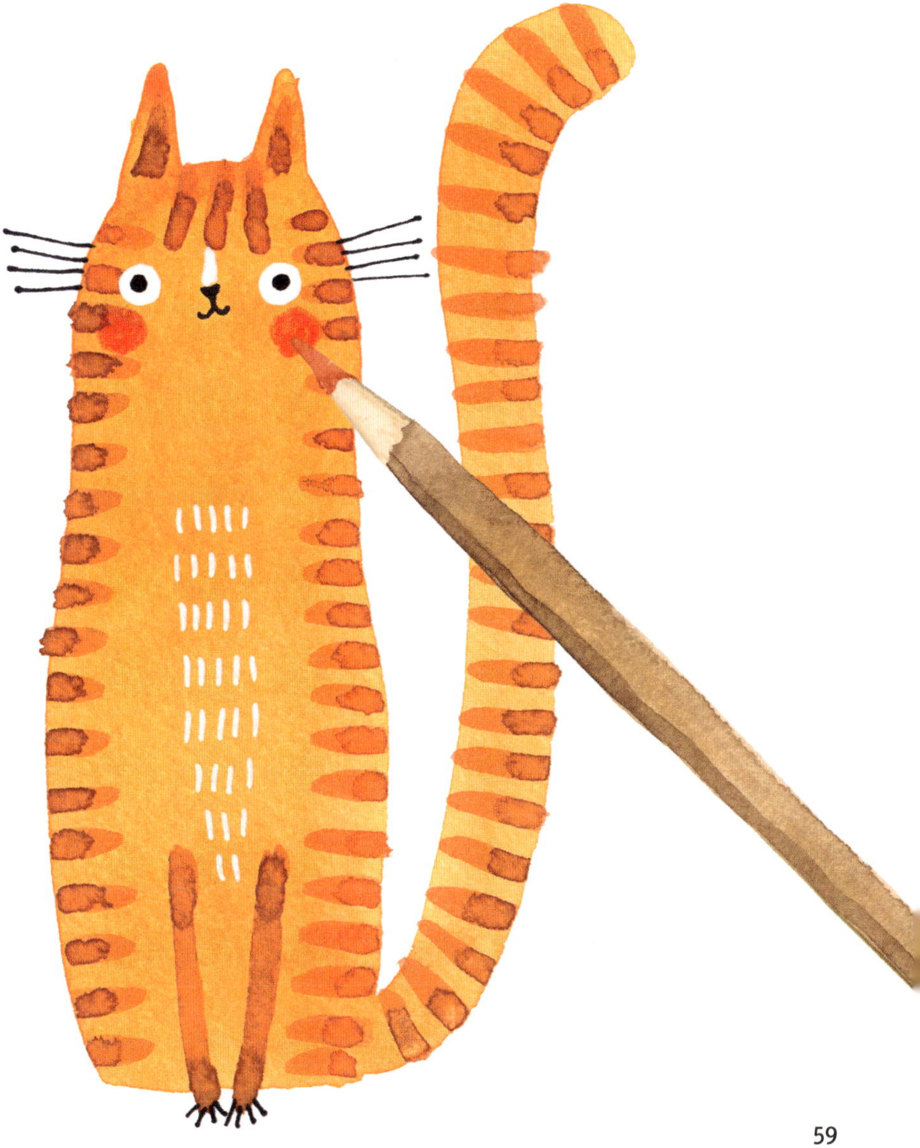

Die Trockentechnik

Sie können Ihre Katze auch mit der Trockentechnik ausgestalten oder Muster und Texturen malen. Dazu darf die Farbe auf dem Pinsel nur sehr wenig Feuchtigkeit haben. Trocknen Sie den Pinsel mit einem Tuch, bevor Sie ihn in die Farbe tauchen. Damit springt der Pinsel über das Papier, die Farbe verteilt sich weniger und wird nicht so sehr vom Papier aufgesaugt. Das ist eine großartige Möglichkeit, Ihren Katzenkreationen Texturen zu verleihen, ähnlich den Mustern und Texturen von Kleidung.

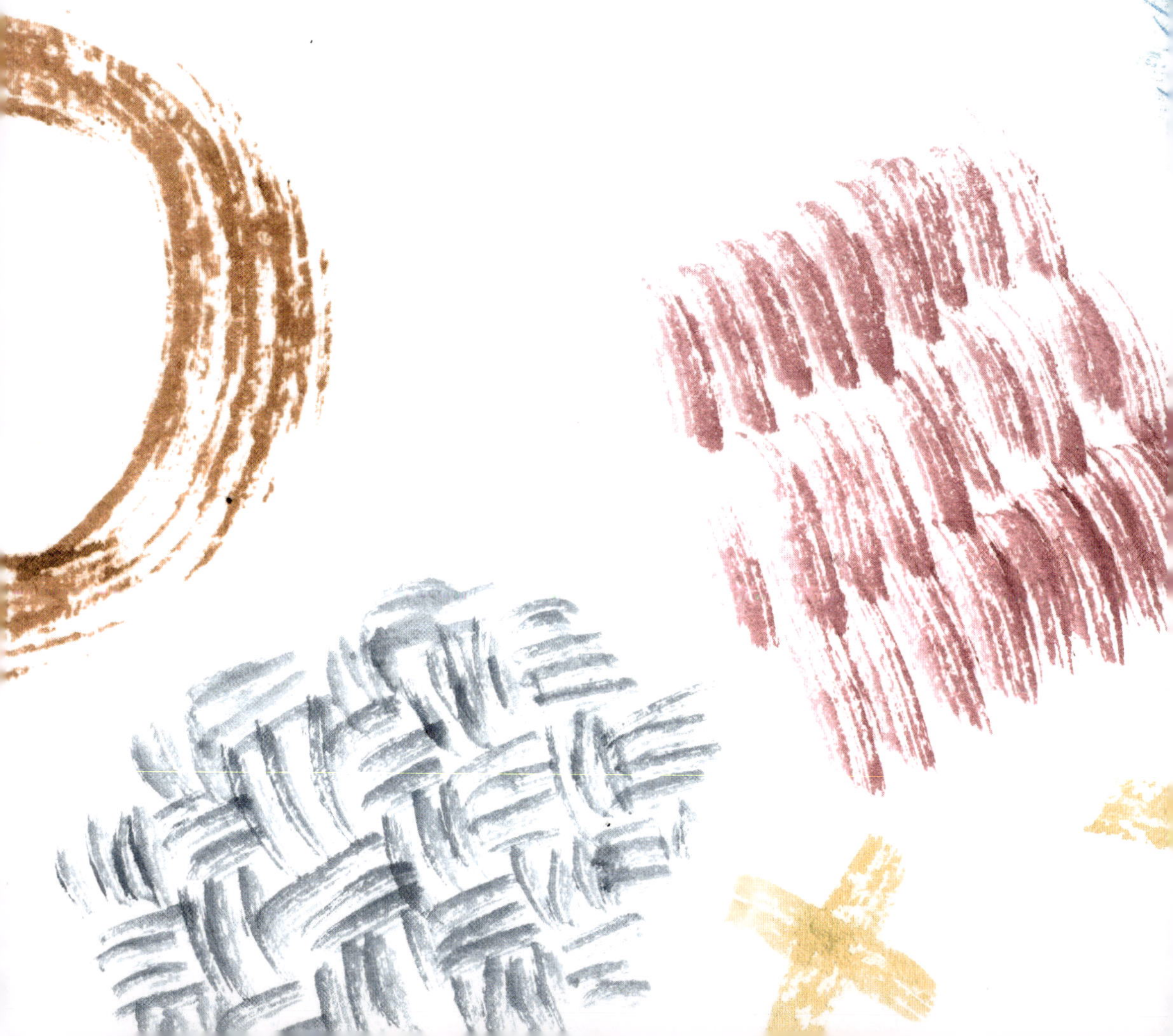

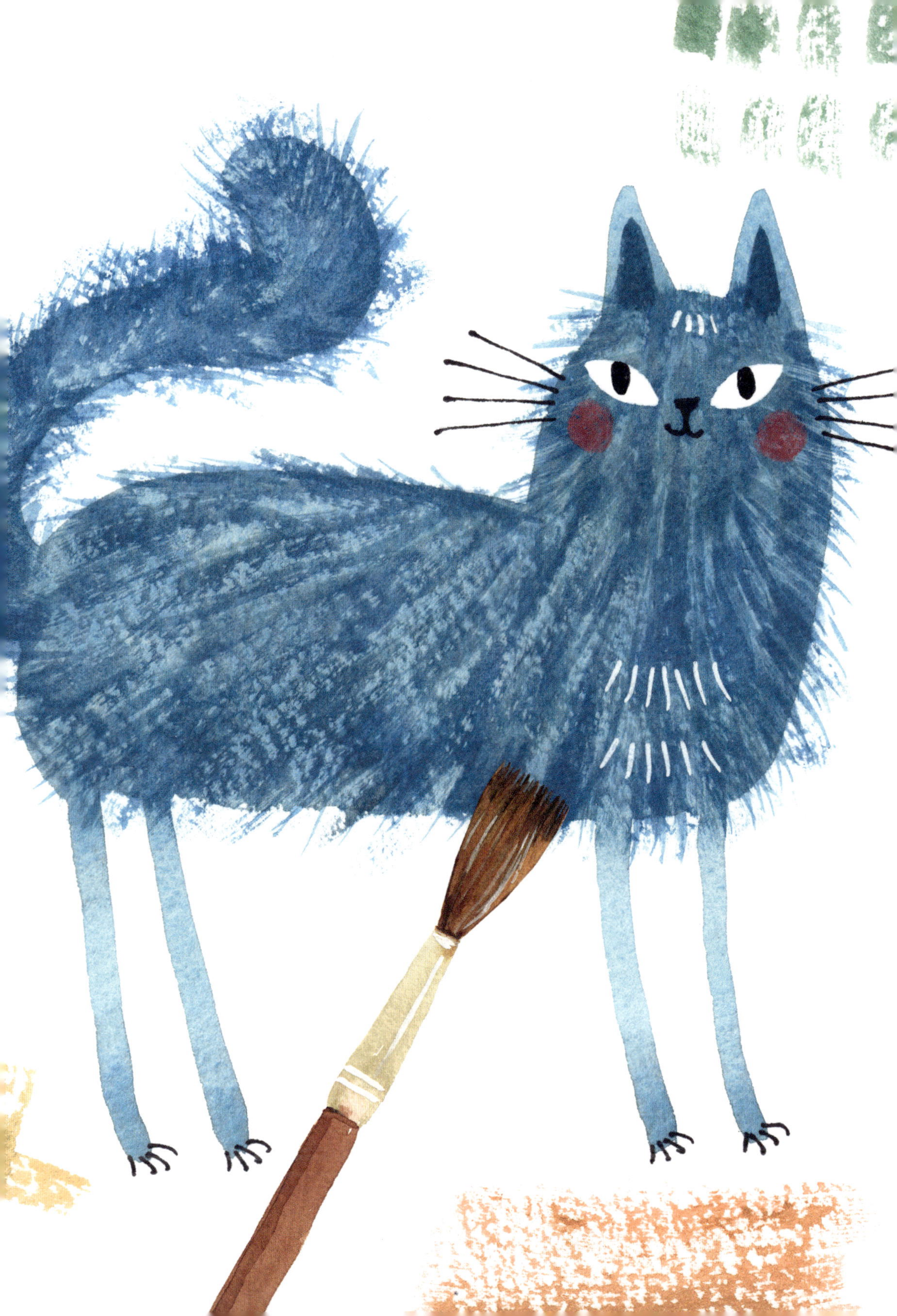

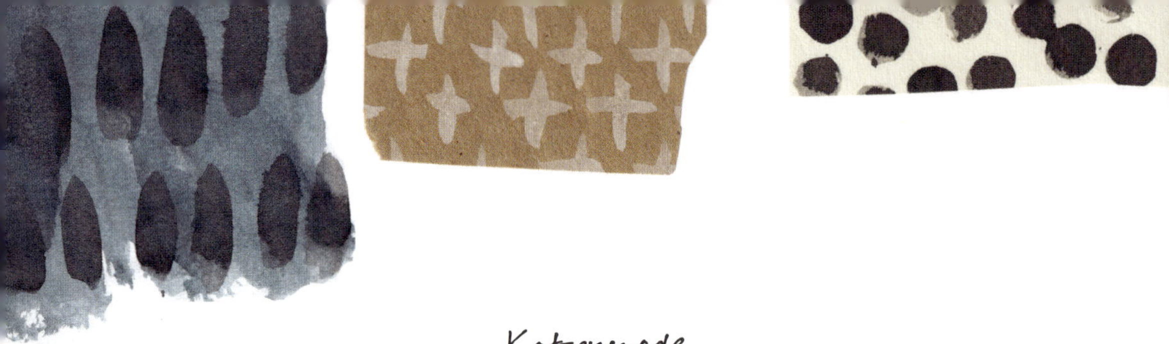

Katzenmode

Spielen und experimentieren Sie mit dieser Technik und zaubern Sie unterschiedliche Texturen und Muster. Vielleicht möchten Sie Ihrem Stubentiger ein Kleid anziehen? Als Künstlerin dürfen Sie ihrem Katzenbild jedes Outfit verpassen – bei einer echten Katze ist das wohl kaum möglich. Meine Lieblinge sind in dieser Hinsicht sehr wählerisch. Selbst eine Decke ist ihnen häufig zu viel. Aber in der Kunst haben Sie die Freiheit, wie Katzen all das zu tun, was Sie mögen.

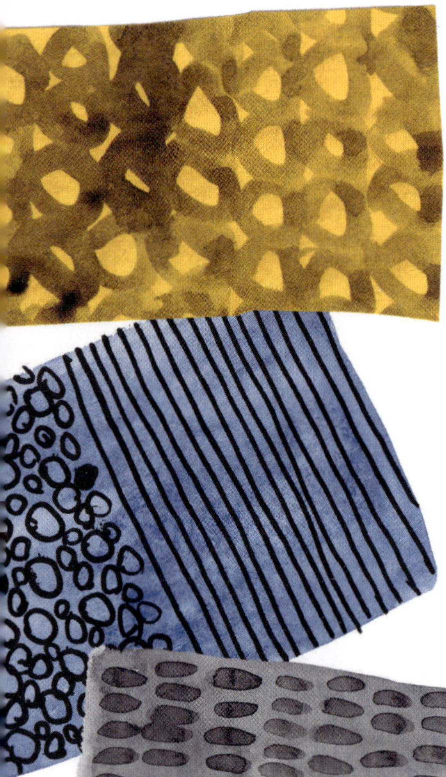

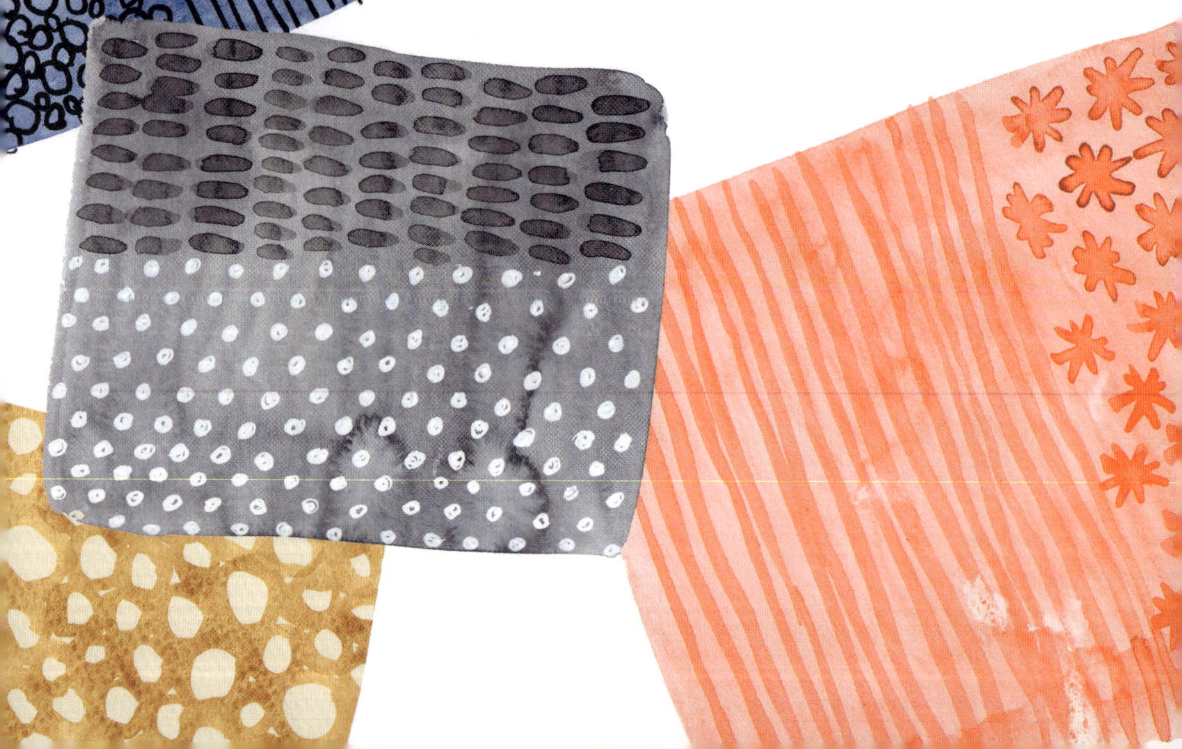

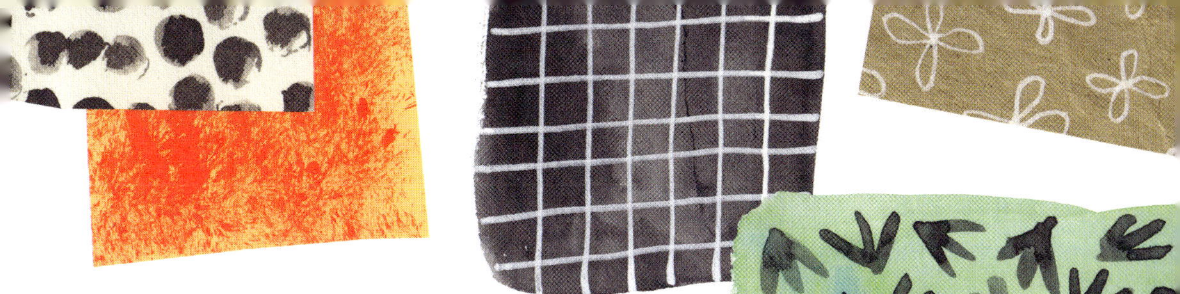

Wenn Sie Muster und Texturen malen möchten, sollten Sie dünneres, leichteres Papier verwenden. Es lässt sich einfacher ausschneiden und als Collage aufkleben. Für Muster auf Kleidungsstücken sollten Sie kleinere, engere Muster wählen. Ich mag es, Muster auf farbiges Papier oder gemalte Hintergründe zu malen, wie in diesem Beispiel.

Auch mit Posca-Stiften, Buntstiften und allen möglichen anderen Hilfsmitteln können Sie tolle Muster malen!

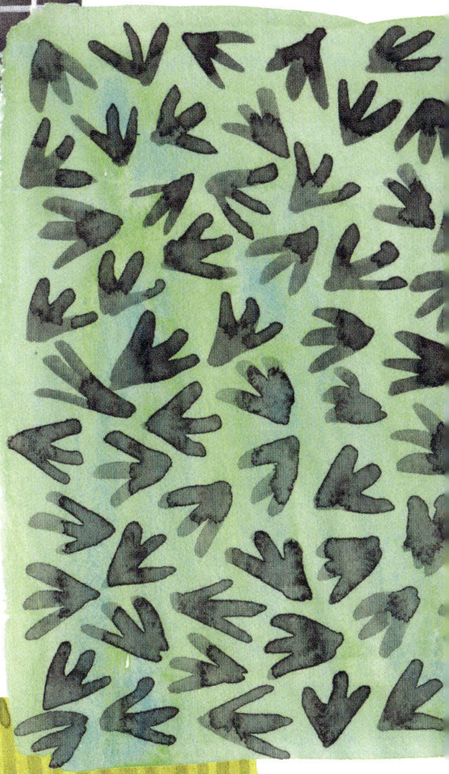

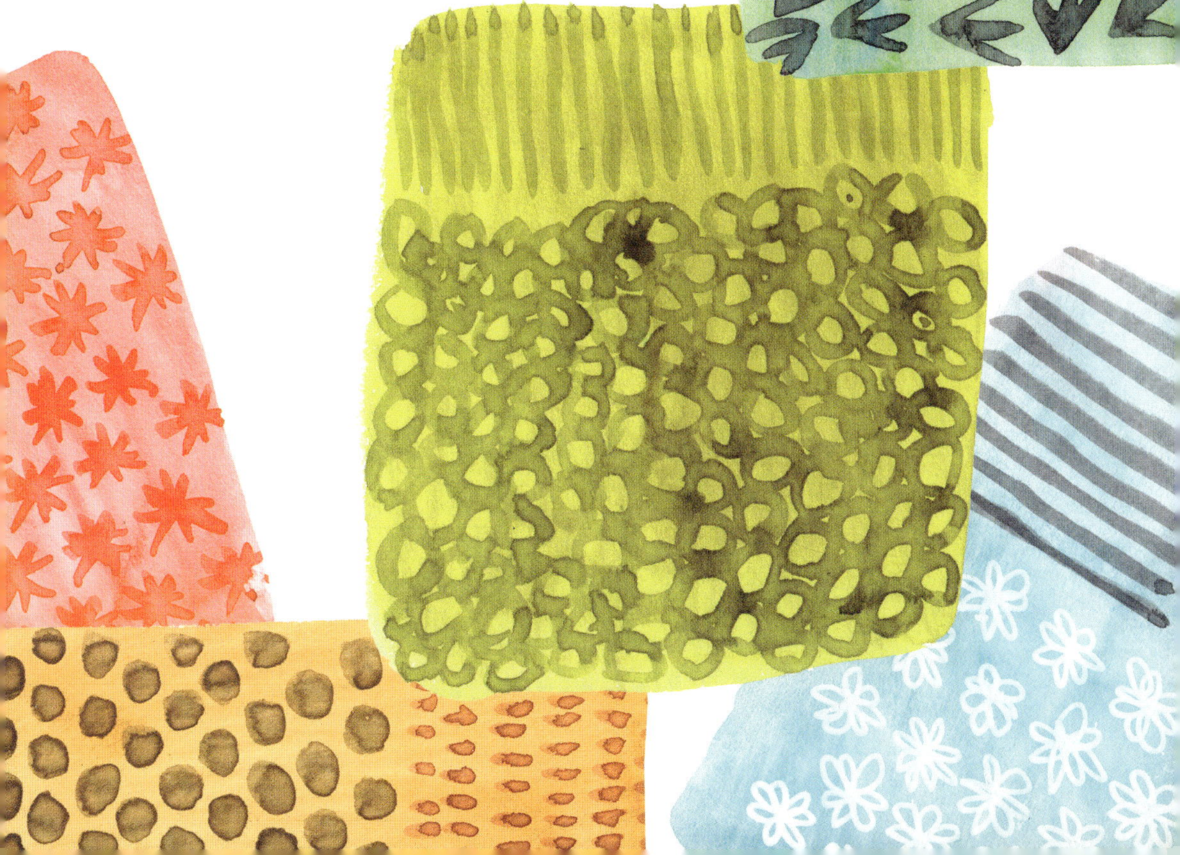

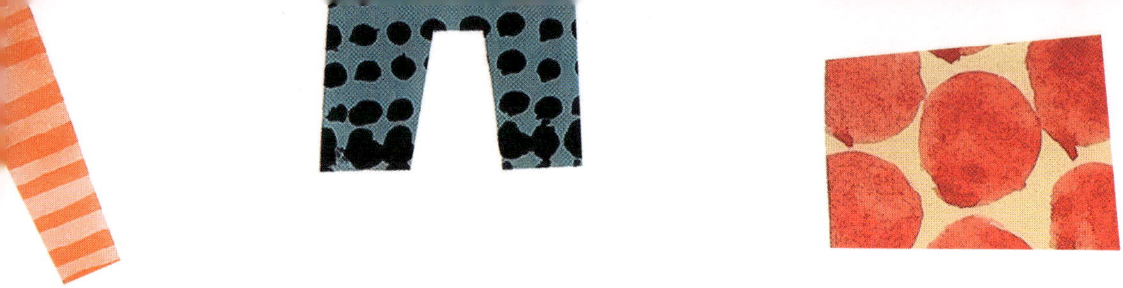

Sobald das Papier ein Muster oder eine Textur hat, schneiden Sie Bekleidungsformen aus. Die Aquarellkatzen malen Sie erst, wenn Sie die Kleidung ausgeschnitten und aufgeklebt haben.

Auch bei den Kleidern sollten Sie auf unterschiedliche Formen und Farben achten, damit das Bild abwechslungsreich wird. Schneiden Sie T-Shirts, Kleider, Hosen, Shorts und alle Kleidungsstücke aus, die Sie inspirieren!

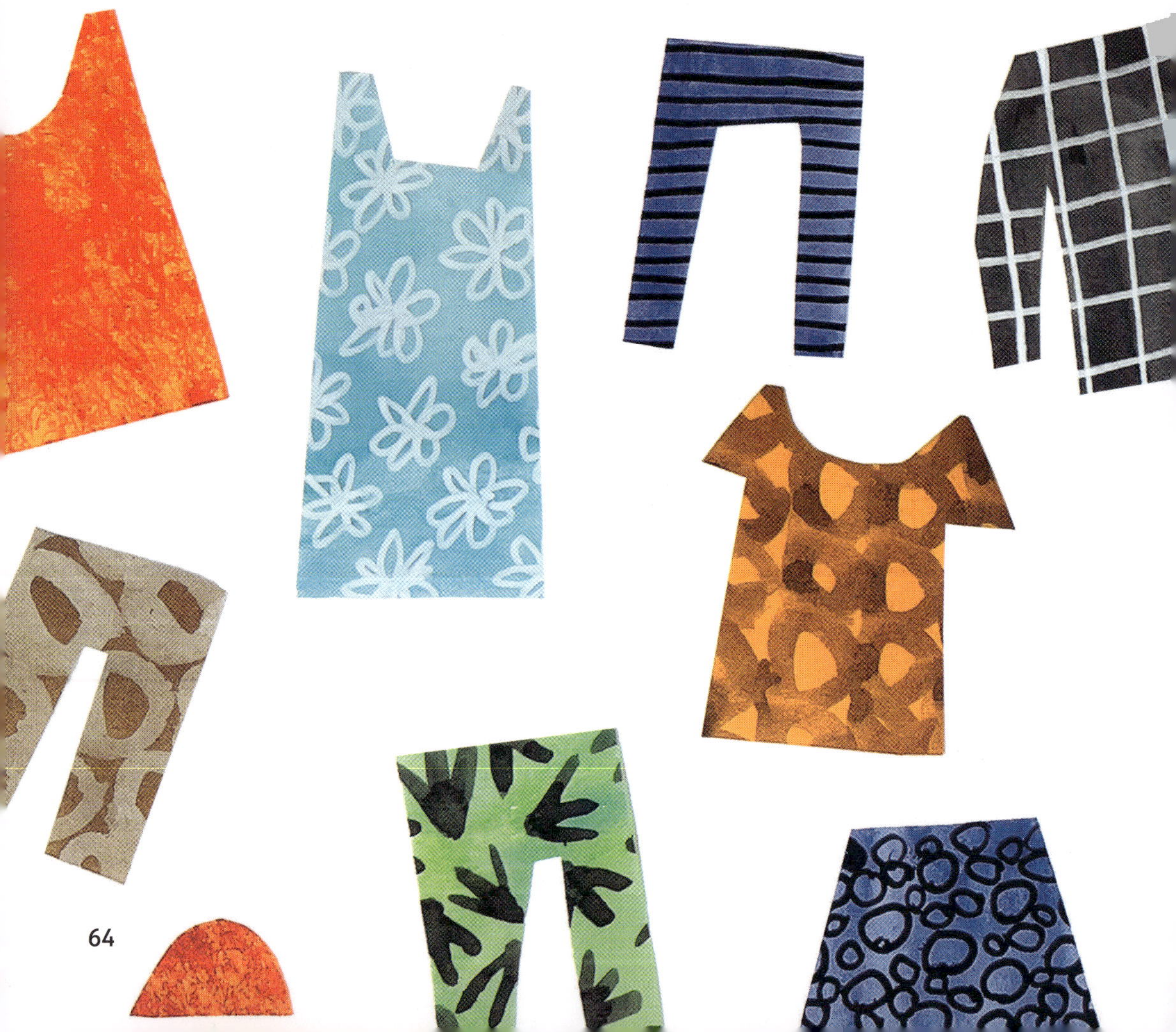

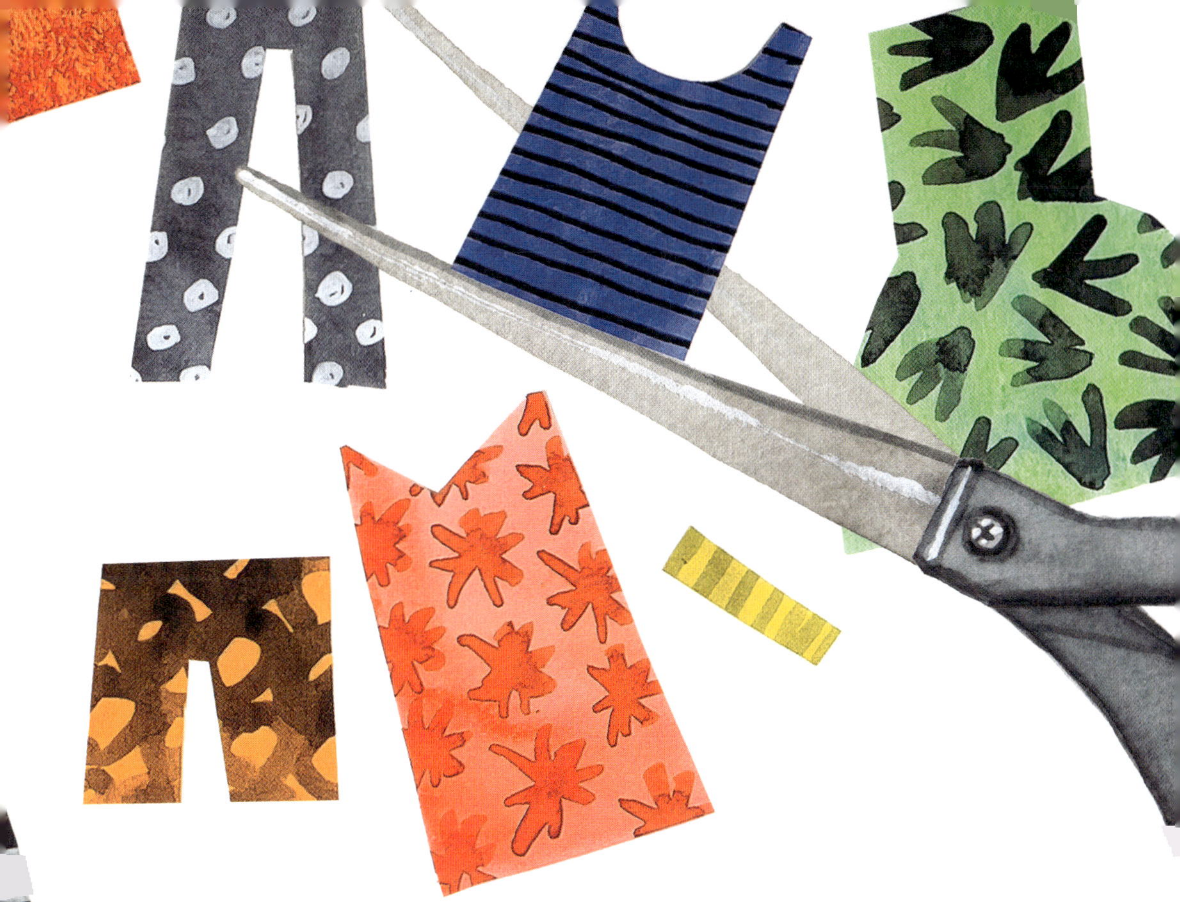

Alternativ können Sie auch zuerst die Katzen malen und die Papierkleidung später aufkleben. Das ist ein bisschen schwieriger, weil die Kleidungsstücke dann zur Katze passen müssen und nicht umgekehrt. Damit sie richtig »sitzen«, müssen Sie viel ausprobieren. In diesem Beispiel werden wir unsere Kätzchen an die ausgeschnittene Bekleidung anpassen.

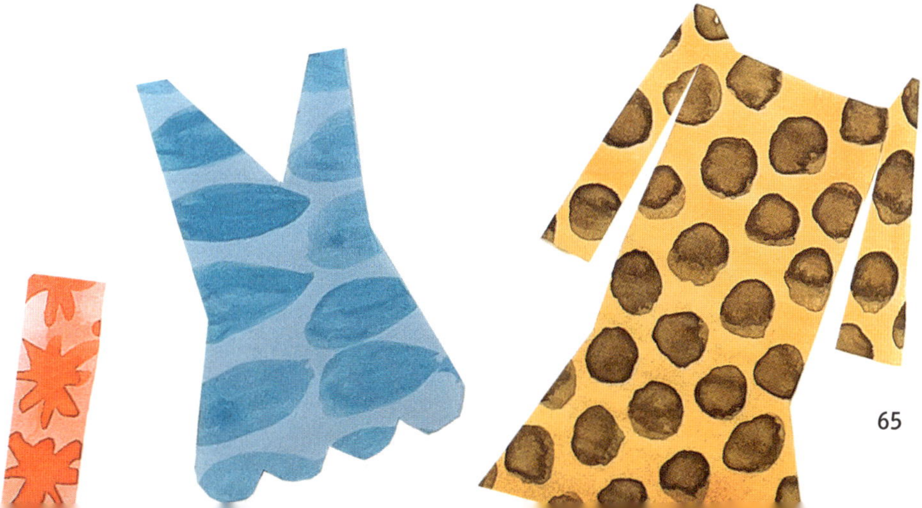

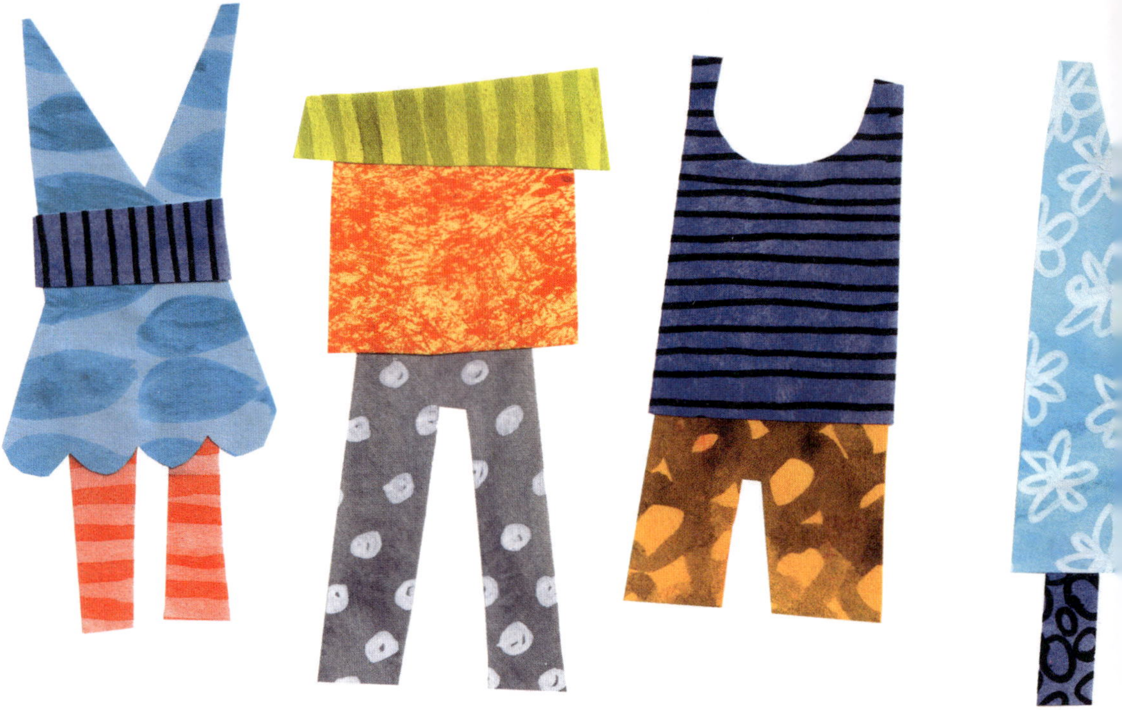

Ordnen Sie zunächst die Kleidungsstücke zu lustigen Outfits an und kleben Sie sie auf das Papier. Nun malen wir die Fellnasen in die Kleider.

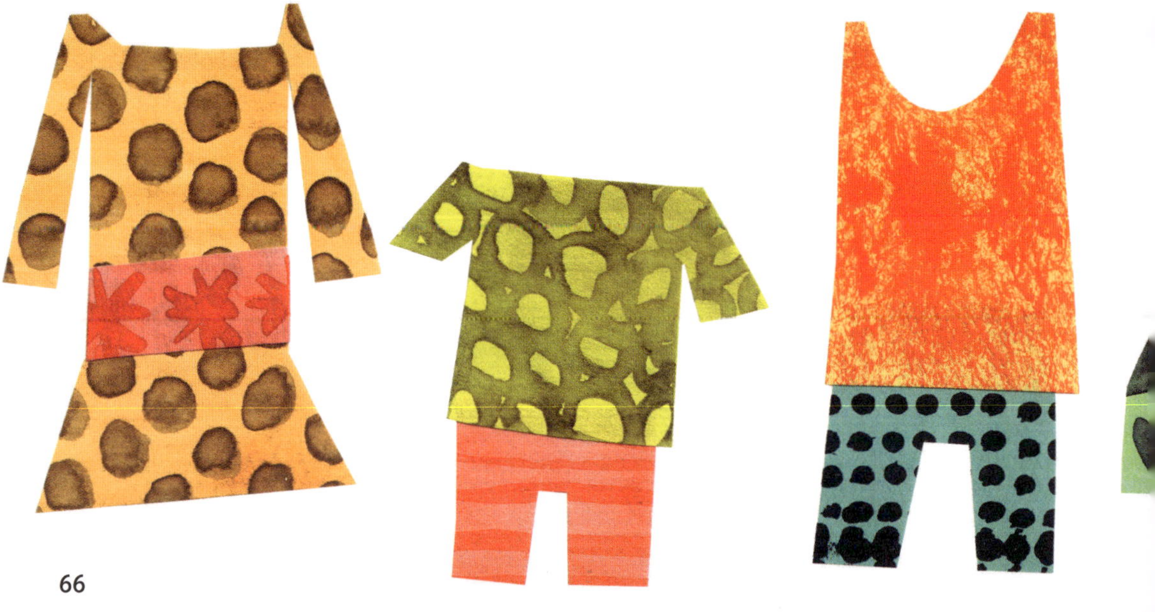

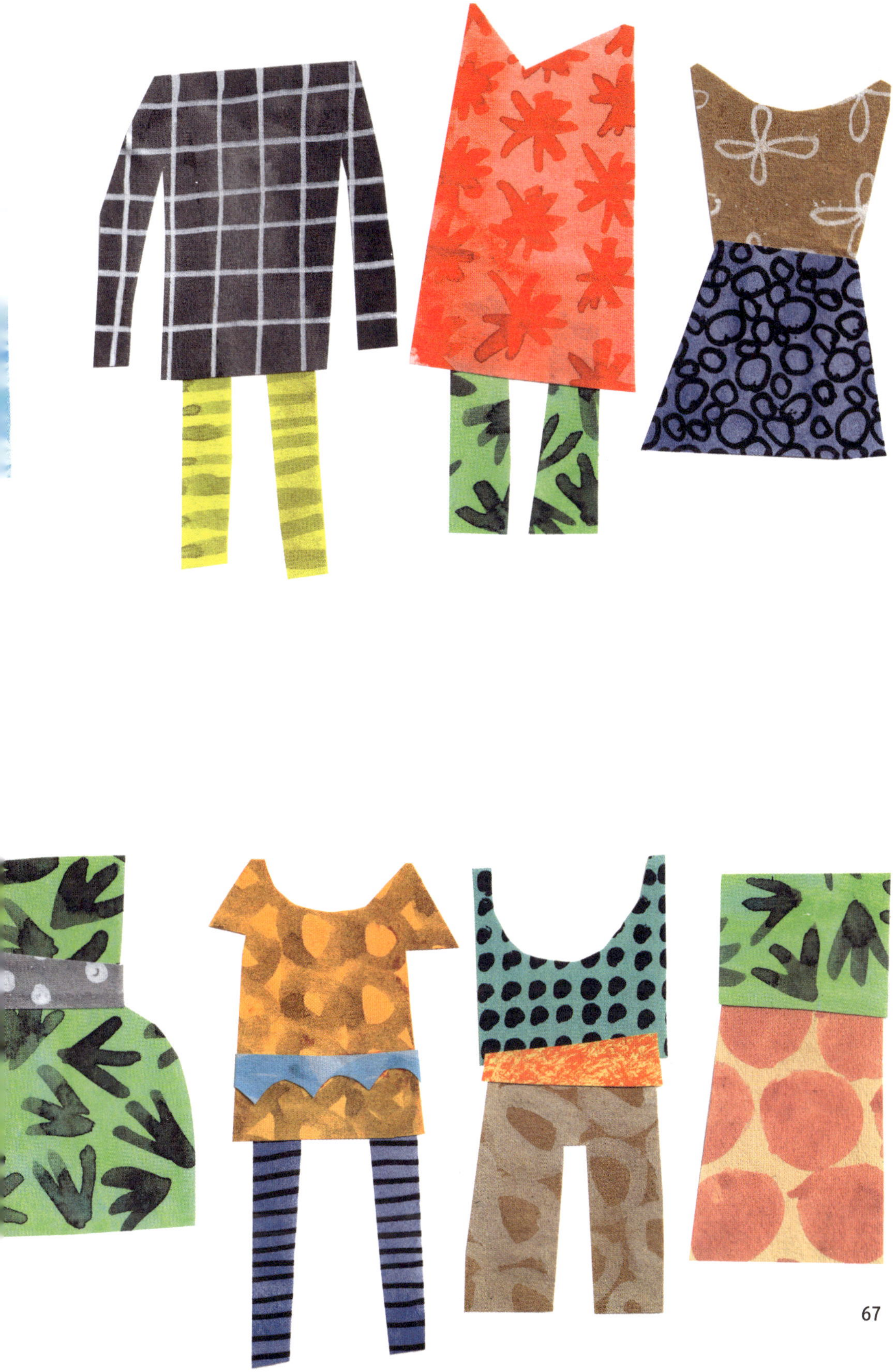

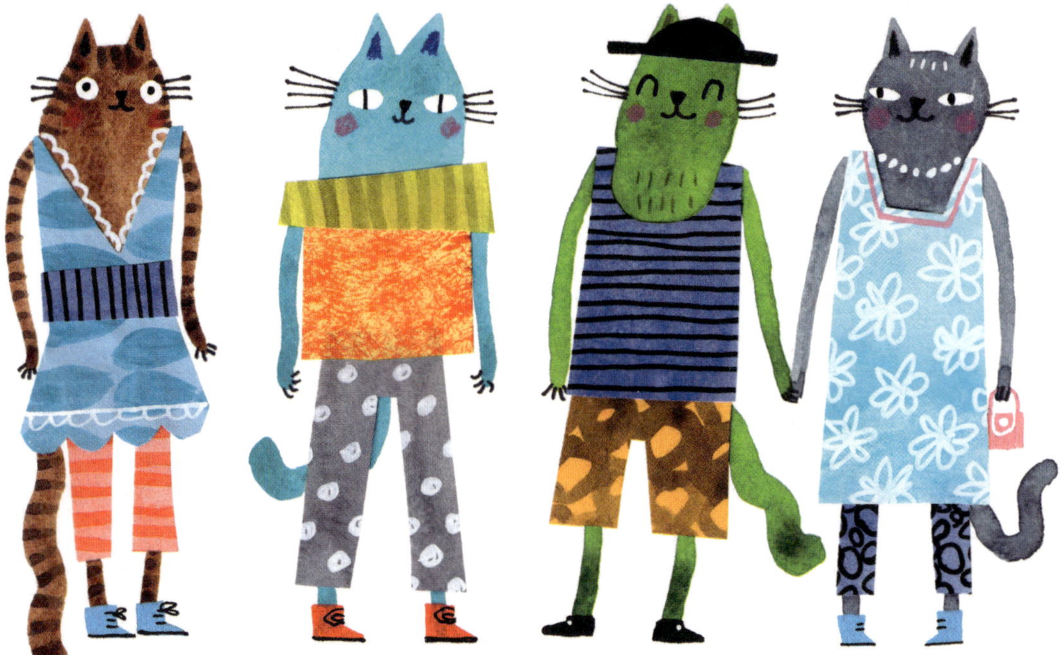

Die Promi-Katze Die Niedliche Die Verliebten

Genauso wie Sie auf der vorherigen Seite die Kleidungsstücke geschaffen haben, können Sie nun noch Farben, Ausdrücke und Körperformen hinzufügen. Vielleicht findet eine Katze den Modegeschmack ihres Nachbarn abscheulich oder ist neidisch auf das Kleid einer anderen Samtpfote.

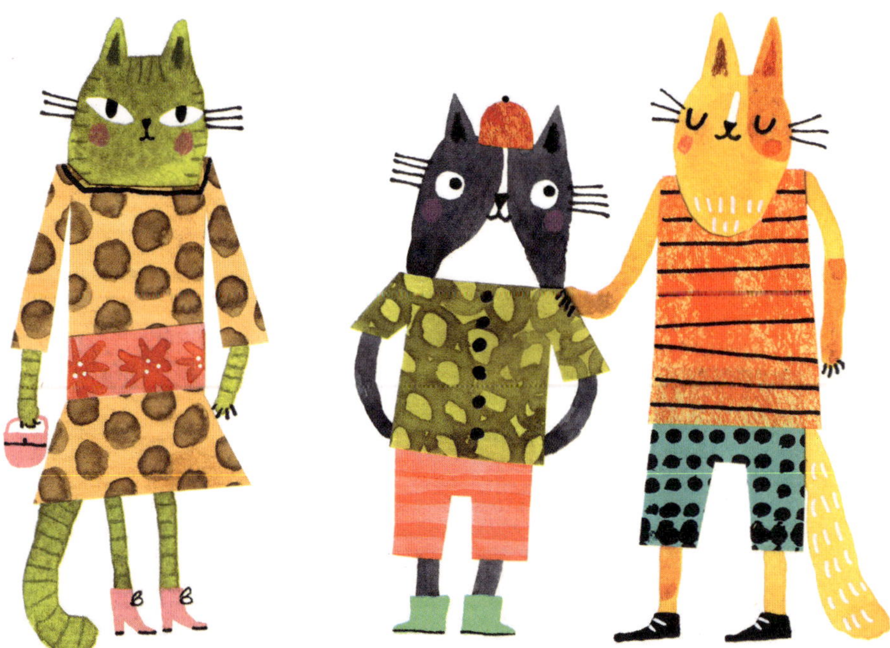

Die Ernste Die Freundlichen

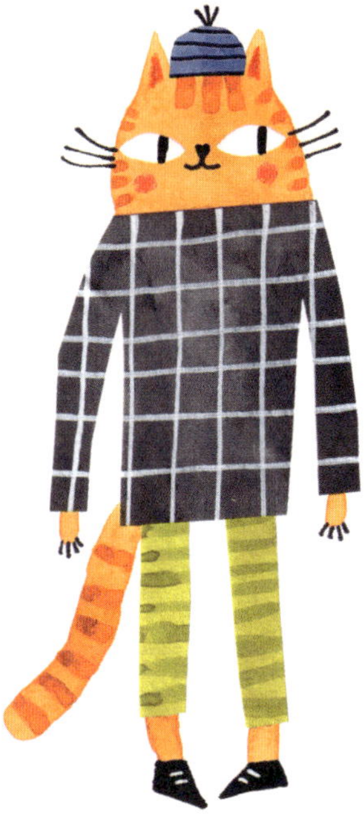

Die Modebewusste

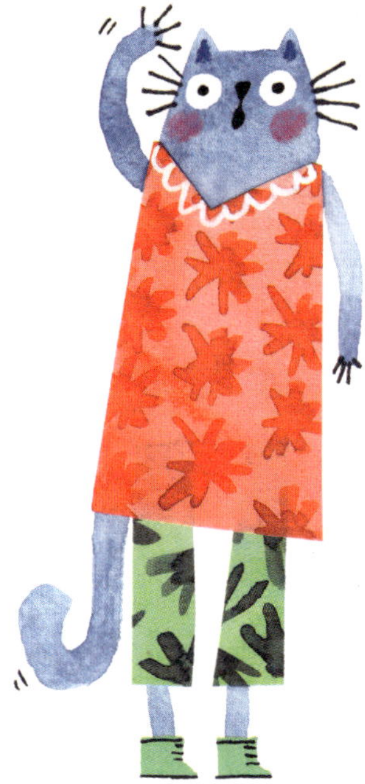

Die Städterin

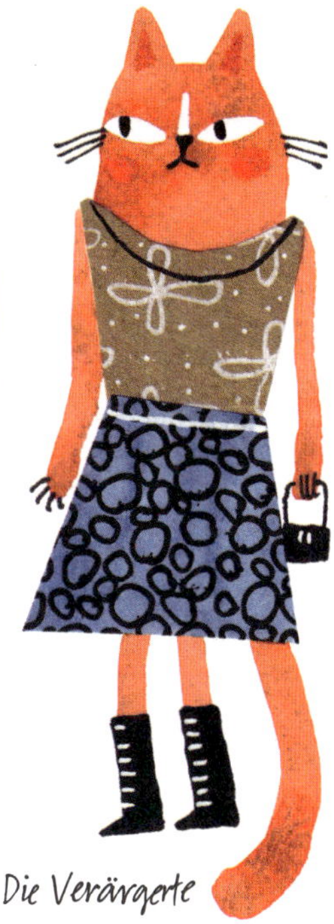

Die Verärgerte

Ich liebe es, meinen Katzen Stiefel anzuziehen. Sie könnten Ihrer Mieze zum Beispiel Ihr Lieblingsaccessoire verpassen. Schneiden Sie Schuhe aus oder malen Sie sie mit dem Posca-Stift wie in diesem Beispiel. Auch Hüte stehen den gemalten Kätzchen sehr gut.

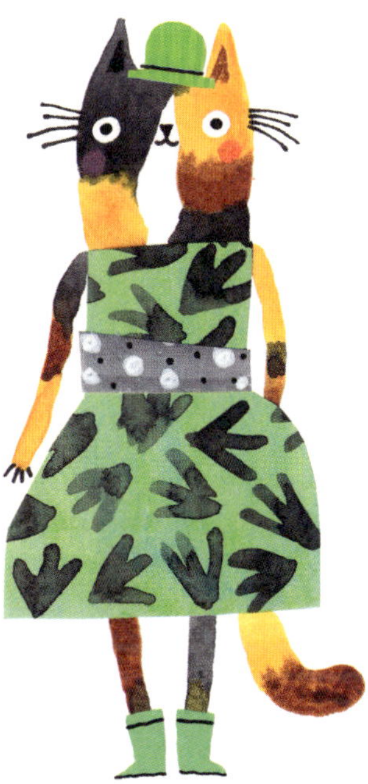

Die Geschmackvolle

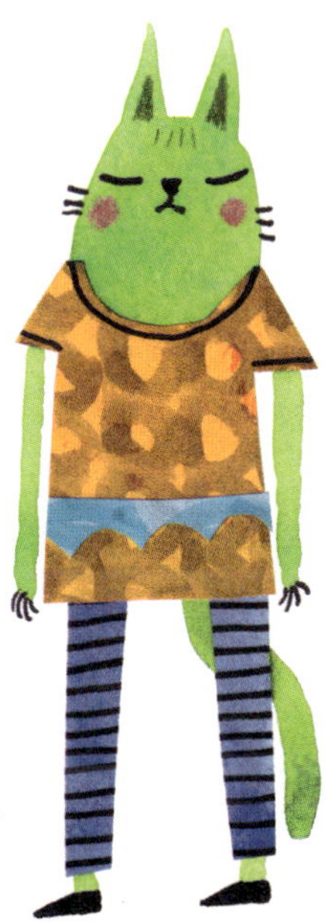

Die Liebliche

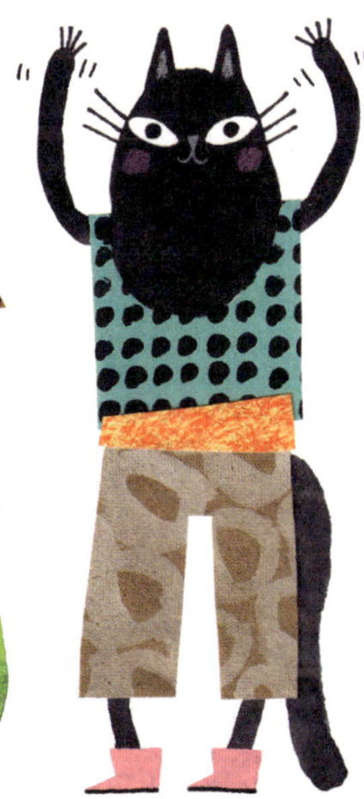

Der Verrückte

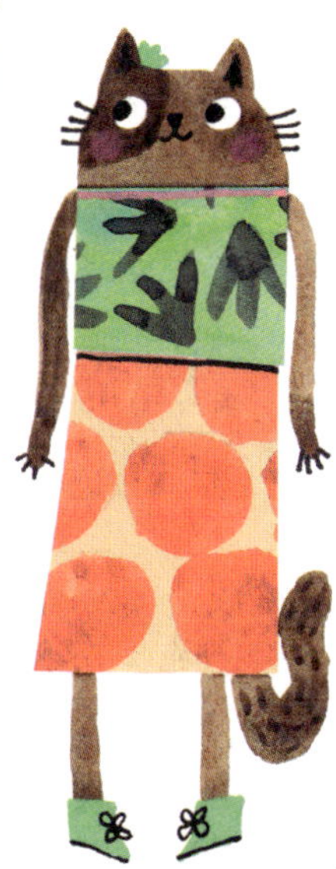

Die Neugierige

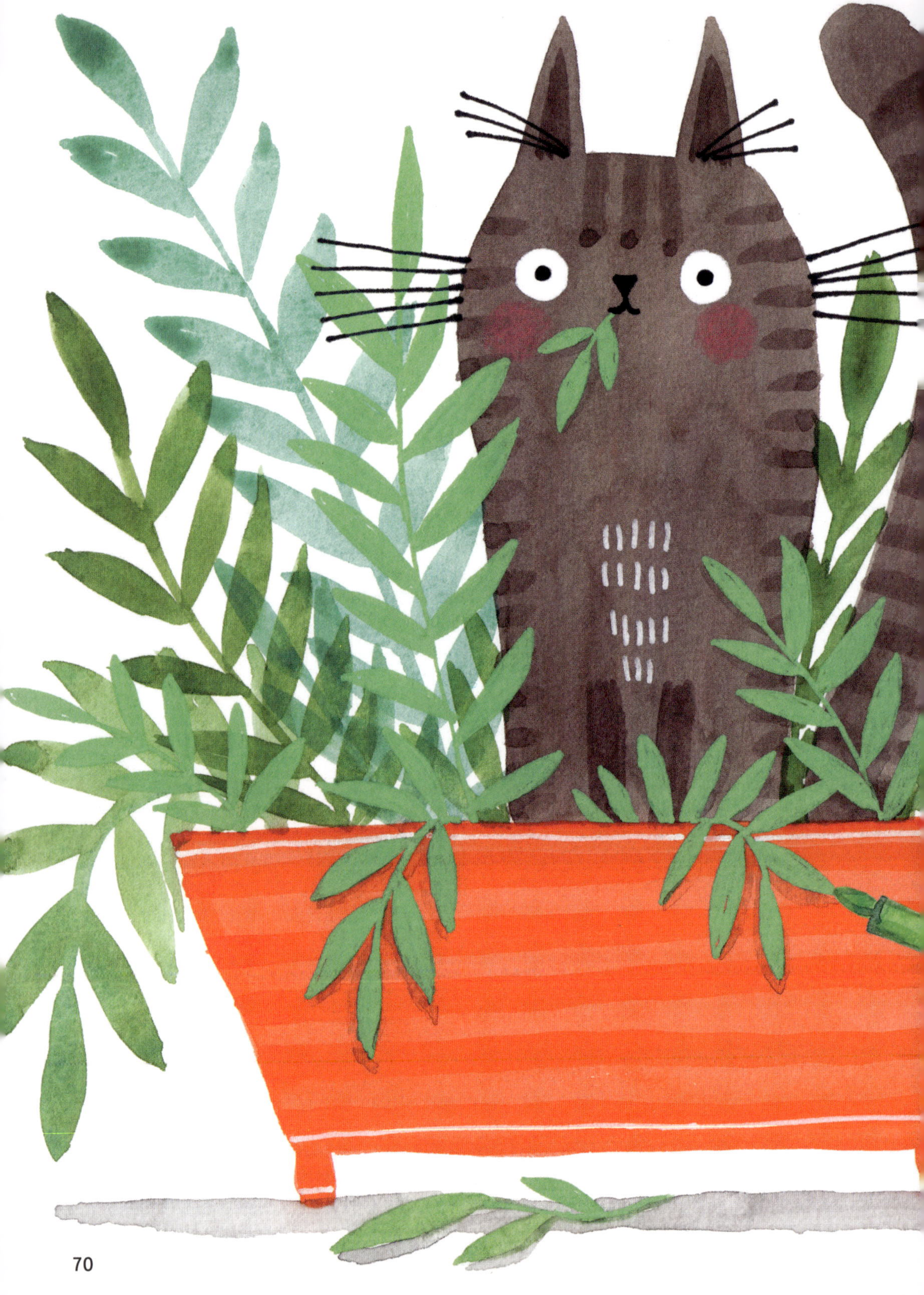

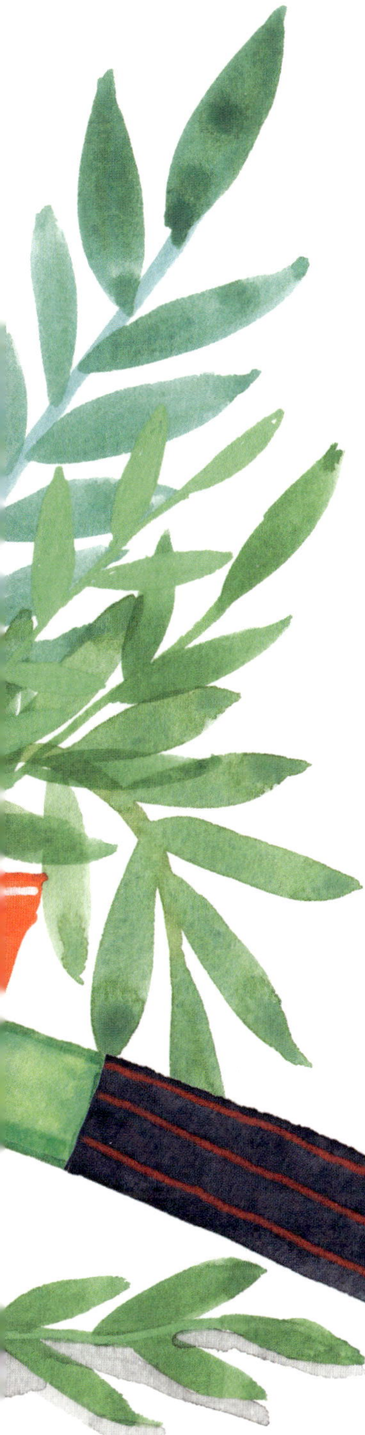

Katzen im Stillleben

Was passt besser in ein Stillleben als eine Katze? Die Fellnasen schlafen überall und sind damit das perfekte Modell für Ihr Stillleben. Aber vielleicht klettern sie auch in etwas, und Sie zeigen sie in Aktion. Eine Katze in einem Stillleben ist eine wunderbare Möglichkeit, die statische Szene lebendig zu machen.

Für dieses Bild habe ich die grünen Blätter im zweiten Schritt mit grünem Posca-Stift auf die mit Aquarell gemalte Schüssel gezeichnet. So können Sie ganz einfach mit einer deckenden Farbe über eine andere Farbe malen. Wenn ich mit transparenter grüner Aquarellfarbe über die rote Schüssel oder die Katze gemalt hätte, wäre Matschgrau dabei herausgekommen, da es sich um Komplementärfarben handelt, die sich zu Grau oder Braun mischen.

Sie können auch mit undurchsichtiger Aquarellfarbe – also Gouache – über eine trockene Schicht transparenter Aquarellfarbe malen.

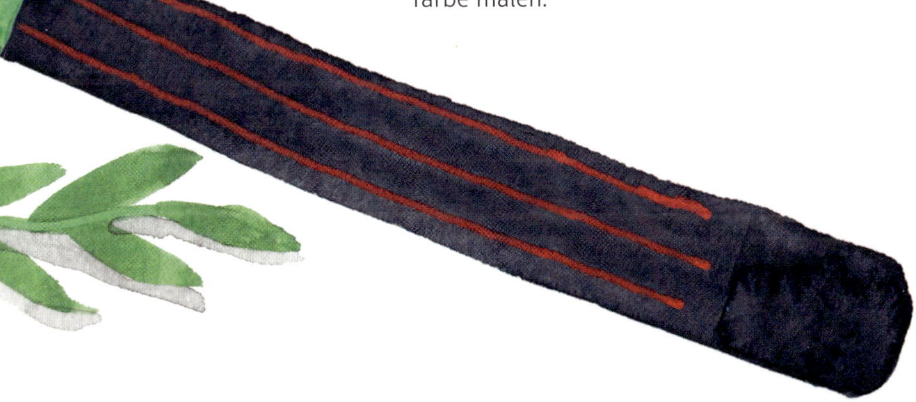

Papierausschnitte aufkleben

Wie schon bei der »Katzenmode« kann auch der Obstkorb in einem Stillleben mithilfe von ausgeschnittenem Papier zu einer wahren Wundertüte werden.

Sie können vorgefertigtes Musterpapier oder die Seiten aus einem alten Taschenbuch verwenden. Diese Oberflächen bilden einen tollen Kontrast zu den fließenden Aquarellfarben, und es macht Spaß, die Materialien im Bild zu mischen.

Experimentieren Sie und probieren Sie neue Ideen aus. Gehen Sie auf eine Abenteuerreise – und wecken Sie die Katze in Ihnen auf!

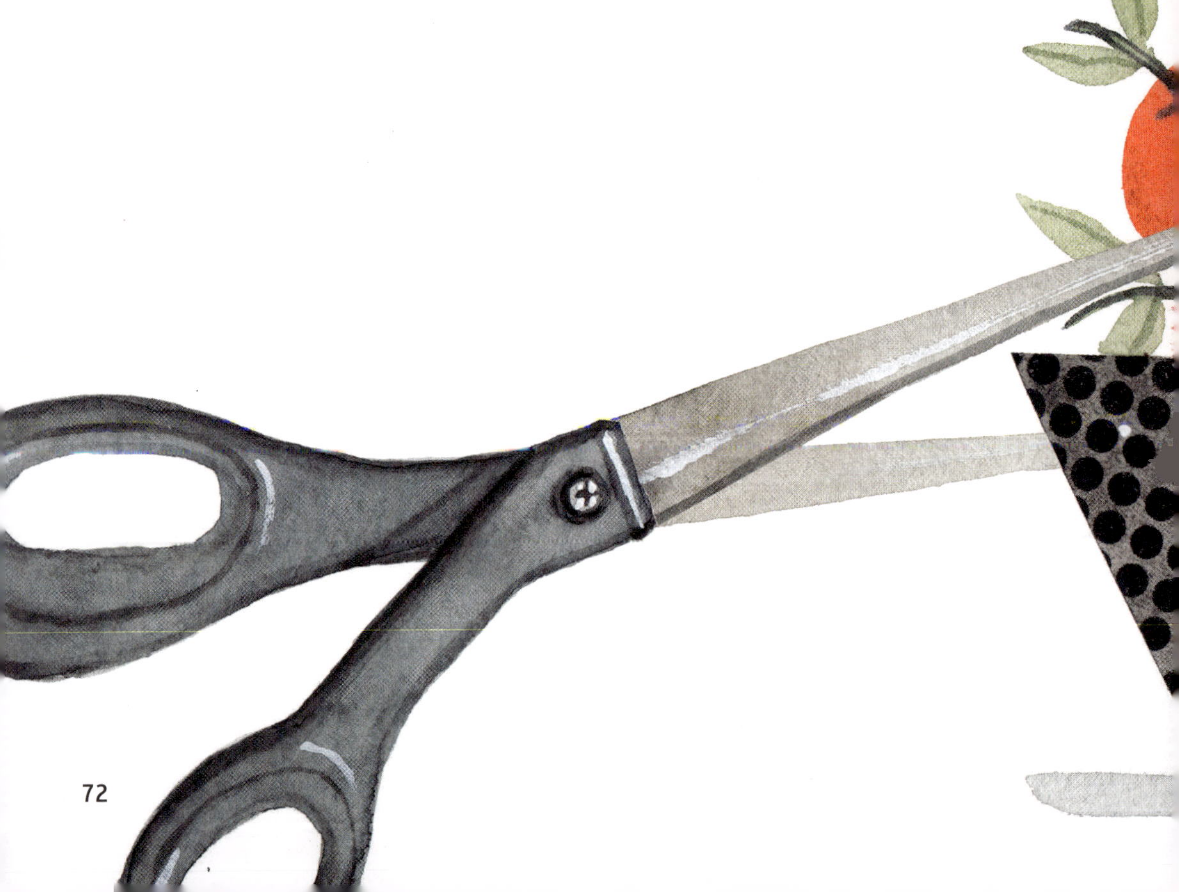

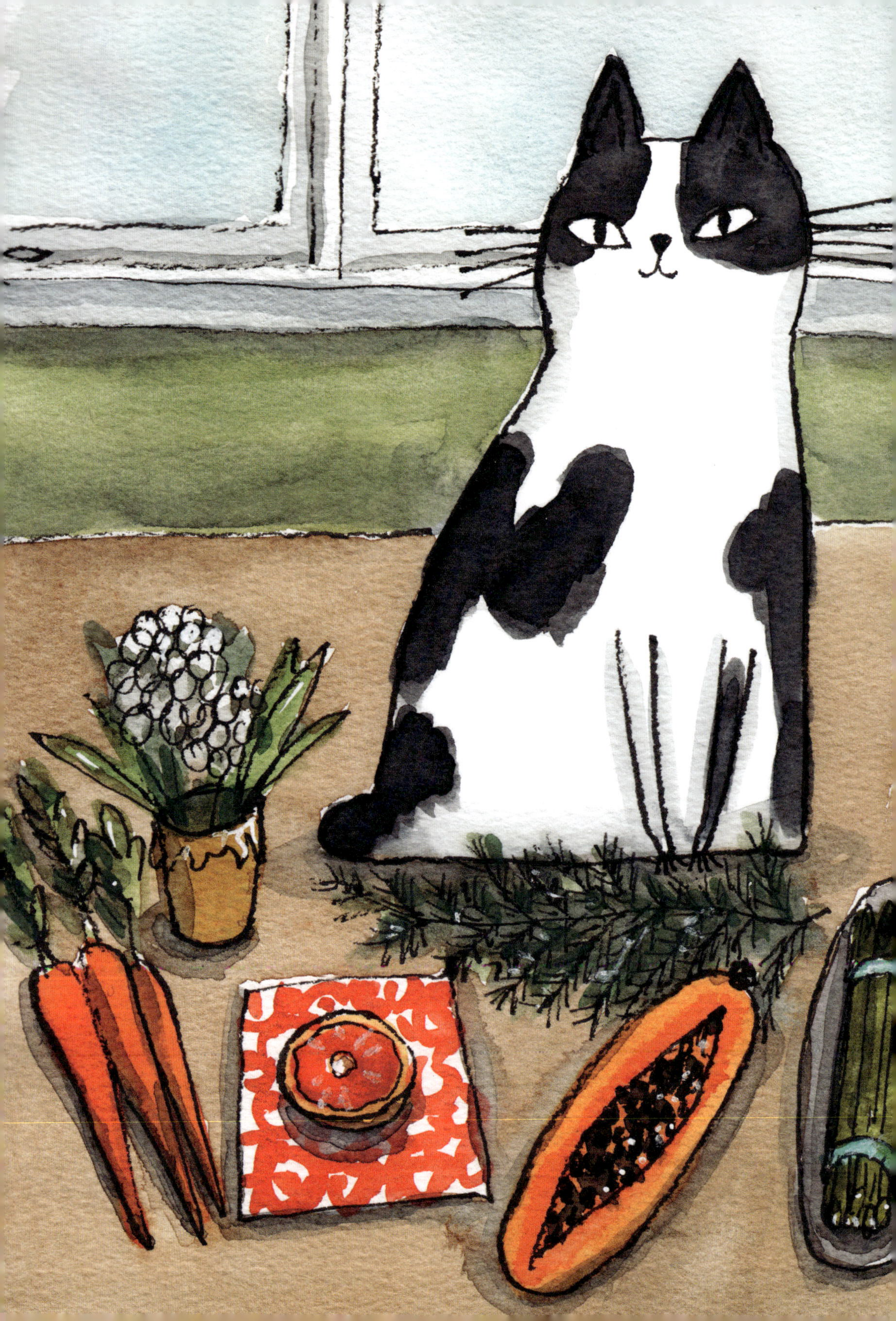

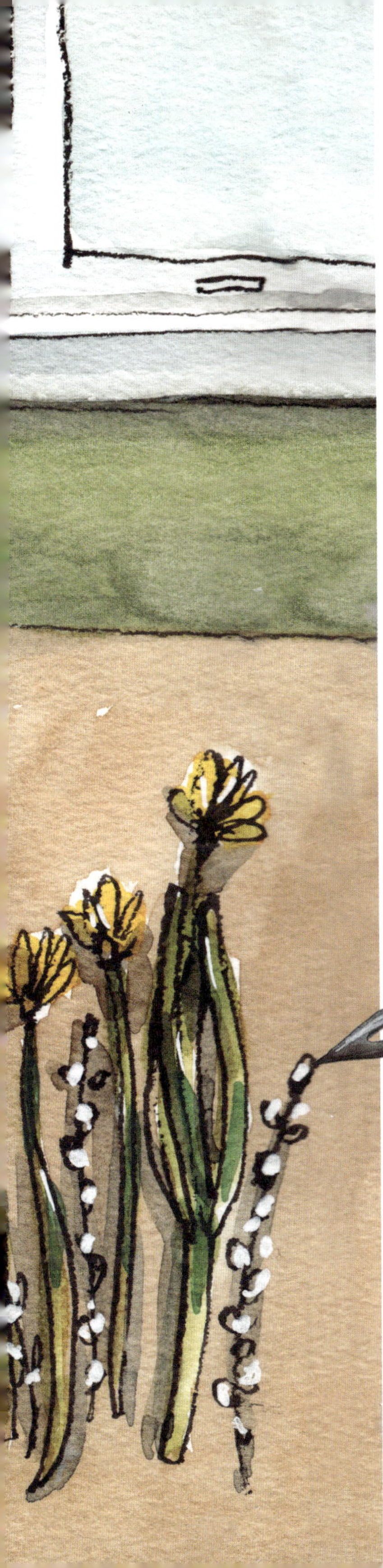

Mit Stift und Tusche

Kombinieren Sie doch einfach einmal einen Stift und Tusche mit Aquarellfarben, das macht viel Spaß! Beginnen Sie mit einer Tuschezeichnung und tragen Sie danach die Farbe auf. Sie können auch erst mit Farbe und dann mit Tusche malen. In diesem Beispiel habe ich ständig zwischen Farbe und Tusche gewechselt. Auf jeden Fall sollten Sie jede einzelne Schicht trocknen lassen, bevor Sie das nächste Medium verwenden. Damit verhindern Sie, dass Farben und Tusche verlaufen und sich mischen.

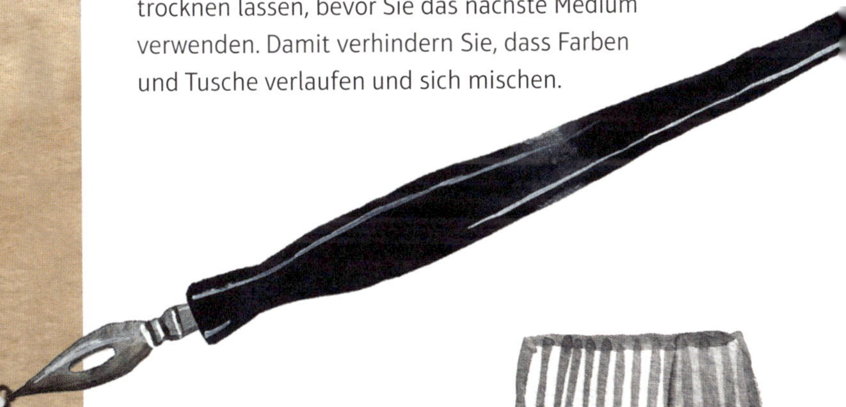

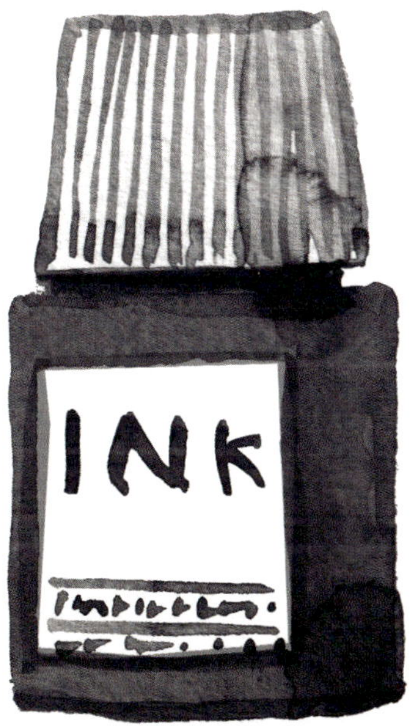

Acrylstift für Konturen und Details

Ich liebe es, mein Aquarellbild mit einem weißen Acrylstift zu verfeinern. Im Moment ist der Posca-Fineliner mein Lieblingsstift.

Auch mit einem weißen Buntstift können Sie wunderbare Details malen, vor allem für das Augenweiß Ihrer Charaktere. So bekommt Ihr Aquarellbild den perfekten letzten Schliff. Für die Pupillen habe ich einen schwarzen Posca-Stift verwendet.

Dieses Kätzchen liebt ihren schicken Sessel, obwohl Katzen natürlich auf so ziemlich allem gern sitzen. Sie brauchen wirklich keinen Designerstuhl, sondern entspannen sich auf jedem Platz, der sich ihnen anbietet.

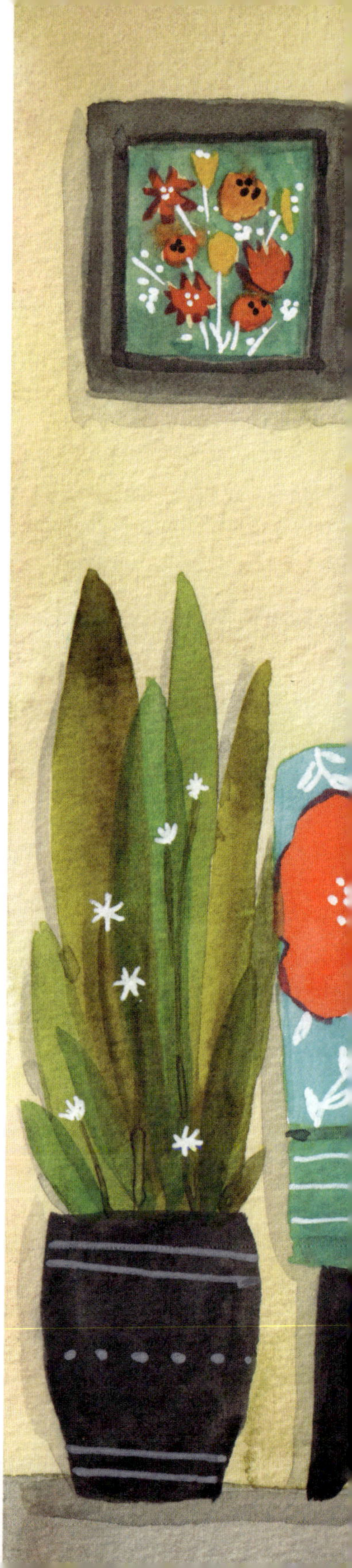

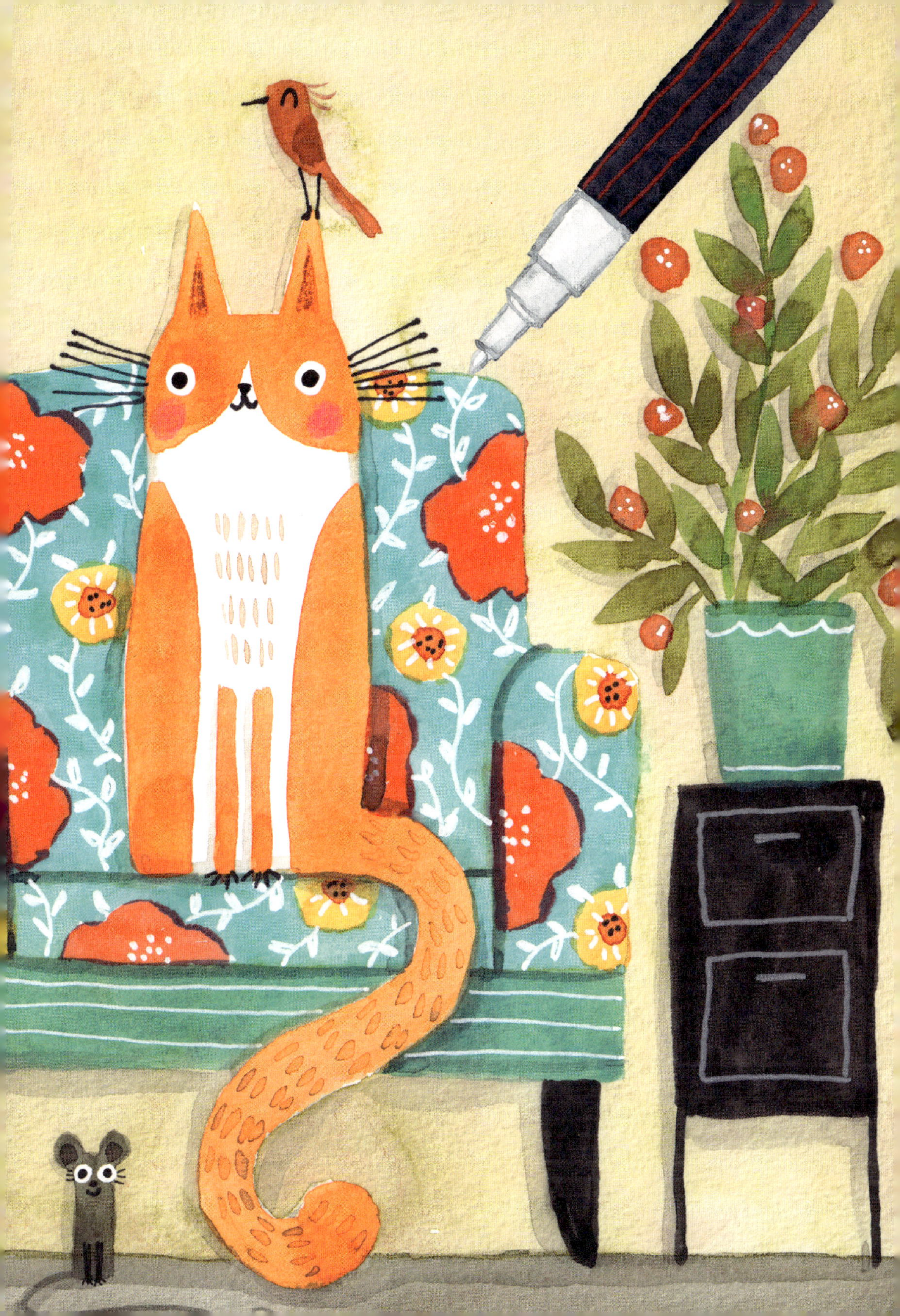

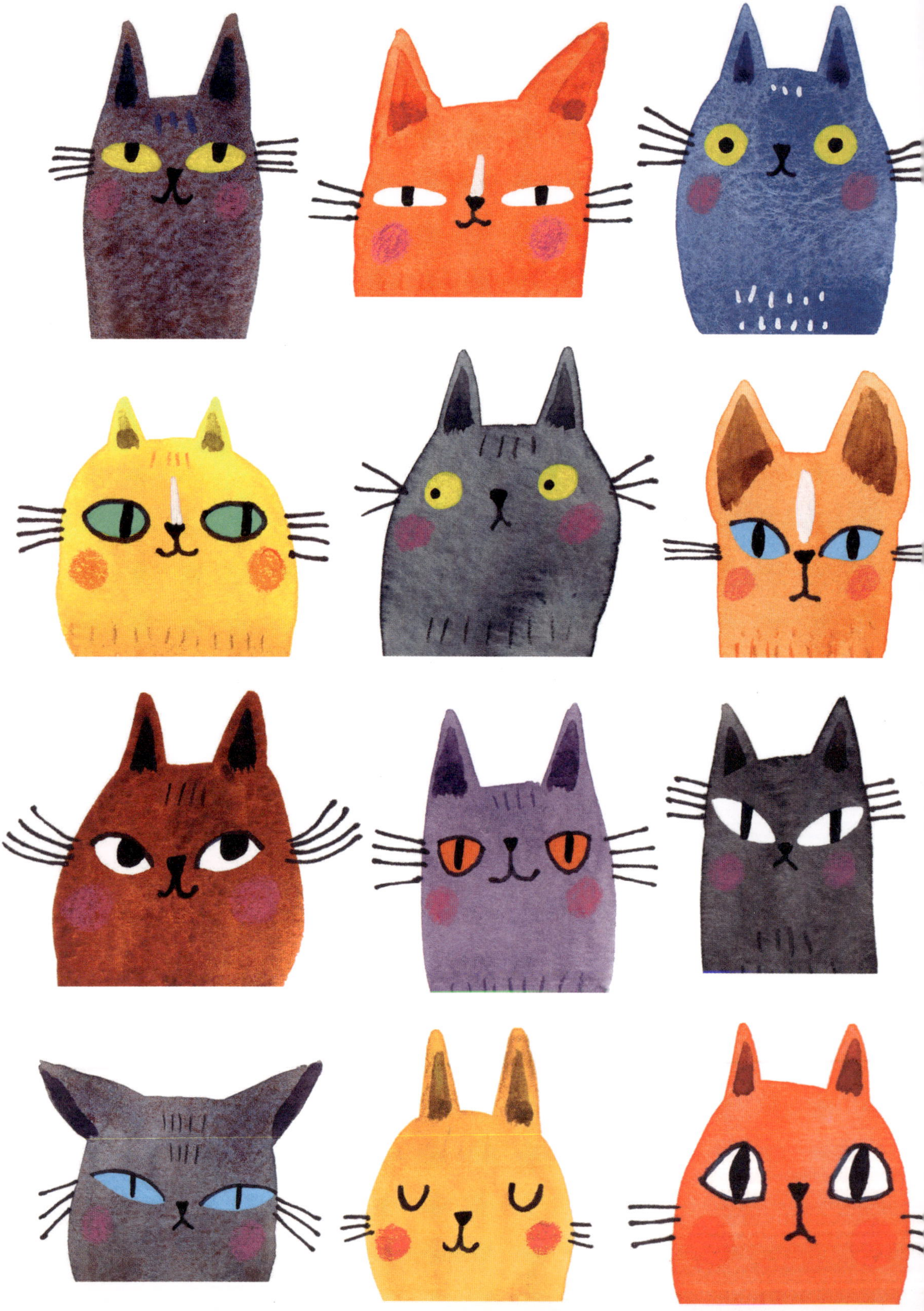

7

Mit Katzen Geschichten erzählen

Katzenmerkmale

Schauen wir uns nun näher an, wie viele unterschiedliche Merkmale von Katzen wir erschaffen können. Los geht's mit den Augen. Sie können sehr viel über die Stimmung der Katze und ihre Aufmerksamkeit erzählen. Von runden Kulleraugen über Schlitzen bis zu fest geschlossenen Augen – und natürlich alles dazwischen.

Hier habe ich einige Beispiele zusammengestellt, was Sie mit der Augenform einer Miezekatze anstellen können. Versuchen Sie, eine Stimmung einzufangen. Malen Sie eine schlafende Katze mit Augen in Form eines umgekehrten U's oder eine glückliche, deren Augen die Form eines nach oben offenen U's haben.

Spielen Sie mit einem großen Kreis oder der Mandelform und entdecken Sie, ob Ihr Stubentiger damit niedlich oder finster aussieht. Katzen können mit ihren Augen viel ausdrücken. Wie viele Launen können Sie darstellen?

Versuchen Sie, dreißig unterschiedliche Augenformen zu malen! Einige Beispiele dazu finden Sie auf dieser Seite und im Verlauf des Buches. Schauen Sie, was andere Künstler machen, und kreieren Sie auch eigene Formen.

Sie können einen ganzen Vorrat an Formen, die Sie beim Malen verwenden können, zusammenstellen. Variation ist der Schlüssel zu interessanten Kunstwerken. Vergessen Sie also nie, die ganze Bandbreite zu nutzen.

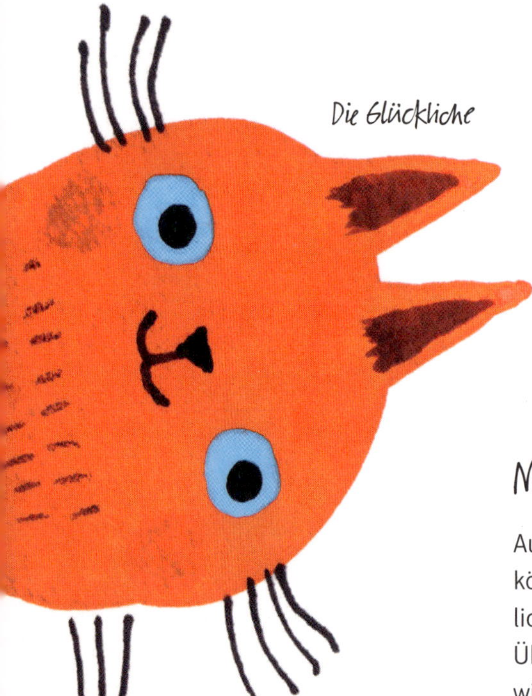

Die Glückliche

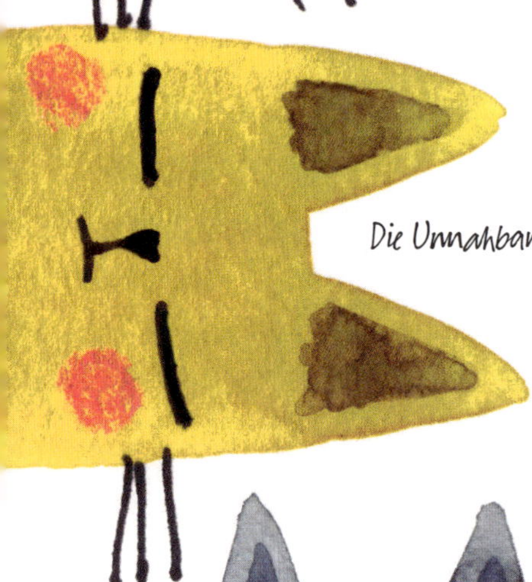

Die Unnahbare

Nasen und Münder

Auch die Nase und der Mund einer Katze können viel über ihre Laune und Persönlichkeit erzählen. Ist sie zufrieden? Wütend? Überrascht? Distanziert? Machen Sie es wie mit den Augen und sammeln Sie so viele Formen wie möglich. Entwickeln Sie zurückhaltende und übertriebene Ideen. Je verrückter der Ausdruck, desto besser: eine zauberhafte Möglichkeit, die Gefühle von Katzen zu porträtieren.

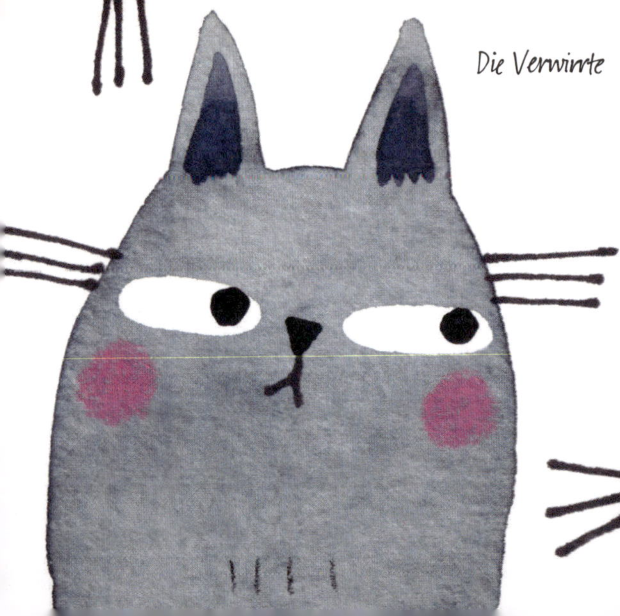

Die Verwirrte

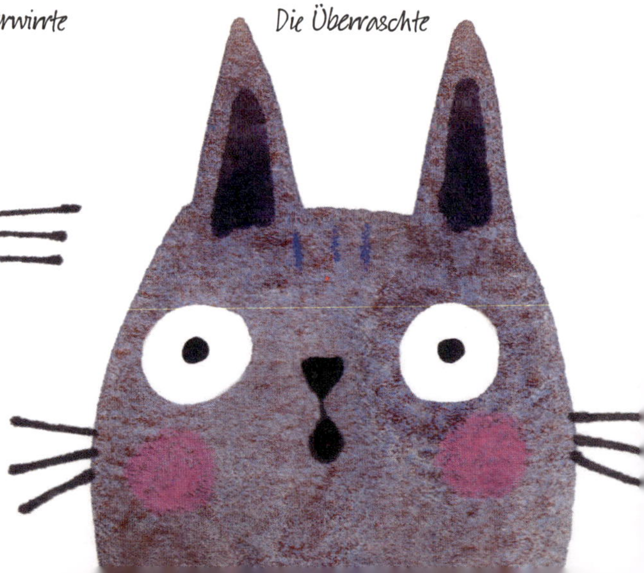

Die Überraschte

Die Aufgeregte

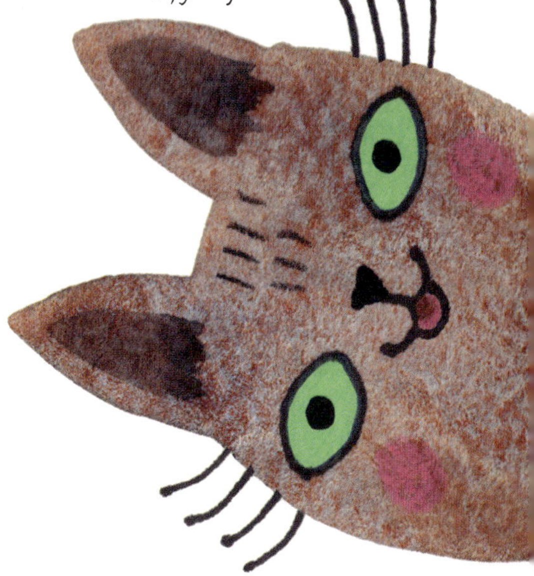

Augen und Schnurrhaare

Auch Augen und Schnurrhaare drücken Emotionen aus. Weisen die Ohren nach unten, ist die Katze wütend, aufgestellte Ohren und Schnurrhaare sieht man bei einem zufriedenen Miezchen. Ein Ohr nach oben und eines nach unten? Das Kätzchen ist böse oder verwirrt! Die Schnurrhaare stehen nach unten und die Stirn ist gerunzelt? Die Fellnase ist mit der aktuellen Situation gar nicht zufrieden!

Die Nachdenkliche

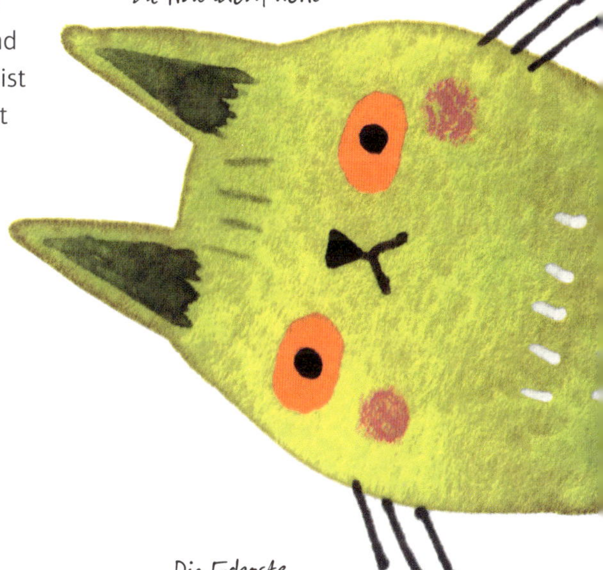

Die Gelangweilte

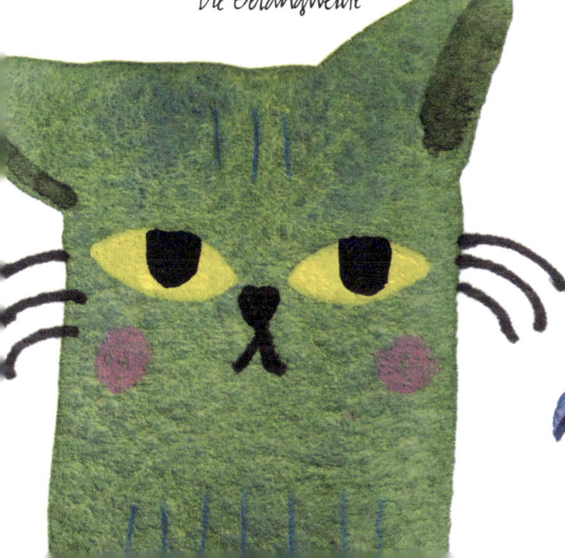

Die Erboste

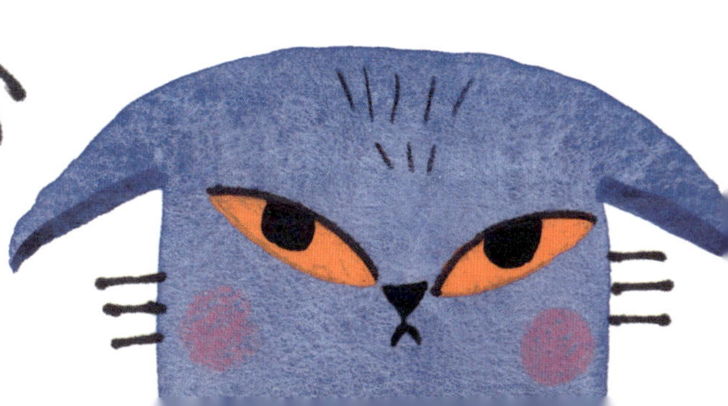

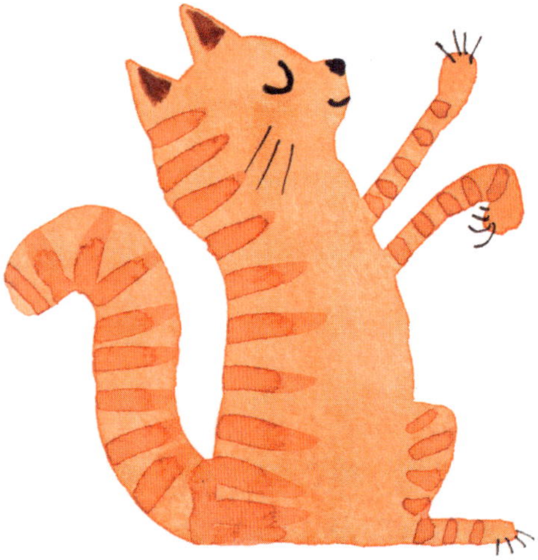

Beine und Pfoten

Fast alle Merkmale einer Katze erzählen eine Geschichte, so auch ihre Pfoten und Beine.

Becherförmige Vorder- und Hinterpfoten, die nach vorn zeigen, weisen auf eine glückliche und zufriedene Katze hin.

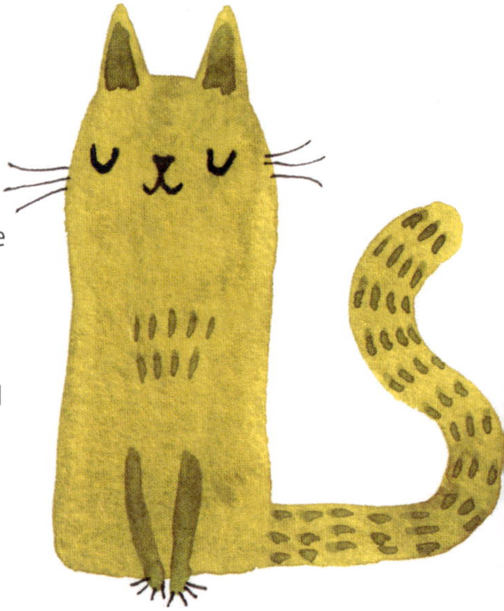

Gestreckte Vorderbeine und eine entspannte Brust drücken Bequemlichkeit aus. Die Katze sieht wohlig aus. Eine sehr meditative Haltung!

Eine Mieze, die auf dem Rücken liegt und die Pfoten wie Hasenfüße von sich streckt, ist im puren Freudentaumel. Ein bisschen den Bauch kraulen?

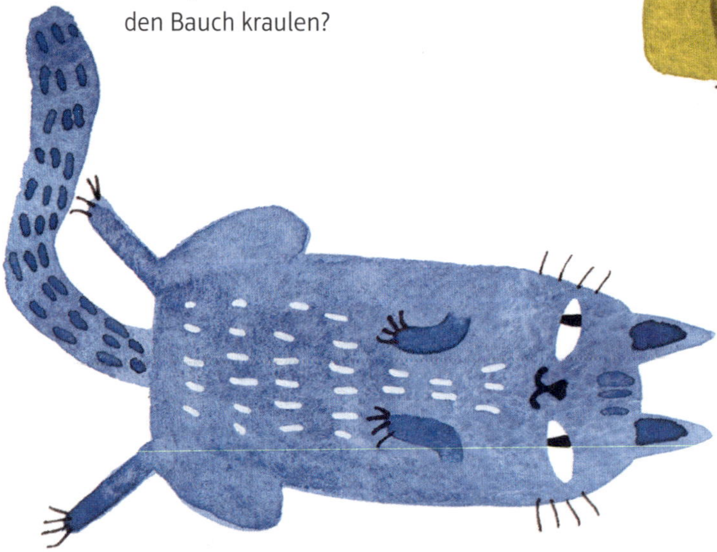

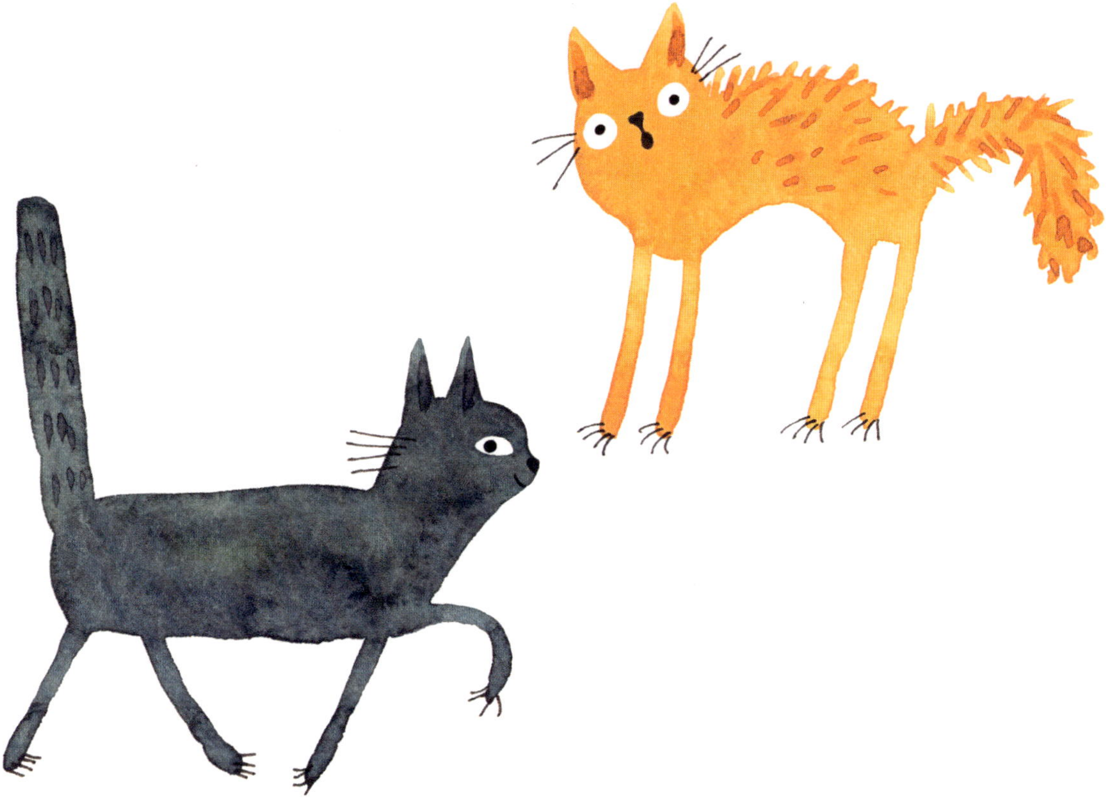

Der Schwanz

Mit ihrer Schwanzstellung macht Ihre Katze eine klare Ansage. Ist er nach unten gebogen und die Spitze zeigt zum Boden? Wahrscheinlich hat das Kätzchen Angst und möchte sich selbst schützen.

Der Schwanz zeigt gerade nach oben? Die Katze ist selbstbewusst und ganz bei sich selbst: Sie gibt an oder freut sich einfach, Sie zu sehen.

Verrücktes Schwanzwedeln? Die Katze ist echt genervt. Vielleicht ist es Zeit zum Fressen oder Bürsten.

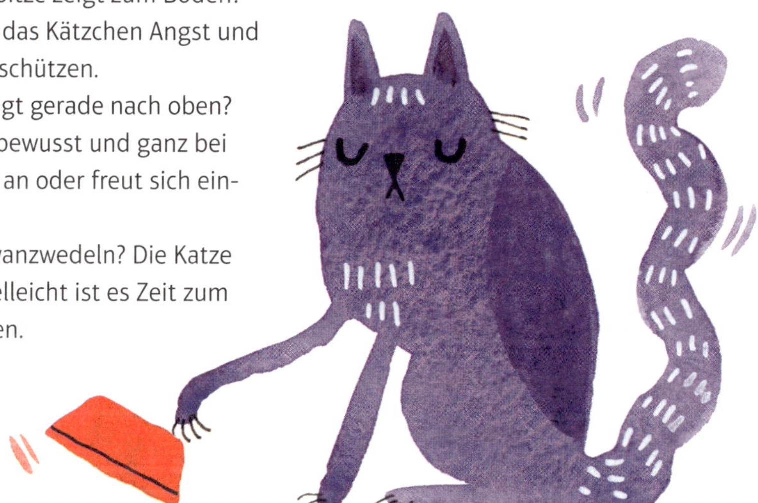

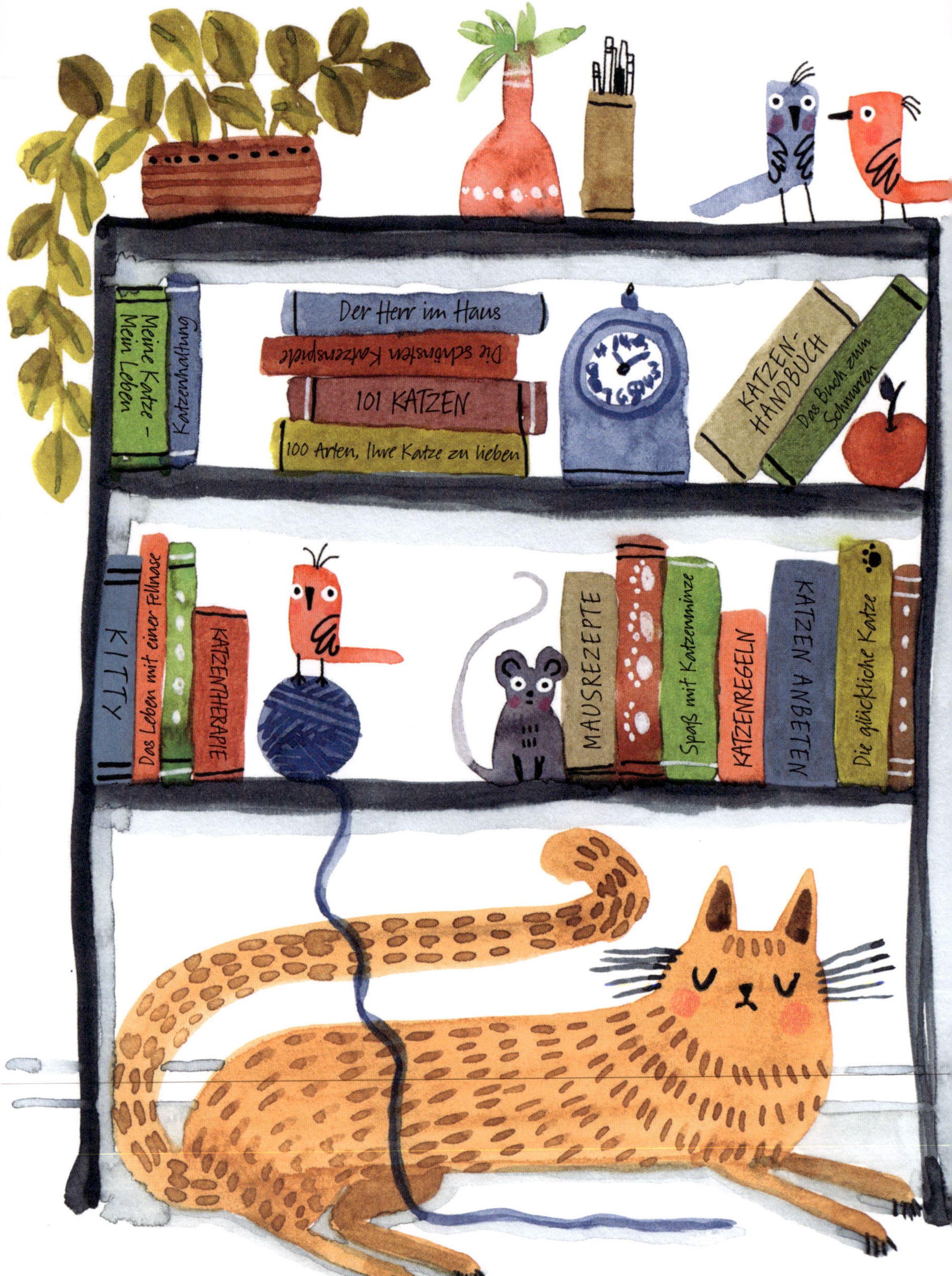
Meine Katze – Mein Leben
Katzenhaltung
Der Herr im Haus
Die schönsten Katzenspiele
101 KATZEN
100 Arten, Ihre Katze zu lieben
KATZEN-HANDBUCH
Das Buch zum Schnurren
KITTY
Das Leben mit einer Fellnase
KATZENTHERAPIE
MAUSREZEPTE
Spaß mit Katzenminze
KATZENREGELN
KATZEN ANBETEN
Die glückliche Katze

Launen einer Katze

Die Persönlichkeiten und Gesichtsausdrücke von Katzen lassen sich am besten durch ihre Umgebung und die Interaktion mit anderen Stubentigern darstellen.

Es macht viel Spaß, mit Katzen kleine Geschichten zu erzählen. Ihrem individuellen Charakter können Sie dabei auf vielerlei Arten schmeicheln. Für das Bild mit dem Bücherregal habe ich mir Titel für Bücher zu Katzen überlegt. Natürlich schert sich unser gelber Kater keinen Deut um diese Lektüre, erwartet aber sicher von Ihnen, Ihr Wissen detailliert aufzufrischen. Welche Titel können Sie sich in Ihrem Regal mit Katzenbüchern vorstellen?

Vervollständigen Sie die Szene mit einem Wollknäuel und ein paar Tierfreunden. Vielleicht möchte ein kleines Kätzchen mit ihnen zusammen eine gemütliche Lesestunde verbringen?

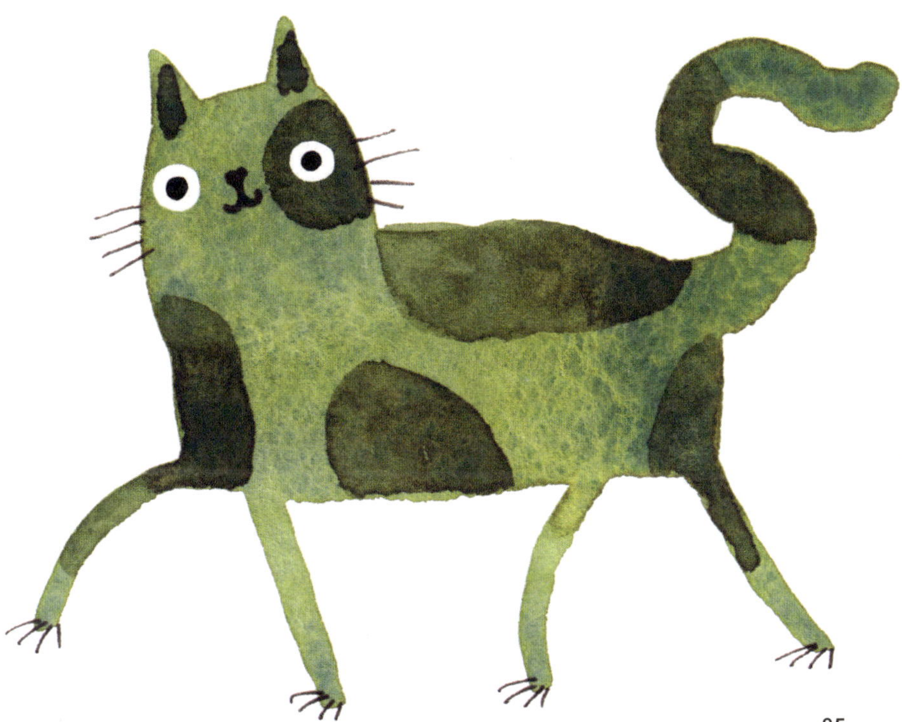

Mit Gegenständen spielen

Alle Katzenbesitzer wissen, wie gern ihre Lieblinge mit Gegenständen spielen, die auf dem Tisch liegen. Die beste Gelegenheit, um Aufmerksamkeit zu erregen! Dieser Katze ist Ihre Meinung über die neue Anordnung auf dem Tisch völlig egal.

Welche Gegenstände sortiert Ihr Fellfreund im Haus gern neu? Über die Streiche von Katzen können Sie unzählige Geschichten erzählen. Natürlich können Sie auch einen unschuldigen Trittbrettfahrer in Ihrem Bild verewigen.

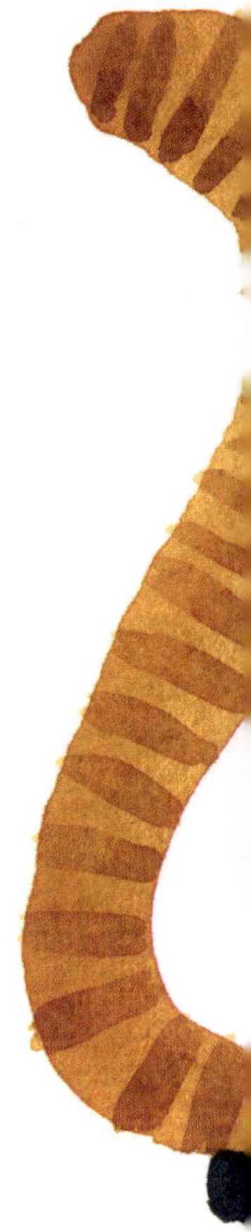

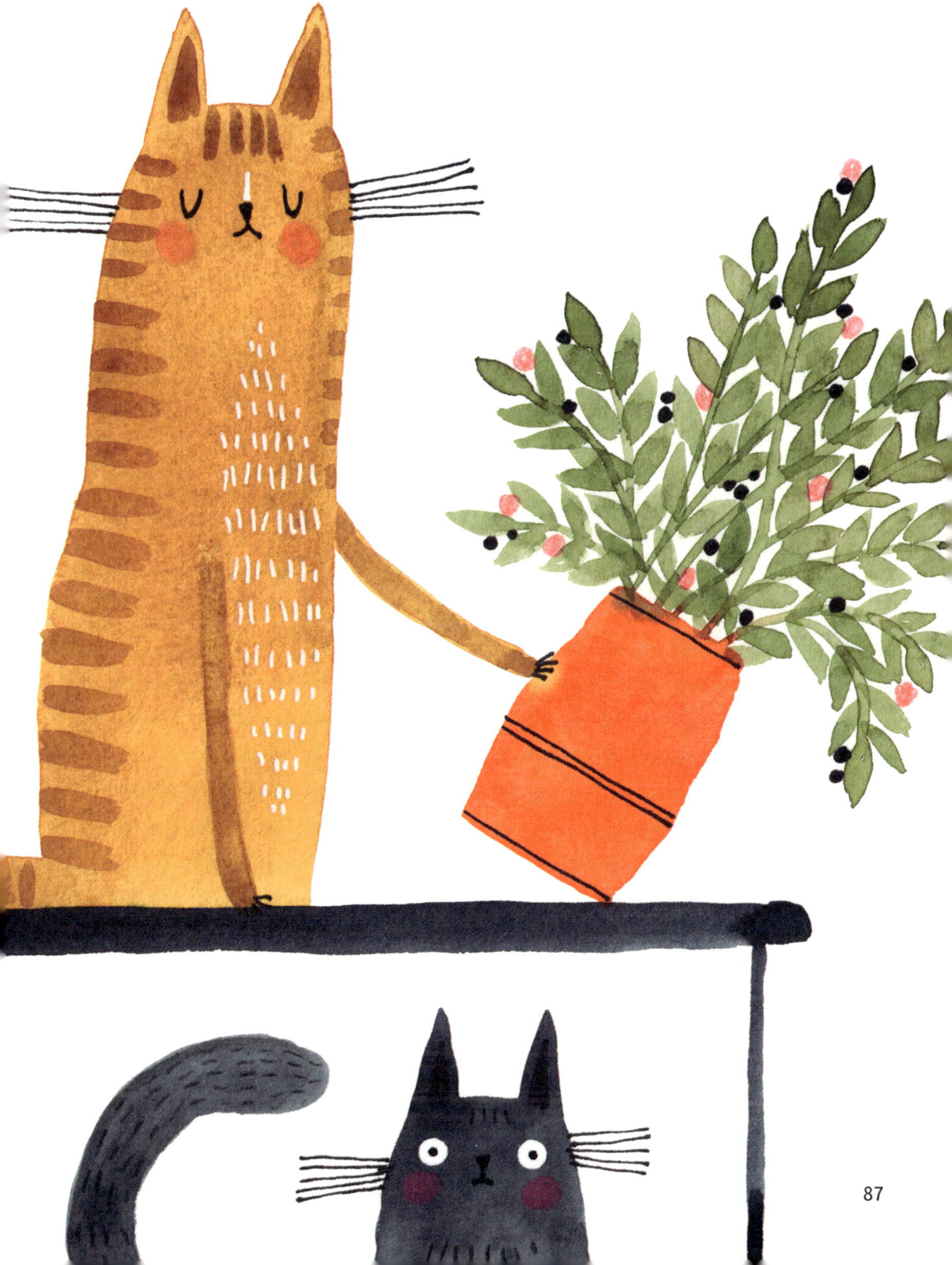

Katzen und Hunde

Geschichten über die Beziehung zwischen Katzen und Hunden, Katzen und Mäusen oder Vögel und natürlich Katzen und Menschen machen Riesenspaß.

Vor allem liebe ich es, dass Katzen meist die Oberhand über Hunde haben – oder es zumindest glauben! Diese Beziehung lässt sich auf vielfältige Weise in gemalten Katzengeschichten porträtieren.

Was könnte Ihre Mieze hervorzaubern, um das Hündchen im Zaum zu halten? Die Regeln von Katzen sind bekannt – Hunde kennen sie besonders gut!

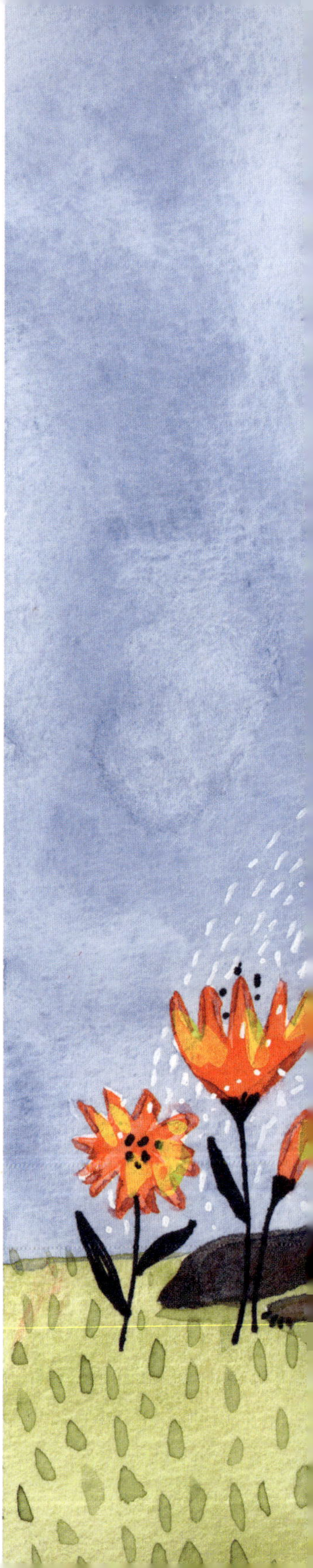

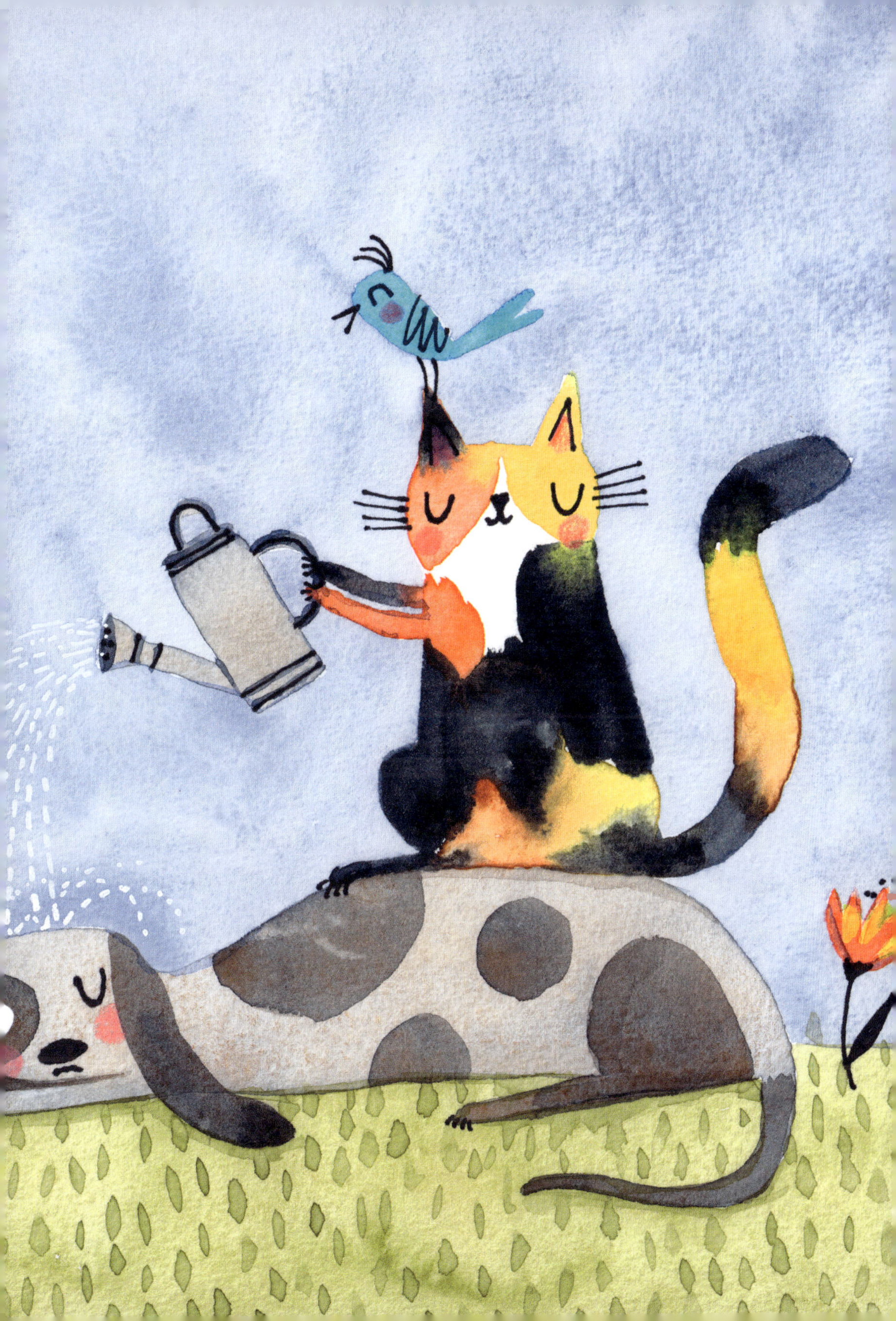

Viele Katzen

Katzen in Gesellschaft? Es ist reizvoll, Katzen zusammen mit anderen Katzen zu malen, vor allem, weil sie normalerweise Einzelgänger sind. Fügen Sie doch einfach einmal alle Maltechniken zusammen, die Sie bisher kennengelernt haben, und malen Sie ein Rudel. Sie sind der Künstler und können alles kreieren, was Sie sich vorstellen – auch ein Rudel Katzen! Die Kunst gibt Ihnen die kreative Freiheit, mit allen Möglichkeiten zu experimentieren.

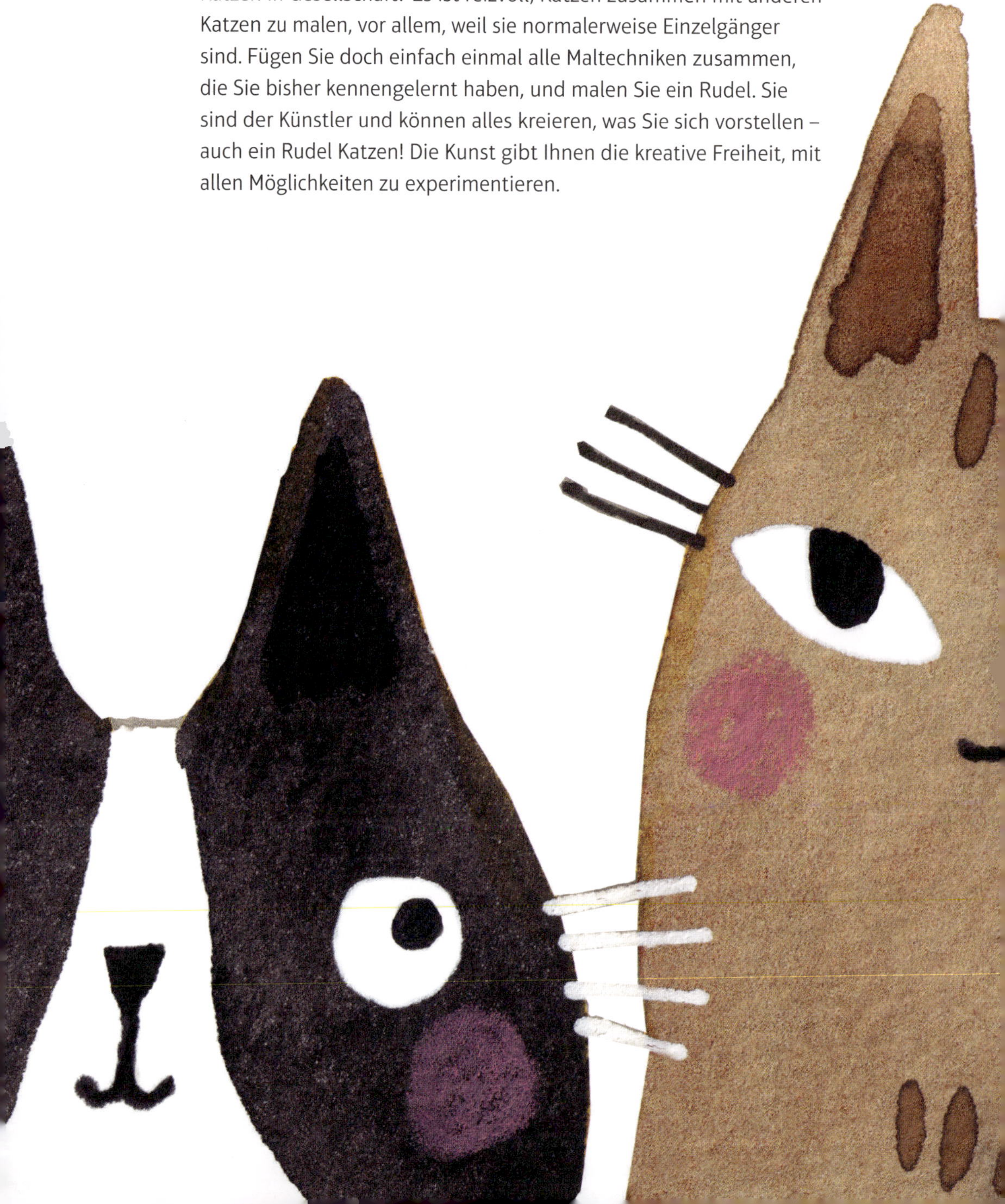

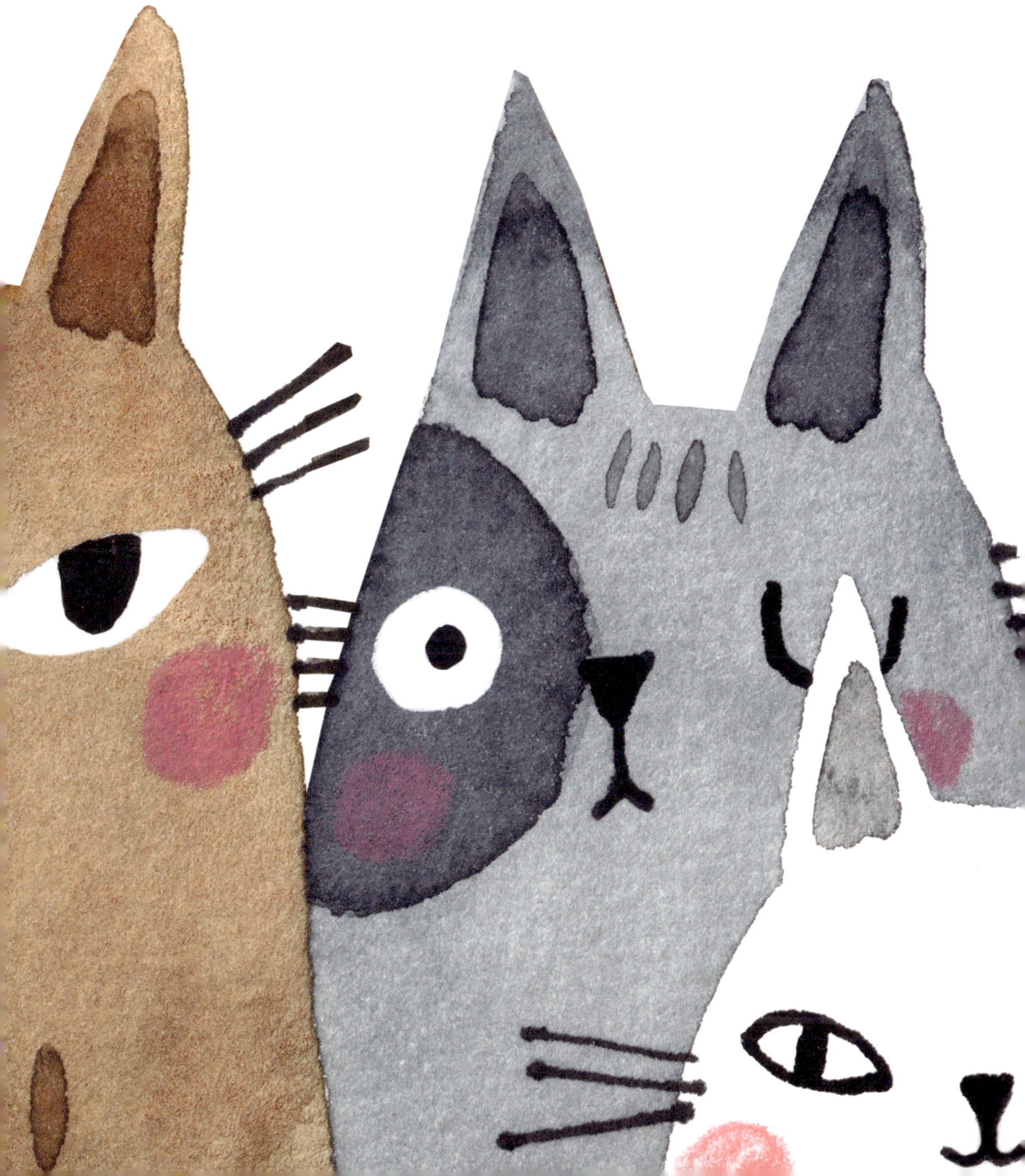

Wenn Sie jedoch ein Rudel Katzen malen und keine Skizze anfertigen, sollten Sie genau überlegen, womit Sie beginnen. Natürlich können Sie auch alle Katzen vorzeichnen, bevor Sie die Aquarellfarbe auftragen. Ich lasse mich am liebsten vom Ergebnis überraschen, denn auch Rylee und Tucker tauchen bei mir zu Hause manchmal überraschend irgendwo auf.

In diesem Fall arbeiten wir ohne Skizze, daher beginnen wir mit den Katzen in der untersten Reihe. Sobald diese Reihe getrocknet ist, malen Sie weitere Kätzchen, die hinter den ersten sitzen. Es ist einfacher, zuerst den unteren Rand fertigzustellen.

Auch für dieses Bild sollten Sie viele unterschiedliche Formen und Farben wählen. Lassen Sie eine gemalte Katze zuerst trocknen, bevor Sie die nächste malen. Alternativ können Sie die Katzenformen mit einer Nass-in-Nass-Technik verlaufen lassen.

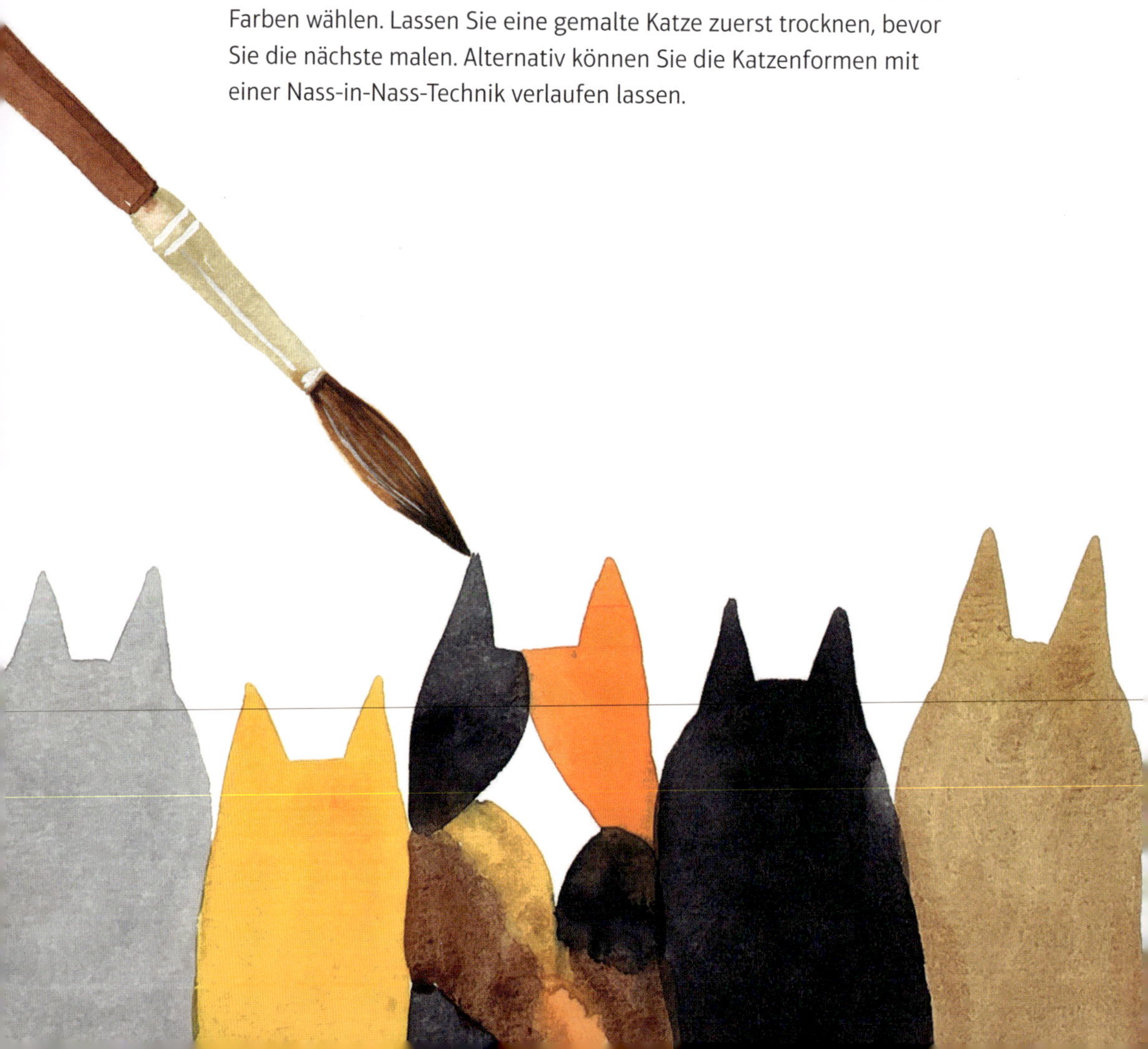

Malen Sie immer eine Katze über die vorherige und überlegen Sie sich, wie sich die Schwänze am oberen Papierrand winden sollen. Mögen Sie vielleicht irgendwo ganz oben einen Star auftauchen lassen?

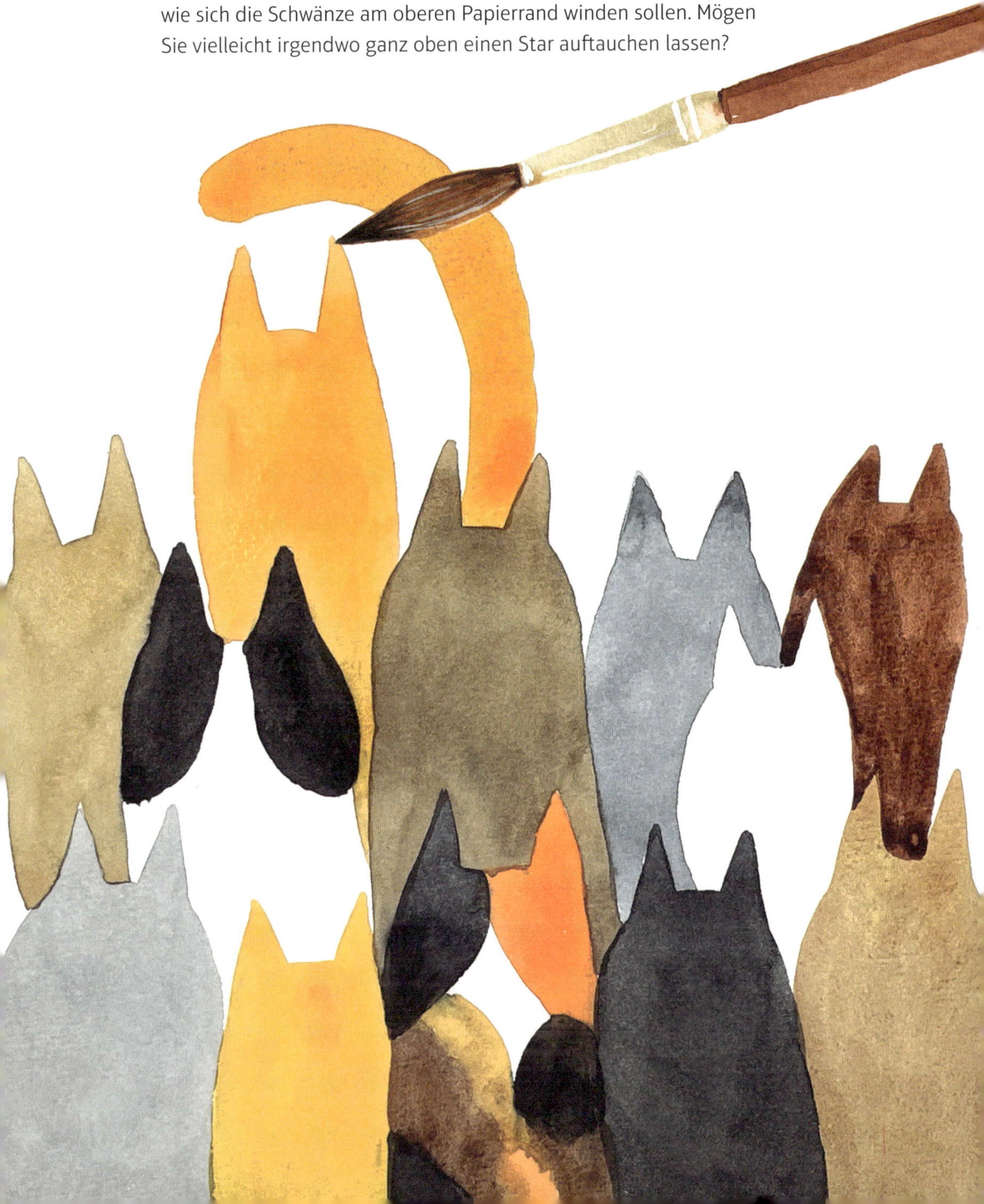

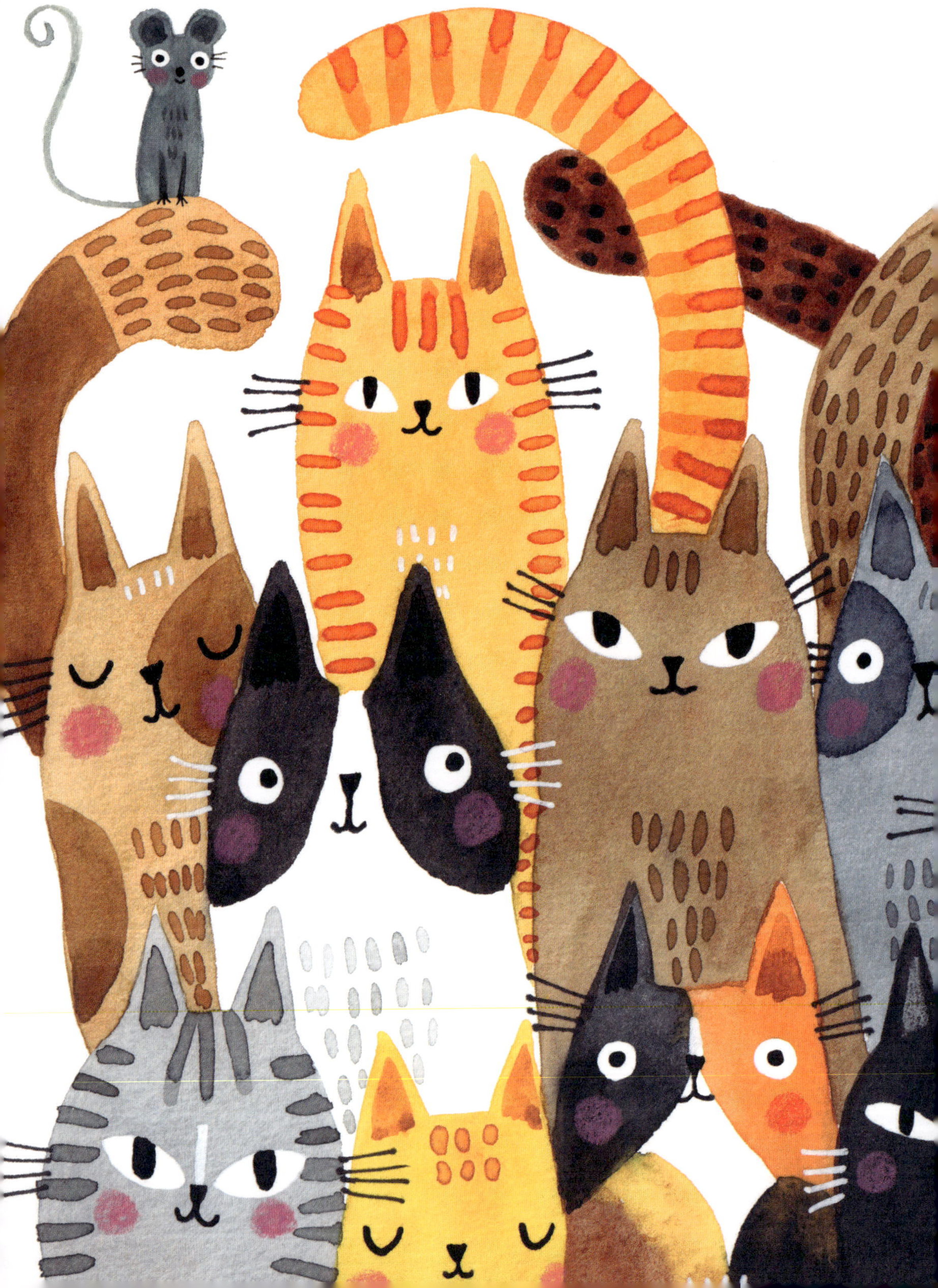

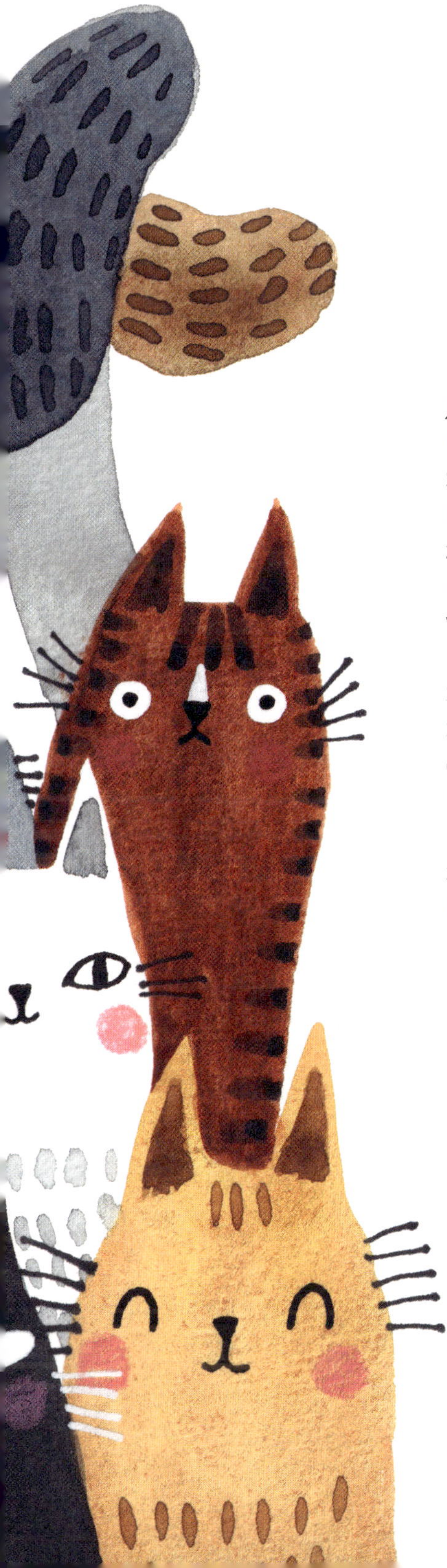

Jetzt wird es Zeit für die Katzenmerkmale. Probieren Sie alle Gesichtsausdrücke und Stimmungen aus, die Sie kennengelernt haben. Wie verhalten sich die Katzen zueinander? Wie verhalten Sie sich gegenüber dem Star des Bildes? Vielleicht sind sie verliebt?

Bestimmt gibt es eine Fellnase, die die Situation bass erstaunt betrachtet. Die Schnurrhaare, Augen, Nasen und Münder erwecken das Bild nun zum Leben. Denken Sie auch daran, den Katzenschwänzen unterschiedliche Formen und Windungen zu verleihen. Jede Einzelheit drückt kleinste Emotionen aus.

Skizze oder keine Skizze?

Wir alle wissen: Katzen leben im Moment. Daher wissen wir auch, was Ihre Katze auf die Frage antworten würde, ob Sie vor dem Malen eine Skizze anfertigen sollten. Lassen Sie Ihrer Fantasie Flügel wachsen und verzichten Sie auf eine Skizze. Jeder Pinselstrich birgt eine Überraschung und bringt viel Freude. Für manche Kunstwerke zeichne ich eine Skizze, für andere nicht.

Manchmal, wenn ich ohne Skizze arbeite, sprudelt eine kleine Idee in meinem Kopf, bevor die Farbe auf das Papier kommt, und manchmal starte ich einfach mit einigen Klecksen oder Punkten. Je nachdem, was Sie in solchen Formen erkennen, kann sich das Bild in die unterschiedlichsten Richtungen entwickeln.

Häufig beginne ich mit einer erkennbaren Katzenform und baue darauf eine Szene auf. Manchmal folge ich aber auch einer bestimmten Idee oder einem Wort, das mir einfällt. Auf diese Weise ergibt sich meist automatisch der nächste Schritt. Es scheint, als würde der Pinsel sich mit mir und dem Bild unterhalten. Damit gerate ich immer in einen Flow. Je mehr ich mich darauf konzentriere, desto bewusster wird es mir.

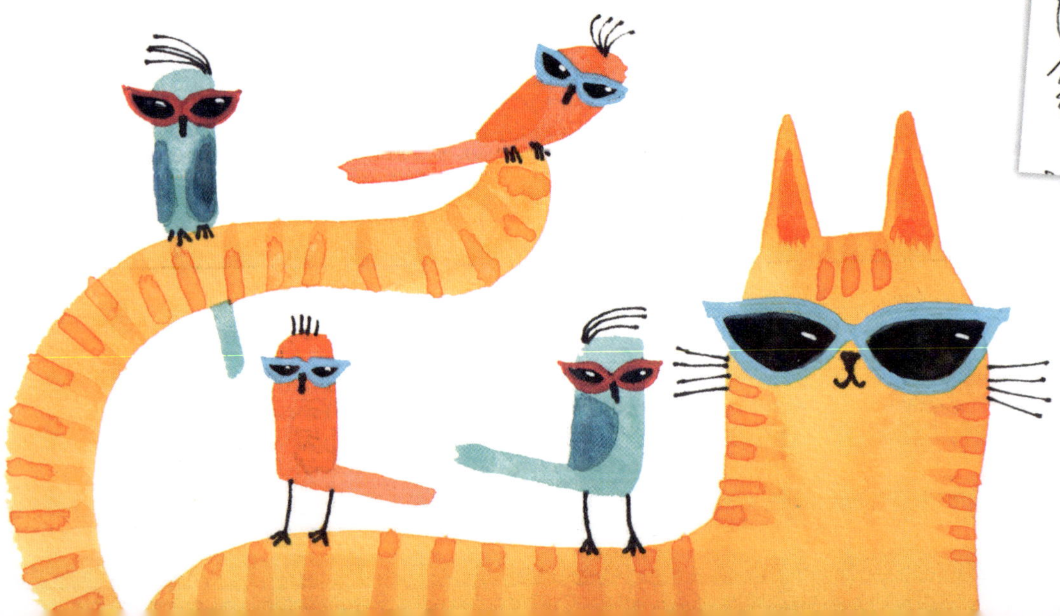

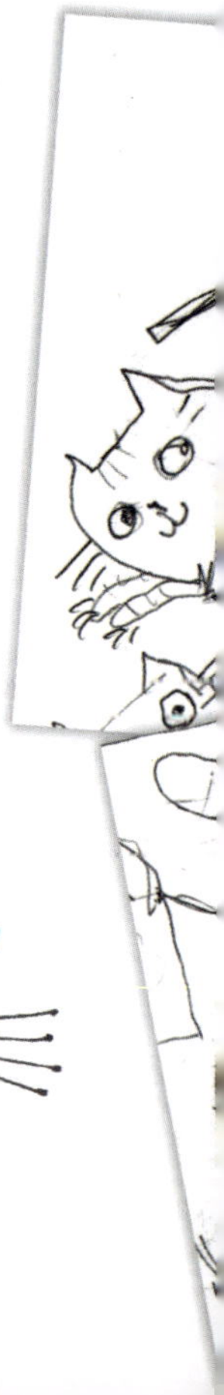

Bevor Sie zu malen beginnen, sind ein paar Dinge zum Skizzieren anzumerken. Ich fertige immer dann Skizzen an, wenn das Bild komplizierter wird. Die winzigen Miniaturbilder, die so entstehen, übertrage ich jedoch selten vor dem Malen auf das Aquarellpapier. Wenn keine Zeichnung zu sehen und das Papier weiß ist, bleibt ausreichend Platz für glückselige Zufälle und Chancen, dafür, in den Flow zu kommen und den Augenblick zu genießen.

Häufig bin ich angenehm überrascht, welche Geschichten und Charaktere sich in mein Bild gesellen, die ich in der Skizze gar nicht vorgesehen hatte.

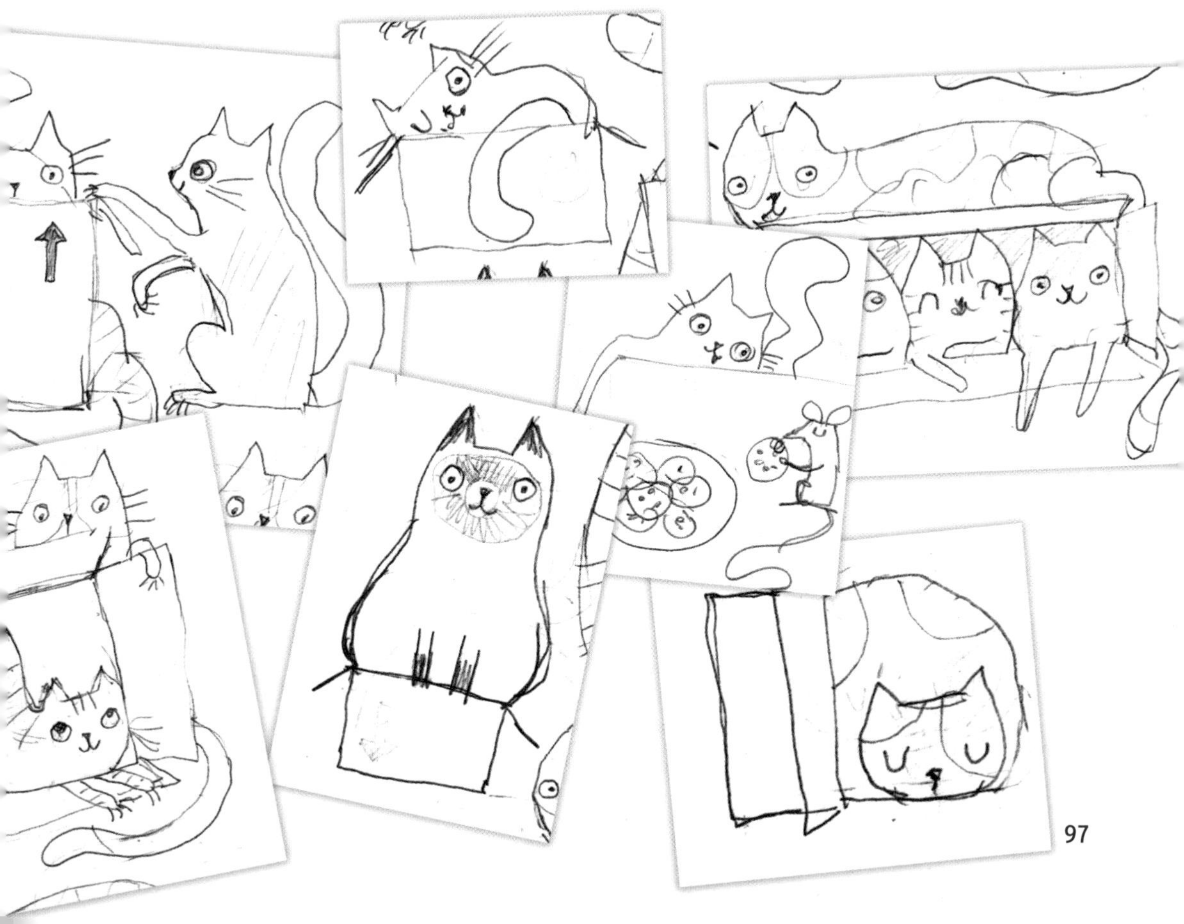

Katzen in der Stadt

Lassen Sie sich von Orten, die Sie besucht haben, inspirieren. Versuchen Sie aber, nicht nur das zu malen, was Sie gesehen haben, sondern reichern Sie den Ort mit Katzen an.

Unsere Fellfreunde halten sich meist drinnen auf, aber in unserer Fantasie können wir sie auf alle unsere Abenteuer mitnehmen. Es macht viel Spaß, Katzen in eine skizzierte Stadt zu setzen und das Bild mit ihrem Gesichtsausdruck und ihrer Körpersprache mit Leben zu füllen.

Nach der Natur zu zeichnen statt aus dem Gedächtnis, ist eine gute Gelegenheit für eine Skizze, da die Szenen oft komplizierter sind. Planen Sie sorgsam, an welchen Stellen die Katzen gut passen. Das Bild auf der rechten Seite habe ich mit einem Marker gezeichnet und die Formen mit Farbe gefüllt. Vielleicht wäre es mit einer Skizze einfacher gewesen, aber ich lasse mich beim Malen lieber von dem Ergebnis überraschen. Aus diesem Grund sehen Sie auch viele krumme Linien und Korrekturen.

Vielleicht mögen Sie diesen ein bisschen krakeligen Stil? Wenn Sie weniger danach streben, alles perfekt zu machen, wird das Bild lebendiger und spontaner (wie eine Katze).

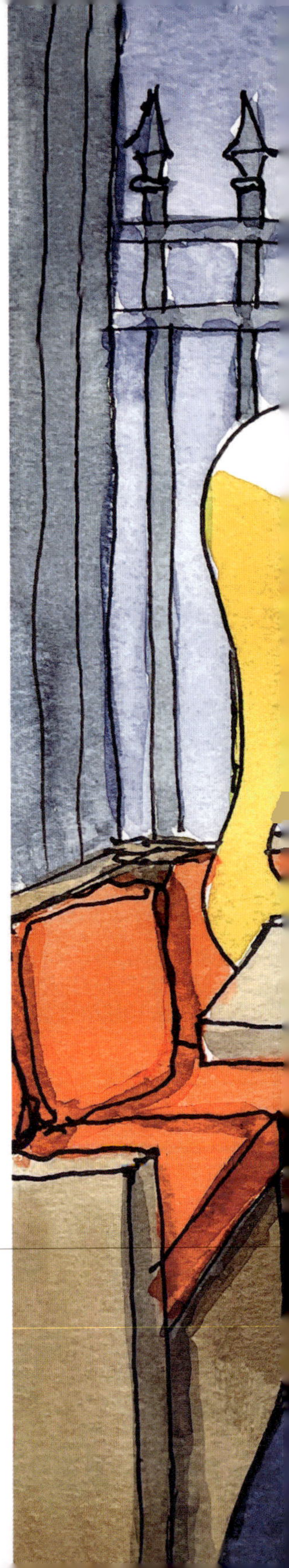

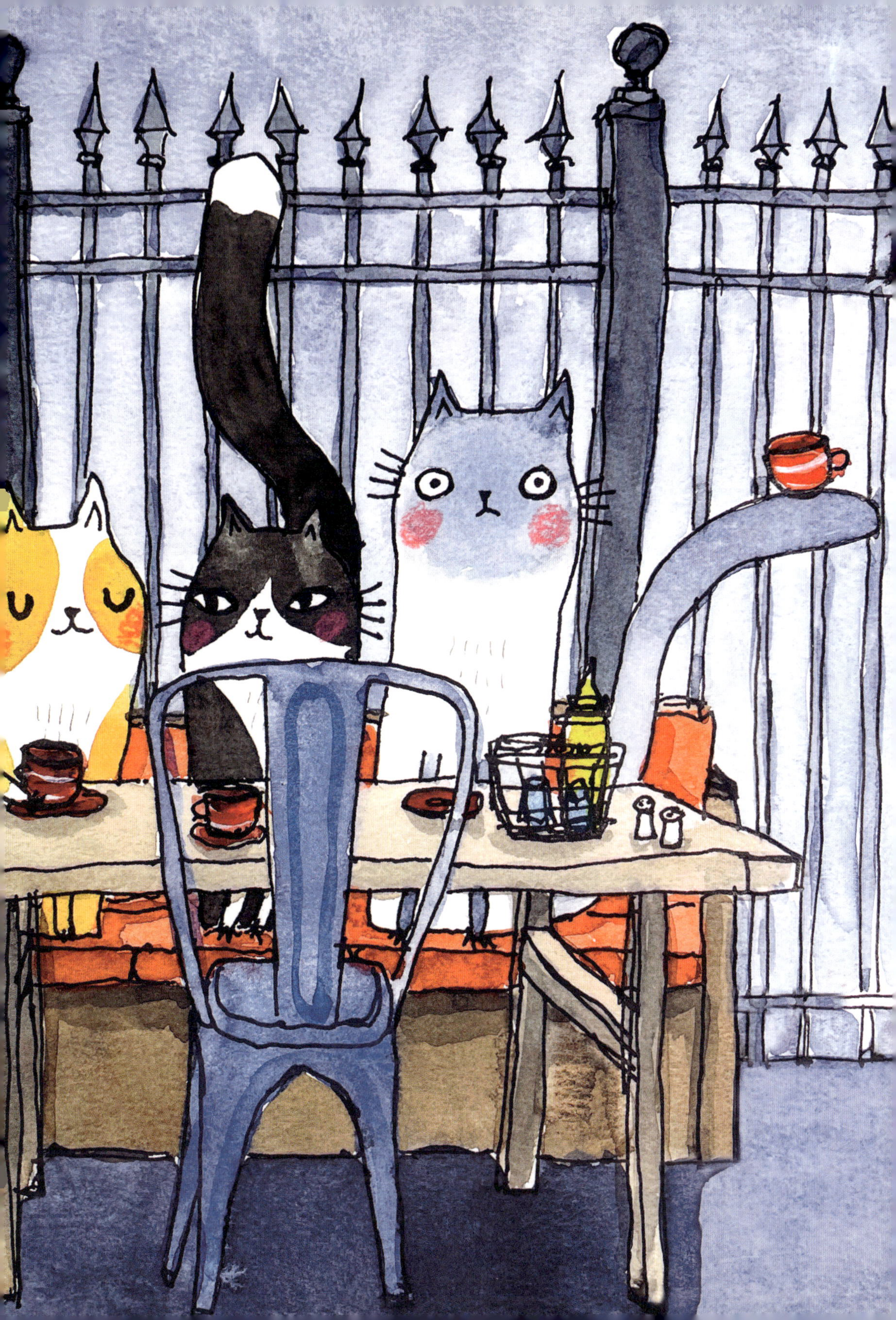

Katzen im Café

Wenn Sie einen Ort gefunden haben, den Katzen vermutlich lieben würden – zum Beispiel ein Café –, nehmen Sie einen Marker zur Hand oder fertigen Sie eine Skizze an, um eine Vorstellung von der Konzeption des Bildes zu bekommen. Wenn Sie mit einer Skizze arbeiten, bleiben Sie locker und kümmern sich nicht darum, ob die Linien so verlaufen, wie Sie sie geplant haben. Sie sollen vor allen Dingen Spaß haben.

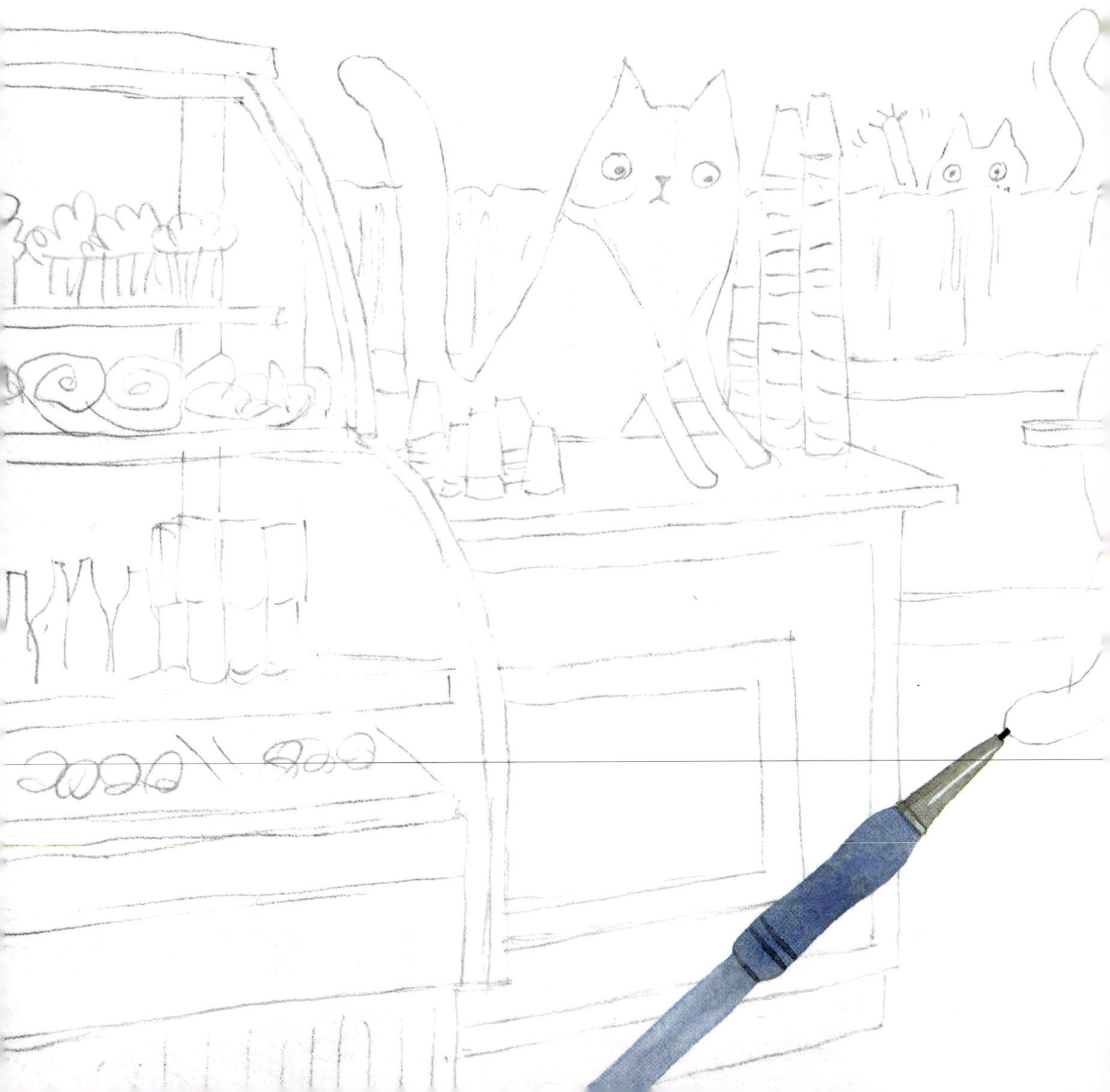

Bleiben Sie beim Zeichnen achtsam und konzentrieren Sie sich auf den Augenblick. Ihre Auge-Hand-Koordination wird sich ganz spielerisch entwickeln. Ignorieren Sie die kritischen Stimmen, die Ihnen sagen, dass diese oder jene Linie falsch ist. Sie üben das, was Ihre Samtpfötchen von Natur aus können: sich konzentrieren und den Augenblick bewusst wahrnehmen. Ohne Urteil und mitten im Leben.

Ich habe diese Szene mithilfe eines Bleistifts vorgezeichnet, aber Sie können auch direkt mit dem Marker oder mit Farbe arbeiten. Am meisten Spaß macht es, die Katzen und alles das zu malen, was sie mögen könnten.

Dank einer Bleistiftskizze können Sie vieles während des Malens noch verändern. Dabei könnte der Perfektionist in Ihnen hervortreten, der die Zeichnung immer weiter optimieren möchte.

Mein Tipp in diesem Fall: Zeichnen Sie schnell und missachten Sie alle Perfektion, die sich anbahnen könnte. Spielen Sie mit der Skizze und setzen Sie dann wie selbstverständlich die Kätzchen hinein.

Diese Zeichnung erscheint, damit sie gut erkennbar ist, deutlich dunkler, als sie tatsächlich ist. Zeichnen Sie nur dünne Bleistiftlinien auf Papier, damit Sie sie (bei Bedarf) nach der Tuschezeichnung einfach wegradieren können. Sobald Sie die Aquarellfarbe aufgetragen haben, lassen sich die Linien schwerer ausradieren.

Tuschelinien

Nun können Sie die Skizze als grobe Orientierung für das Malen mit dem Marker oder der Aquarellfarbe nutzen. In diesem Bild habe ich die Linien zuerst mit dem Marker nachgezogen und dabei die Skizze auch hier und da verändert. Experimentieren Sie! Bleiben Sie neugierig und lassen Sie Ihrer Fantasie freien Lauf.

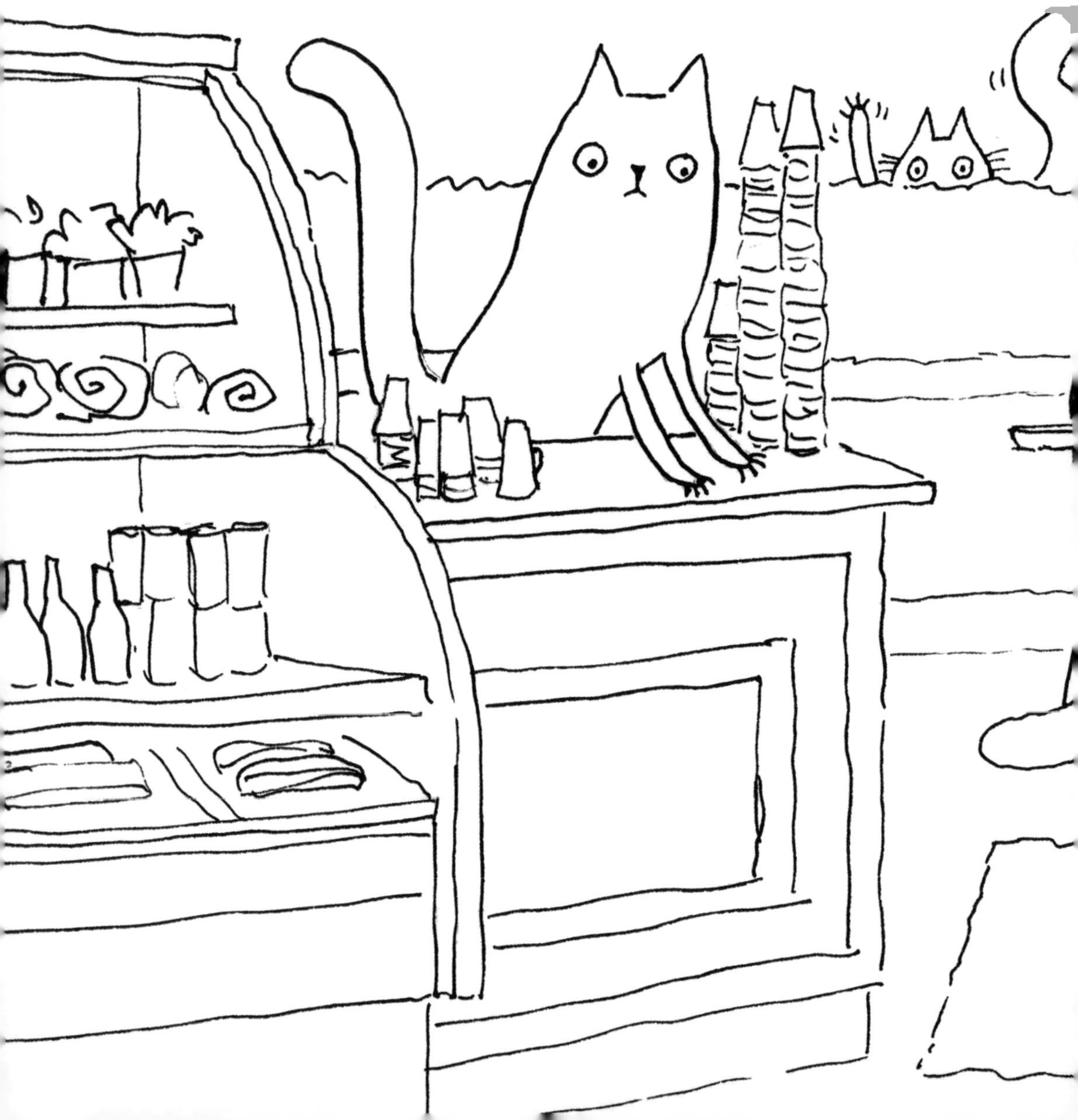

Wenn Sie Permanent-Marker verwenden, können Sie über die Linien hinaus malen, ohne dass sie in die Aquarellfarbe verlaufen. Sie können einen Füller, einen Federhalter (wie in diesem Bild) oder einen Permanent-Marker verwenden.

Wenn alle Linien gezeichnet sind, können Sie die Bleistiftskizze ausradieren. Dazu verwende ich einen Radiergummi, da er das Papier weniger abreibt als andere Radierer.

Die Linien sind bei mir an vielen Stellen unterbrochen, damit lässt sich die Aquarellfarbe rund um die Linien freier auftragen und sie verteilt sich schön in der ganzen Szene. Keine Katze, die etwas auf sich hält, würde immer innerhalb der Linien bleiben – warum sollten Sie das also tun?

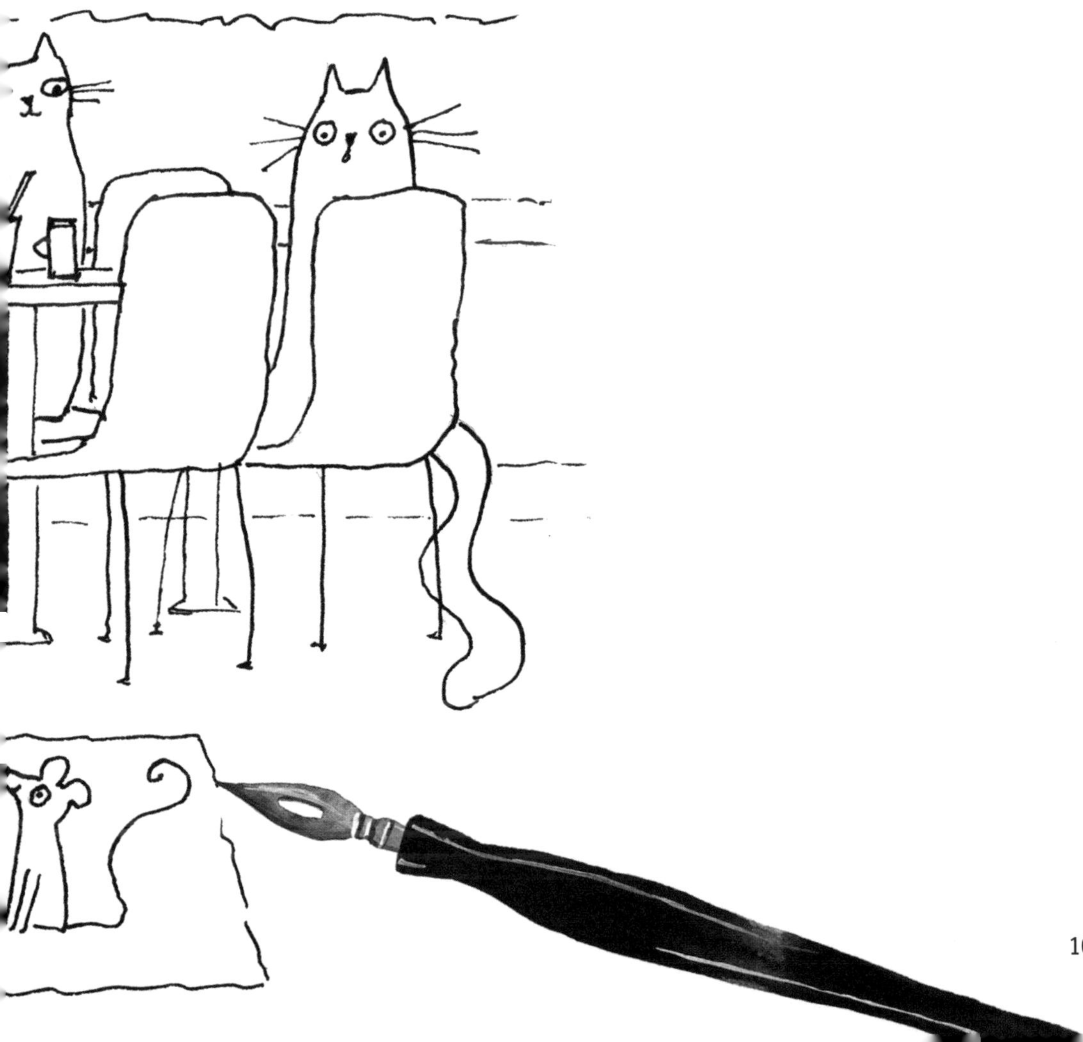

Farbe hinzufügen

Denken Sie beim Auftragen der Aquarellfarben daran, dass Sie immer nur eine Schicht malen können. Die Einzelheiten fügen Sie dann nach und nach hinzu. So habe ich es auch in diesem Bild gemacht. Wenn Sie erst einmal Fellmuster und Wangen gemalt haben, werden die Fellnasen so richtig poppig!

Malen Sie Schatten, um der Szene Tiefe zu verleihen, wie hier in den Gardinen. Diese Schatten müssen nicht akkurat sein. Ich überlege mir meistens, woher das Licht ungefähr kommt, und lege dann einfach los. In diesem Bild fällt es von rechts ein.

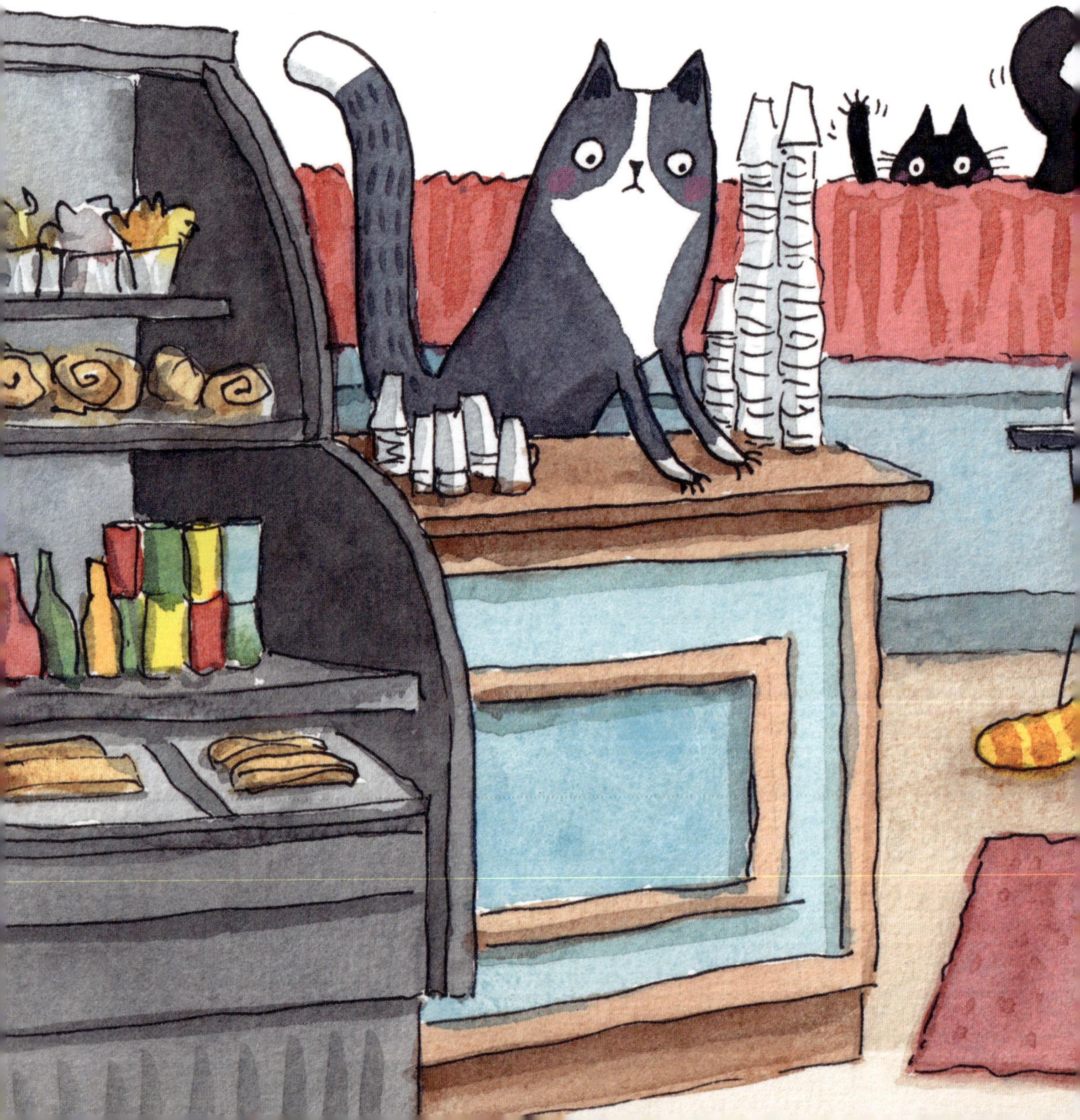

Schauen Sie, wie die Schatten an dem Ort aussehen, an dem Sie sich gerade befinden.

Ich versuche, beim Malen darauf zu achten, aber Sie können auch einfach Ihre künstlerische Freiheit walten lassen. Präzision ist hier nicht wichtig. Wie denn auch bei den vielen Katzen?

Wenn Sie bei den Schatten ein bisschen genauer arbeiten möchten, fotografieren Sie die Szene, bevor sich das Licht ändert. Dann können Sie immer wieder nachschauen.

Die rosa Wangen habe ich mit einem Buntstift gemalt. Dieses »Rouge« ist nicht unbedingt nötig, lässt die Mieze aber weicher aussehen – sie ist schließlich kein Griesgram!

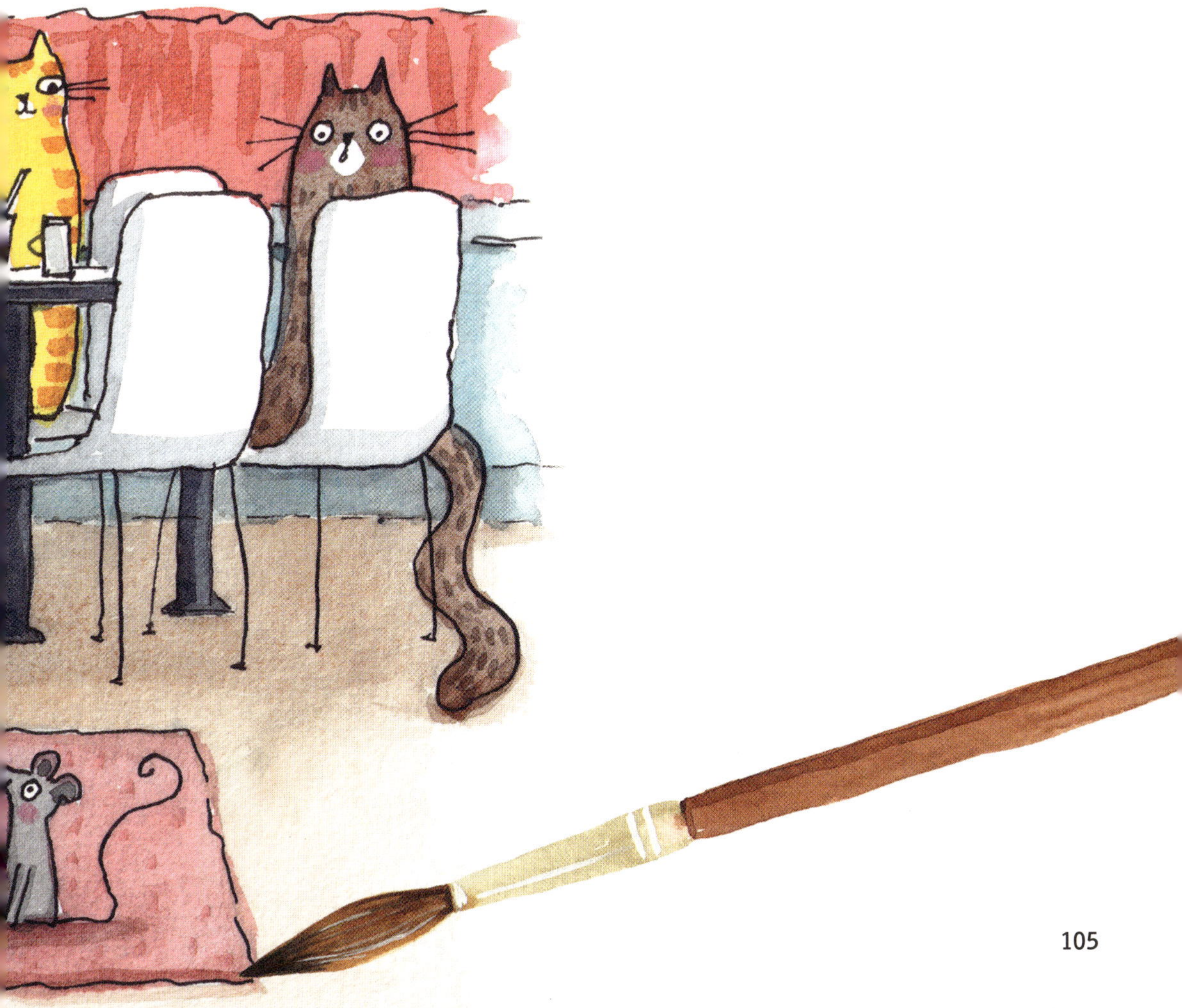

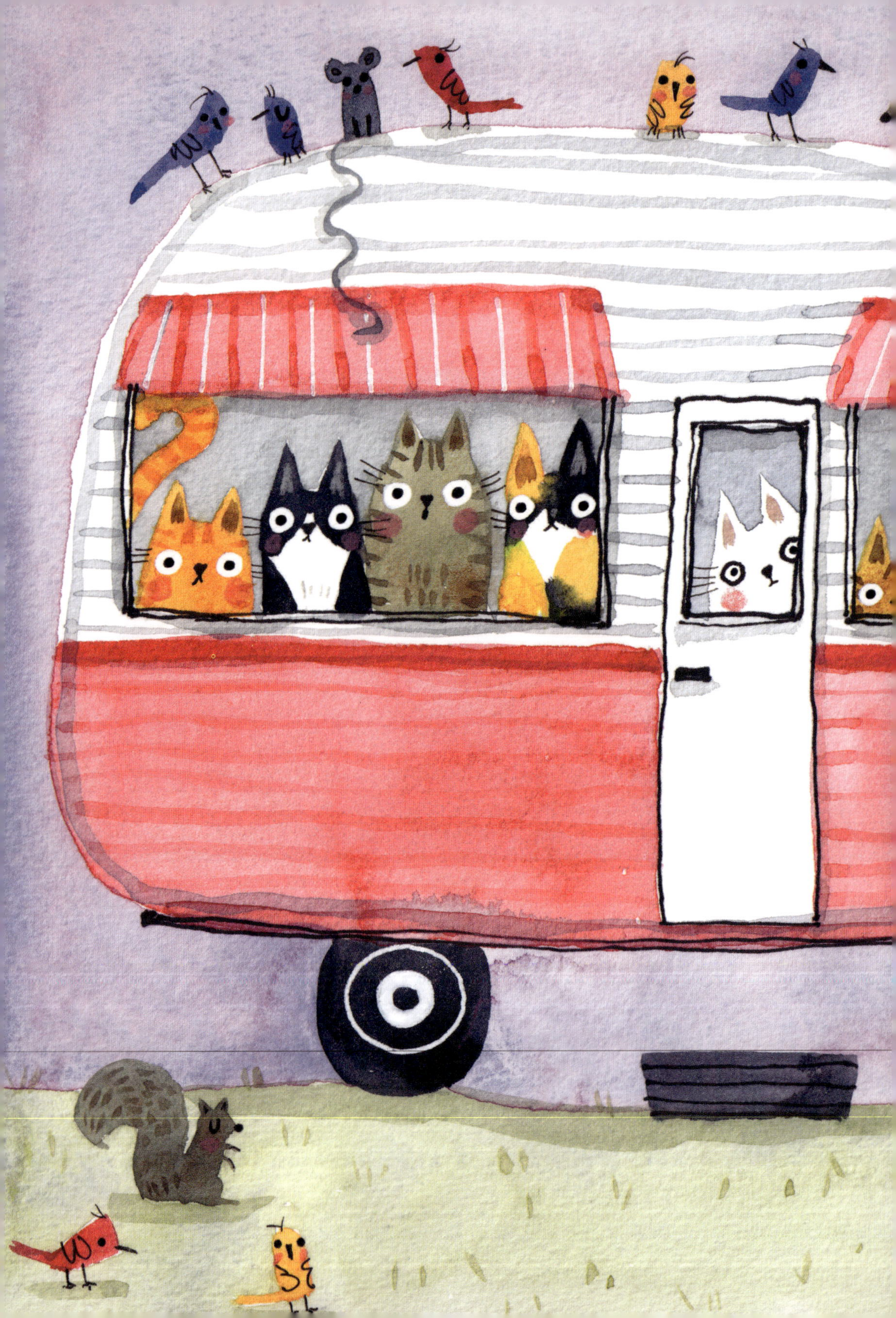

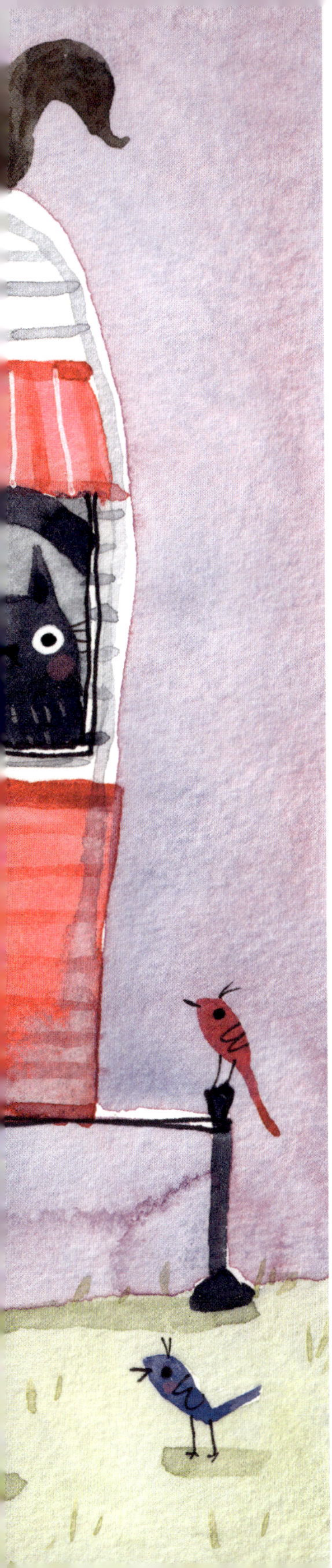

Malen ohne Skizze

Dieses Bild einer städtischen Umgebung habe ich ohne Vorzeichnung gemalt. Um mir zu überlegen, wie die Elemente aussehen sollen, habe ich zuerst einige Miniaturbilder gemalt. Jetzt zeige ich Ihnen, wie Sie Kätzchen in einem Auto, einem Campingwagen oder einem Laster malen! Sie machen einen Ausflug und veranstalten gemeinsam mit ihren Freunden eine Pyjamaparty in ihrem Camper.

Für dieses Bild habe ich zuerst den Himmel rund um die Form des Campers gemalt. Weil ich rund um das Fahrzeug noch andere Tiere malen wollte, habe ich eine sehr helle Wasserfarbe verwendet. Danach habe ich die helle Grundfarbe des Campers aufgetragen und alles trocknen lassen, bevor ich die Details des Fahrzeugs gemalt habe.

Am Ende sind die Kätzchen und die anderen Tiere eingezogen. Stellen Sie sich einfach vor, wie Ihre Stubentiger auf Reisen aussehen würden. Fantasieren Sie. Haben Sie Mut zum Risiko! Je mehr Katzen dabei sind, desto besser!

Katzen mit Menschen

Katzen auf dem Kopf von Menschen sind einfach Spitzenklasse! In diesem Bild habe ich den flauschigen Kopf der Frau in der Nass-in-Nass-Technik gemalt, die Sie weiter oben kennengelernt haben.

Katzen können überall auf Menschen sitzen: auf den Schultern, auf dem Schoß oder an einer anderen unerwarteten Stelle. Unter #catonheadwednesday finden Sie einige Beispiele meiner Arbeiten zu diesem Thema. Lassen Sie sich von den modischen Katzenhüten inspirieren und machen Sie sich selbst ans Werk!

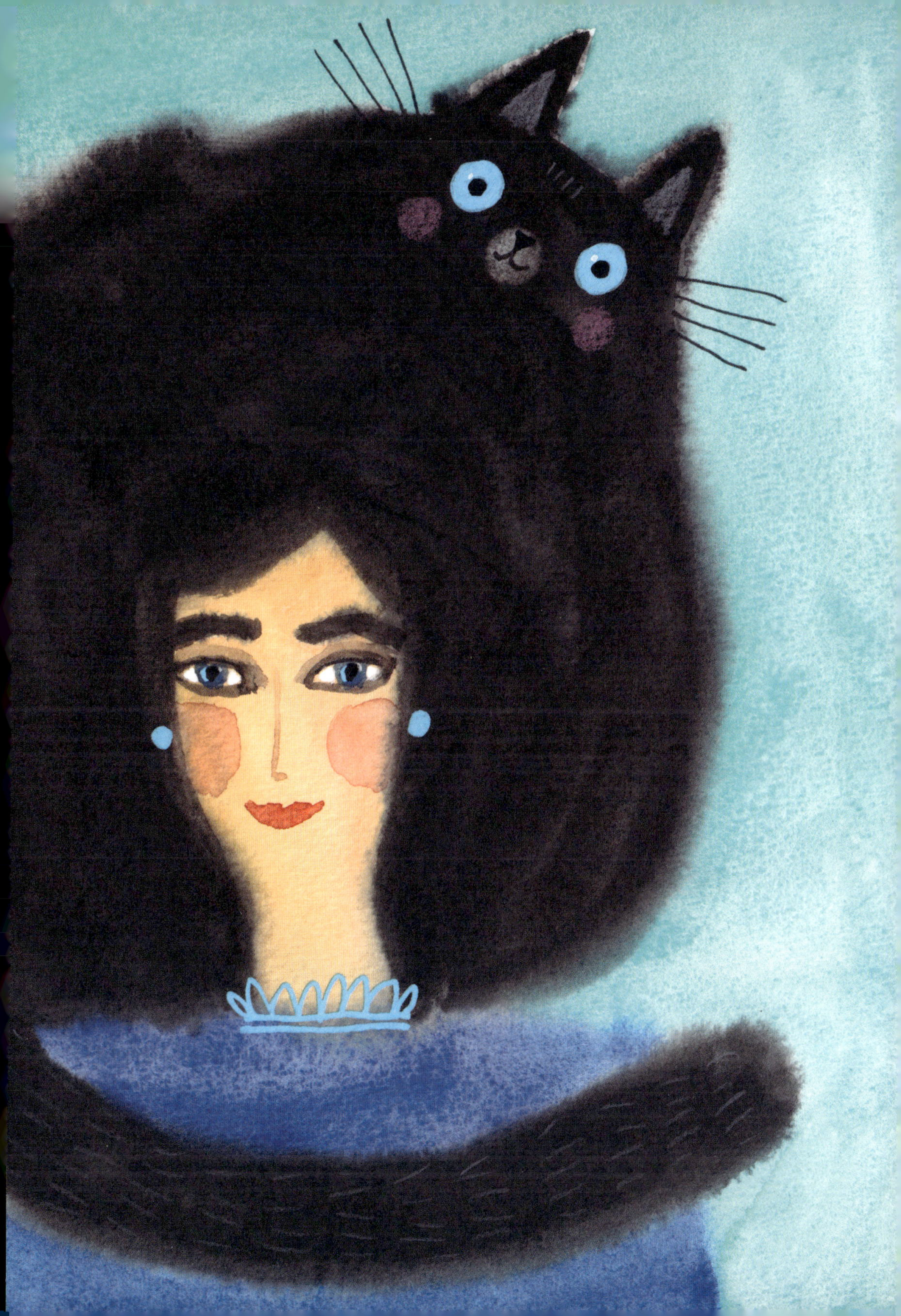

Katzenhüte

Malen Sie eine ganze Palette schicker Katzenhüte – es gibt unendlich viele Möglichkeiten! Alle Formen und Farben sind erlaubt. Vielleicht fängt alles mit Farbklecksen an und Sie malen darunter eine Person?

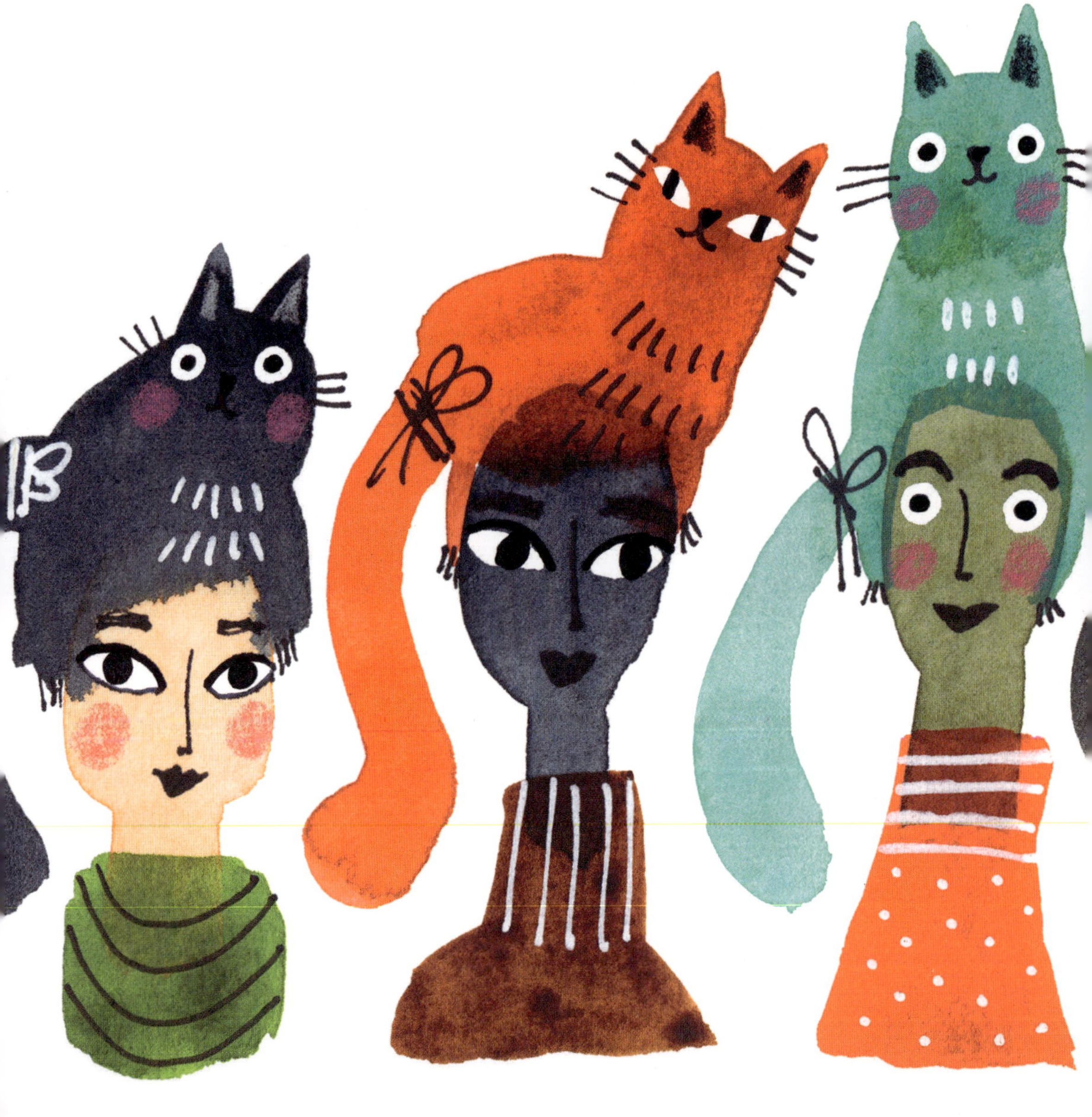

Oder Sie beginnen mit einer Person und setzen ihr eine fluffige Katzenkugel auf den Kopf?

Lassen Sie sich treiben und probieren Sie Ihre Ideen aus. Experimentieren Sie mit Stilen und Formen – wer sagt, dass ein Mensch kein blaues Gesicht haben kann? Bleiben Sie offen und lassen Sie sich überraschen!

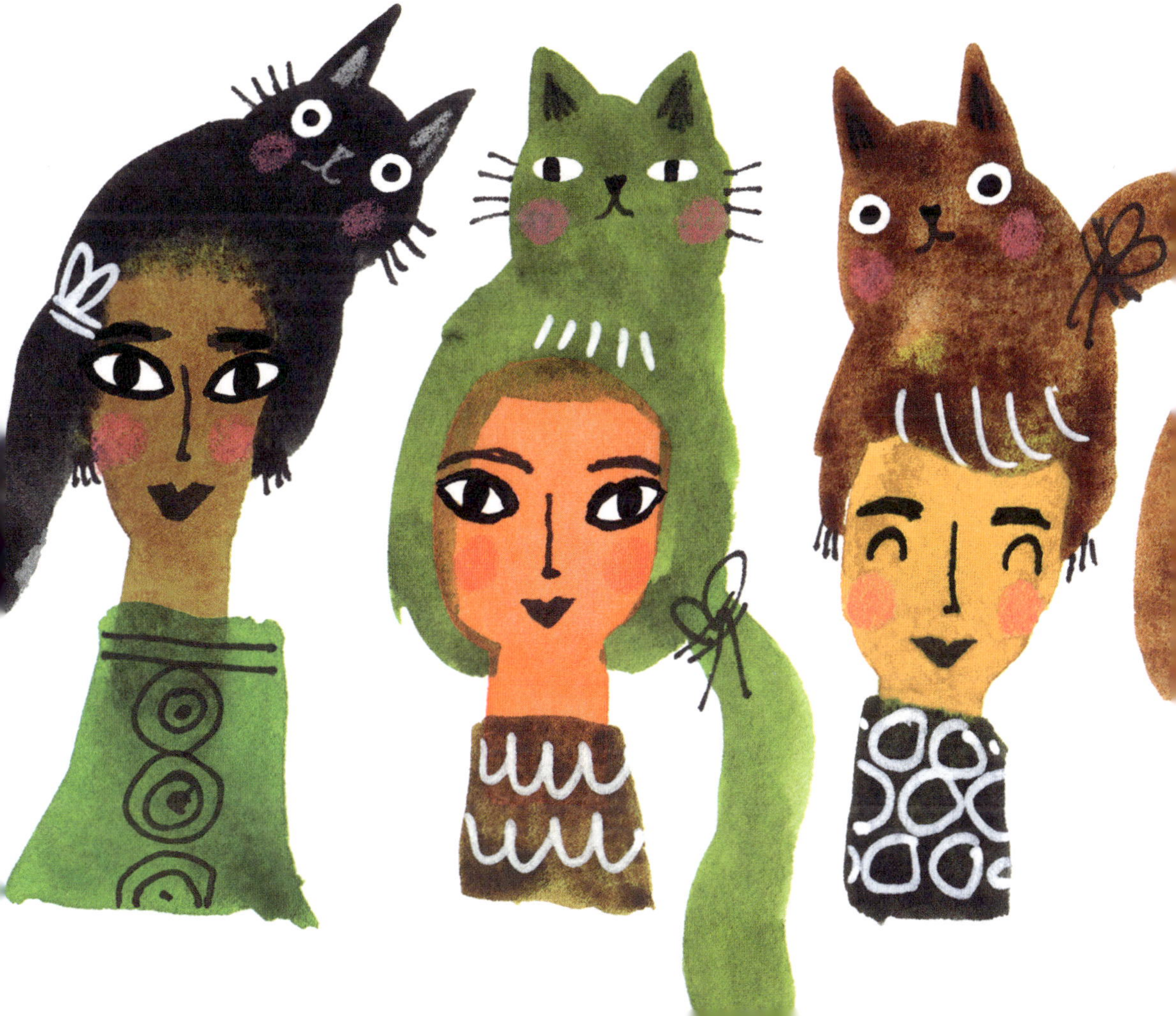

Passende Muster

Es ist sehr modisch und stilvoll, wenn das Fellmuster Ihrer Katze zur Kleidung der Person passt. Wenn die erste Farbschicht trocken ist, können Sie Akzente für ein passendes Outfit mit einem Posca-Stift oder mit Aquarellfarbe malen. Haben Sie noch andere Ideen? Dann zögern Sie nicht und erforschen Sie das Mysterium.

Wir alle wissen, dass Katzen es lieben, sich in unsere Haare zu betten und es tun, wenn wir es am wenigsten erwarten.

Jonglieren Sie mit allen Möglichkeiten, eine Katze zu »tragen«! Verändern Sie den Gesichtsausdruck der Katze und der Hutträgerin. Mit solchen Merkmalen können Sie unglaublich viele Geschichten erzählen.

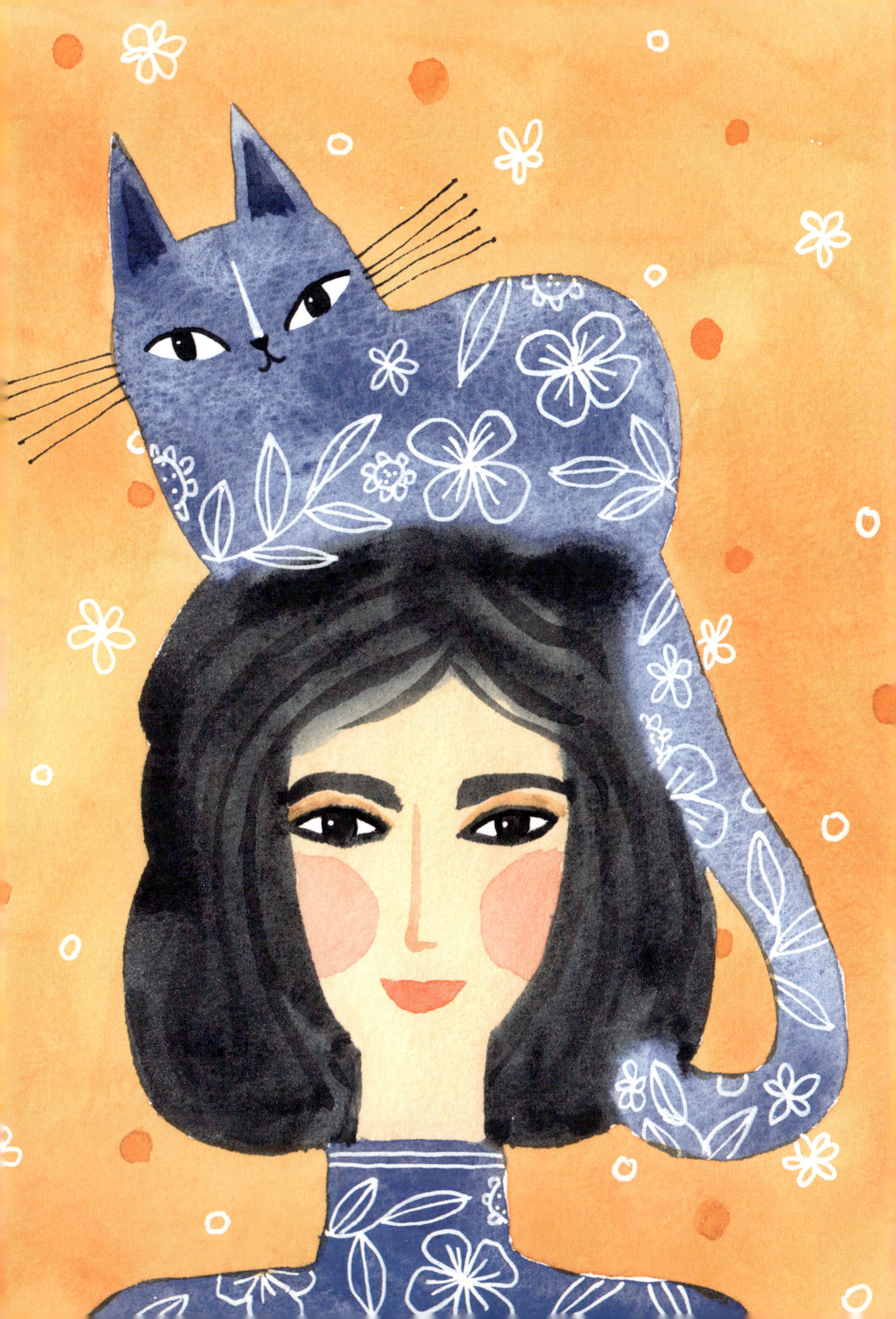

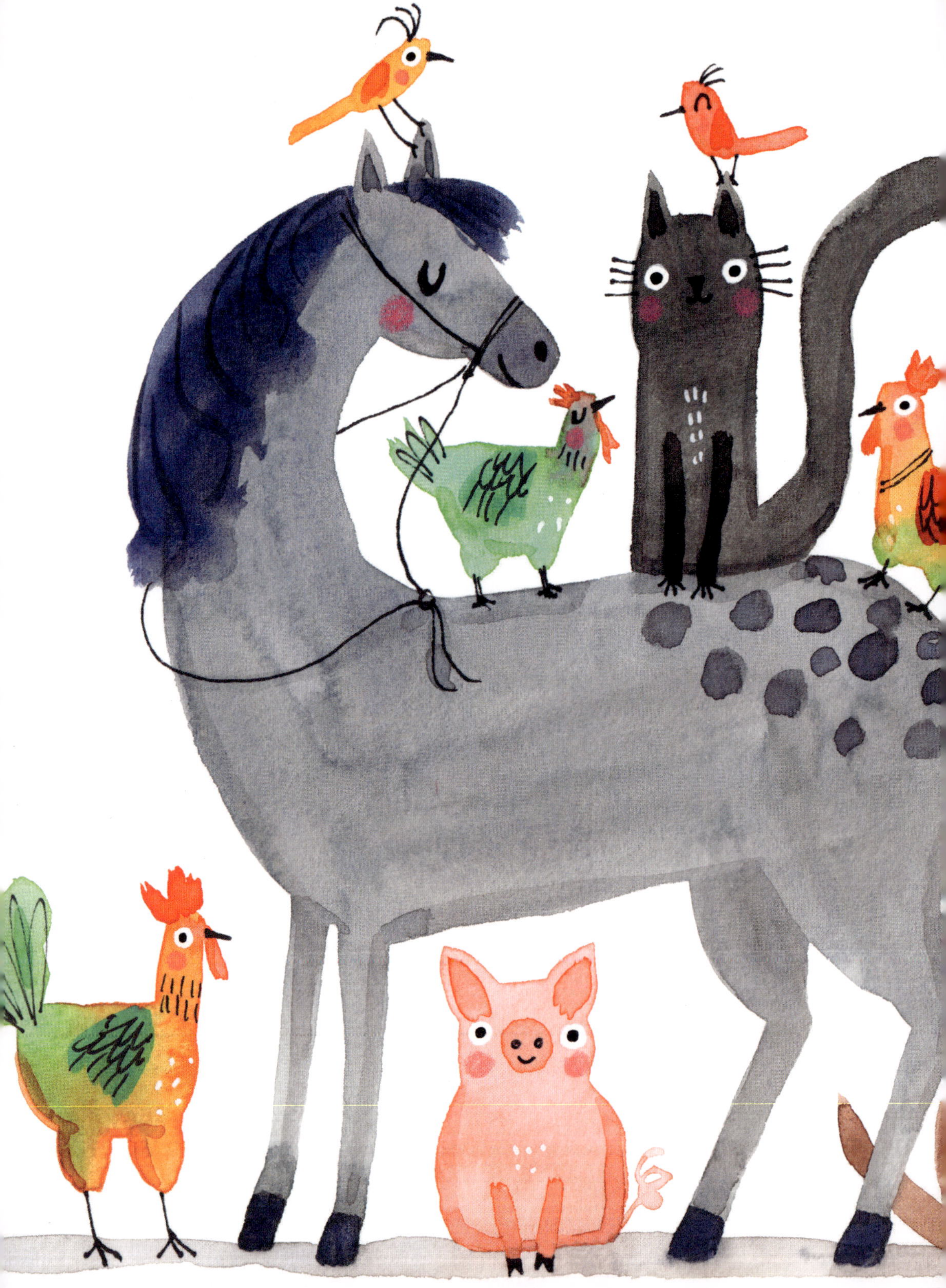

Katzen und ihre Freunde

Jetzt spielen wir mit Katzen und ihren Tierfreunden. Ihre Katze liebt die Gesellschaft von Bauernhoftieren, aber sie verträgt sich auch mit allen anderen Tieren wie Vögeln oder Fischen.

Auf den nächsten Seiten finden wir heraus, mit welchen Tieren Ihre Fellnasen gerne zusammen sind. So können die Katzen interagieren und Geschichten erzählt werden. Bevor Sie neue Charaktere zu Ihren Katzen malen, überlegen Sie, wie sich die Tiere zueinander verhalten. Häufig male ich meine Katzen und andere Tiere, ohne zu wissen, wie sich die Geschichte entwickeln wird. Da ich in der Regel ohne Plan arbeite, erkenne ich meist erst an der Form der Tiere, in welcher Beziehung sie zu den anderen Tieren stehen.

Ich liebe diese Arbeitsweise, weil sie offen und voller Geheimnisse ist. Das Bild selbst sagt Ihnen, welche Perspektive die Katzen einnehmen. Beginnen Sie einfach mit einigen Formen für Katzen und andere Tiere und schauen Sie dann, wie sich die Geschichte entfaltet.

Vielleicht reitet eine Katze auf einem Elefanten oder einem anderen Tier? Es ist lustig, Katzen auf den Rücken der unterschiedlichsten Tiere zu setzen. Die anderen Tiere können auch neben den Katzen stehen oder sich über sie beugen. Alles ist möglich und die Miezchen werden viel Spaß an diesem Abenteuer haben!

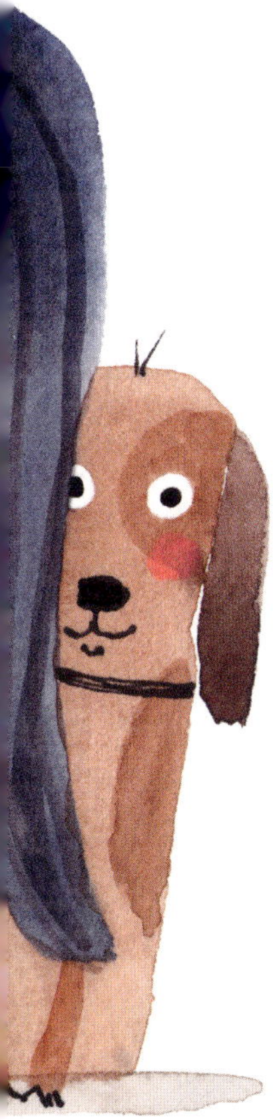

Tierformen

Zuerst malen Sie die Tierformen. Wie viele Tiere glauben Sie malen zu können? Ein Schwein, einen Elefanten, ein Pferd, eine Maus, ein Hund, eine Schildkröte, einen Fisch oder einen Vogel? Malen Sie einfache Formen.

Fügen Sie dann Katzen zu den tierischen Freunden hinzu und finden Sie Wege, sie in Beziehung zu setzen! Aber zuerst malen Sie die Tier- und Katzenformen.

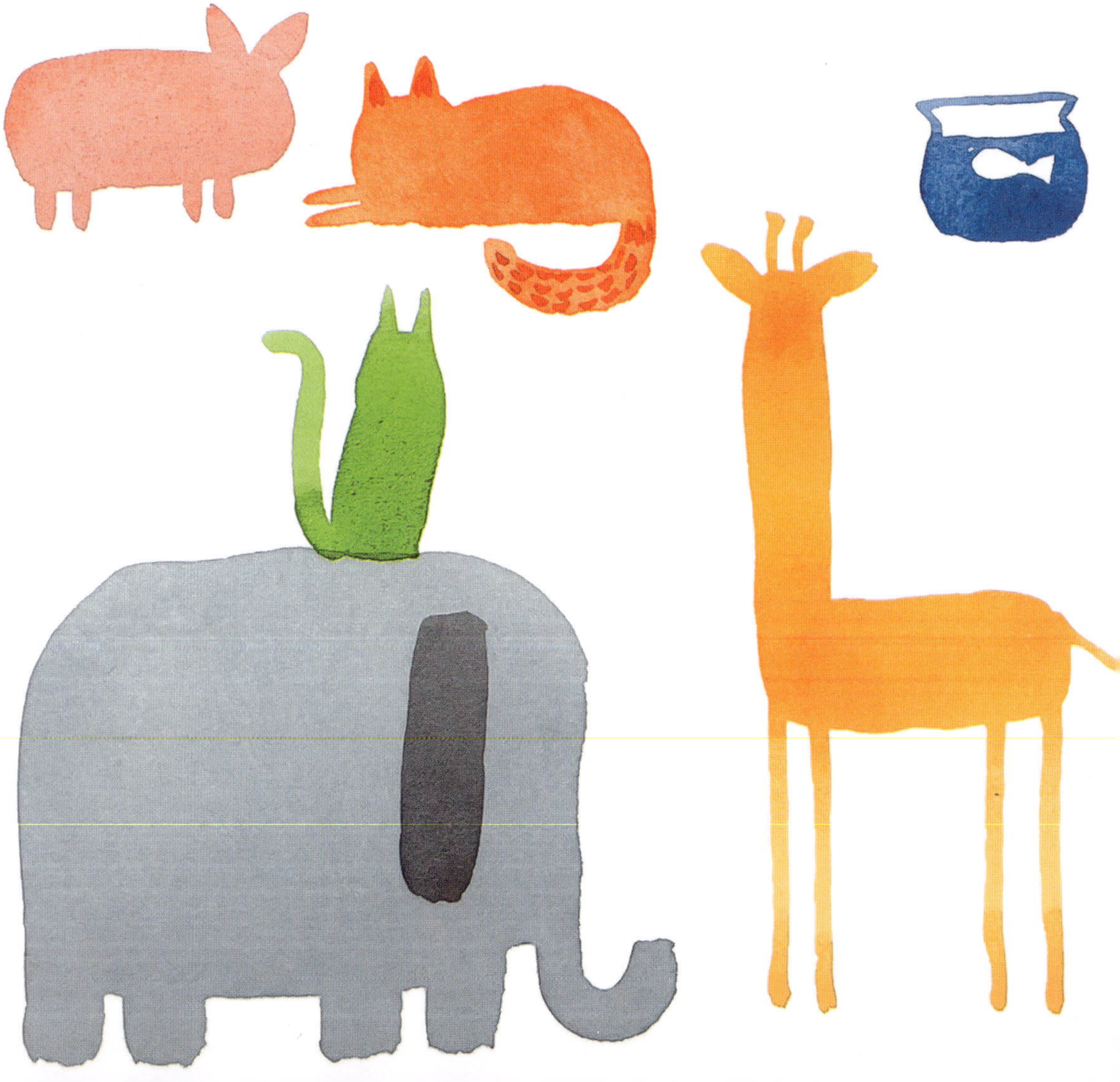

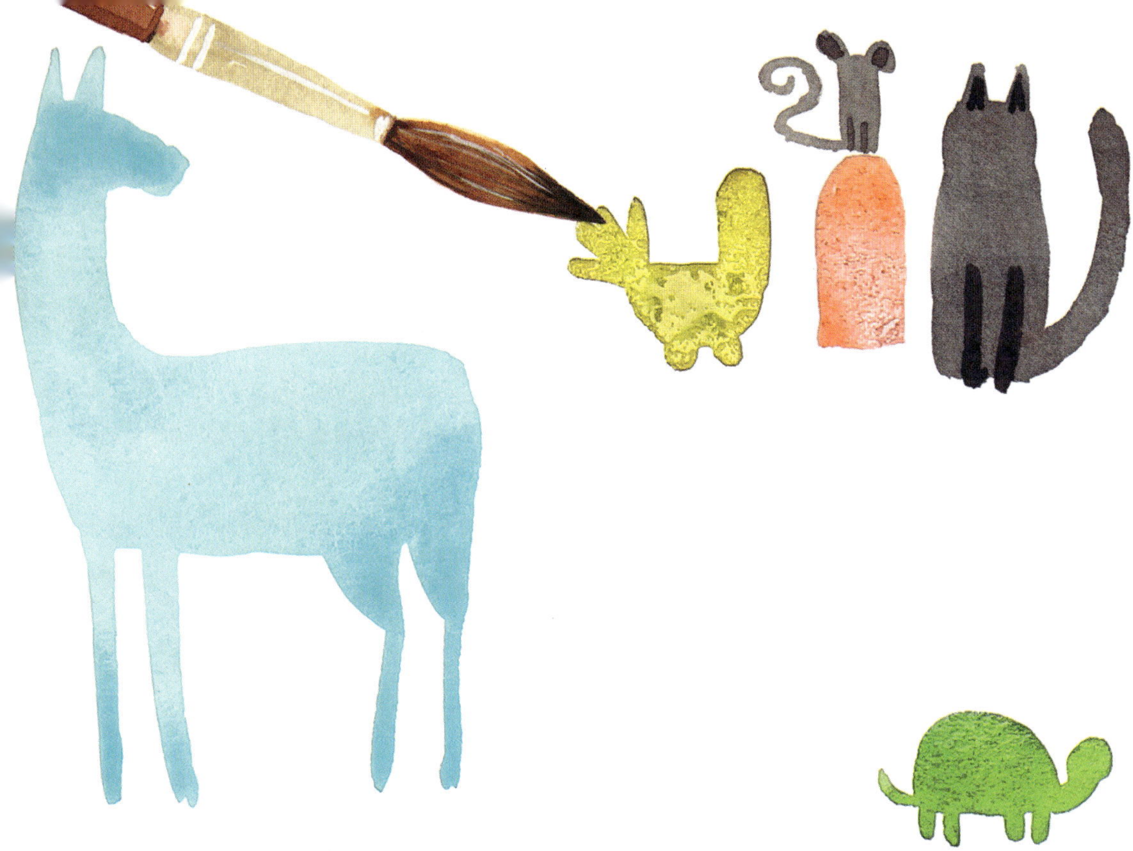

Tiere lassen sich wunderbar stapeln (zumindest auf Bildern). Wenn Sie sie dann mit Details versehen, fangen sie an, aufeinander zu reagieren. Wie fühlt sich wohl ein Hund oder Elefant mit einer Katze auf dem Rücken? Ihre Fantasie darf verrücktspielen!

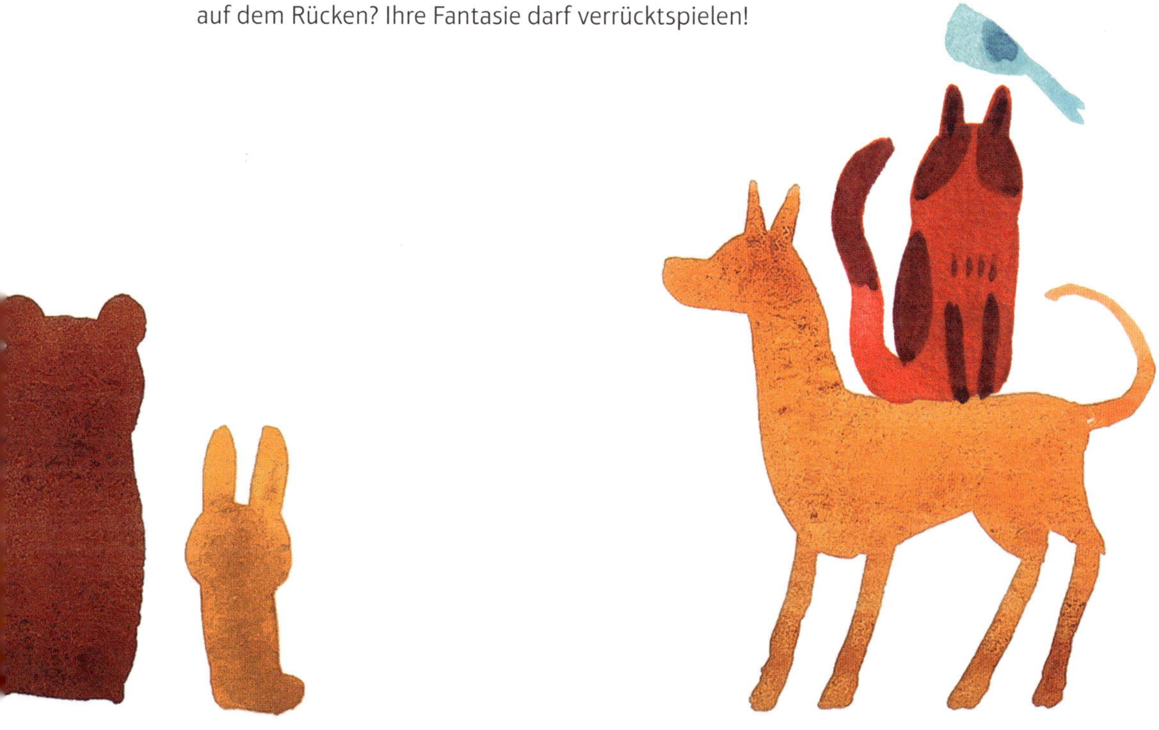

Der Gesichtsausdruck

Offenbar mögen diese Katzen ihre Freunde wirklich sehr! Zeichnen Sie freundliche Gesichter. Wenn sich die Tiere anschauen, entsteht eine liebevolle und freundliche Beziehung zwischen ihnen.

Die Eule auf der rechten Seite, ist sich offenbar nicht ganz sicher, was sie über ihre Umgebung denken soll. Aber die Katze und das Pferd sind richtig dicke Freunde. Wie steht es mit einer Fahrt per Anhalter auf einer Schildkröte oder einer Giraffe? Unsere Katzen sind offen für neue Bekanntschaften. Daher dürfen auch Sie offen für neue Ideen sein, die beim Malen und Zeichnen aufkommen.

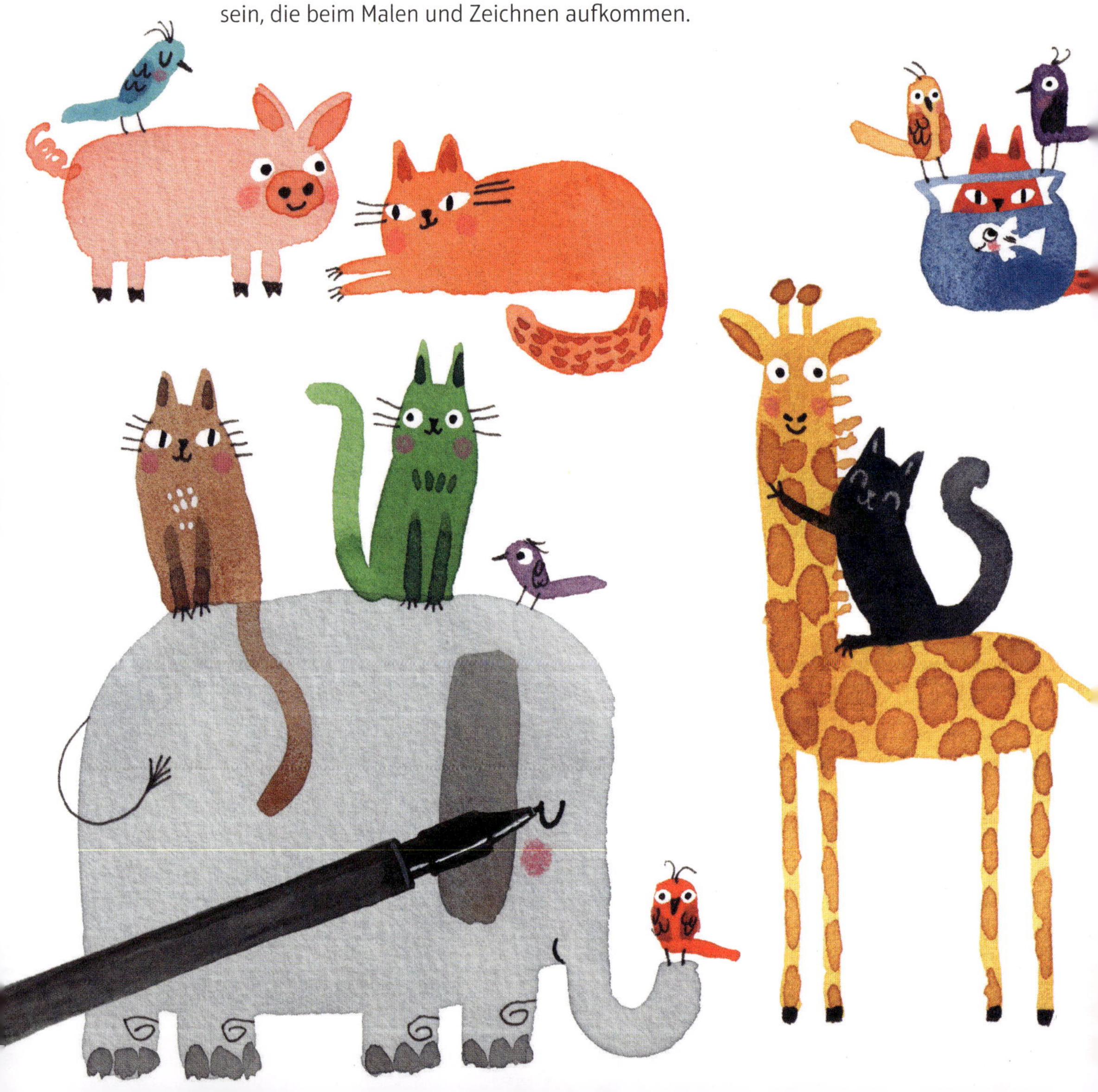

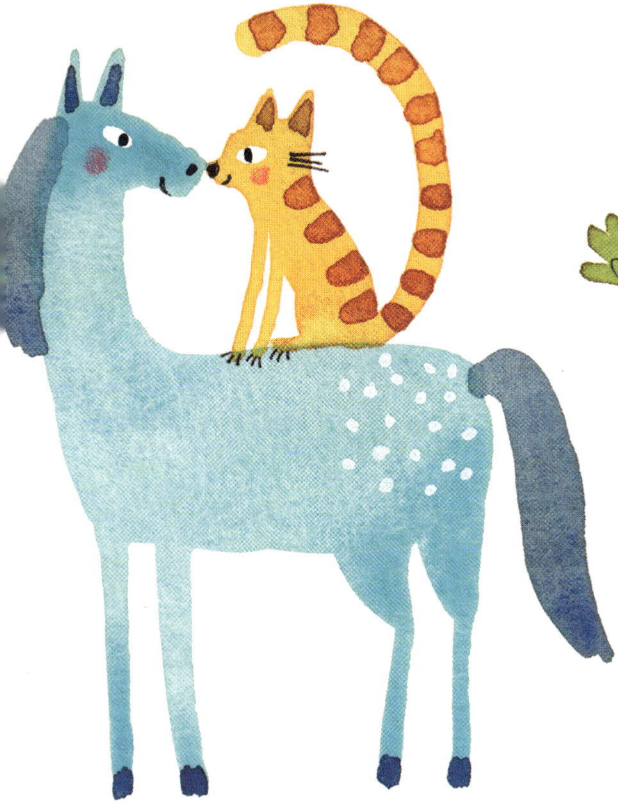

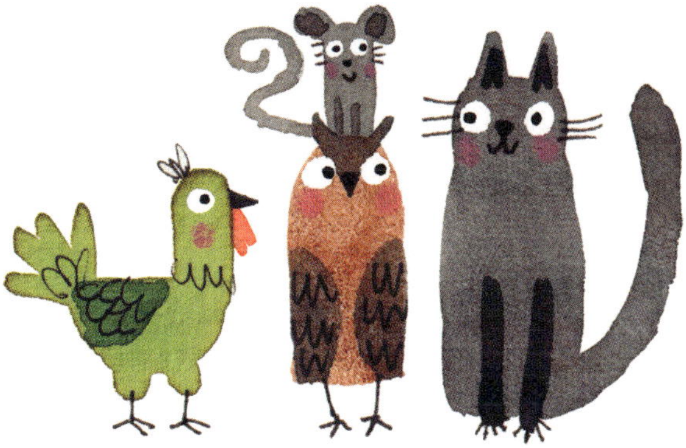

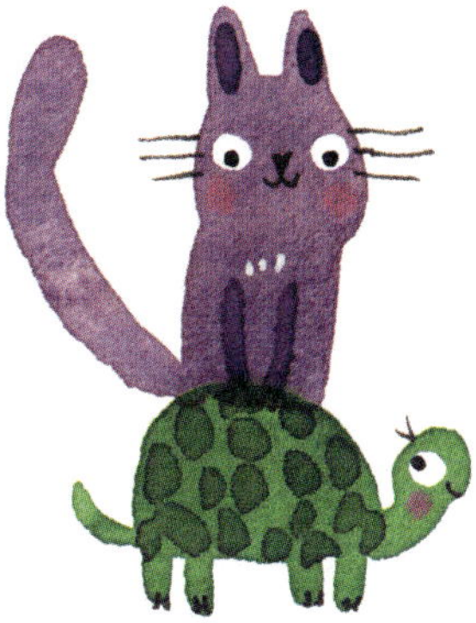

Lassen Sie sich von Ihrer Kreativität leiten und kreieren Sie neue Tierkumpanen. Erforschen Sie, wie die Katzen, Ihre Möglichkeiten.

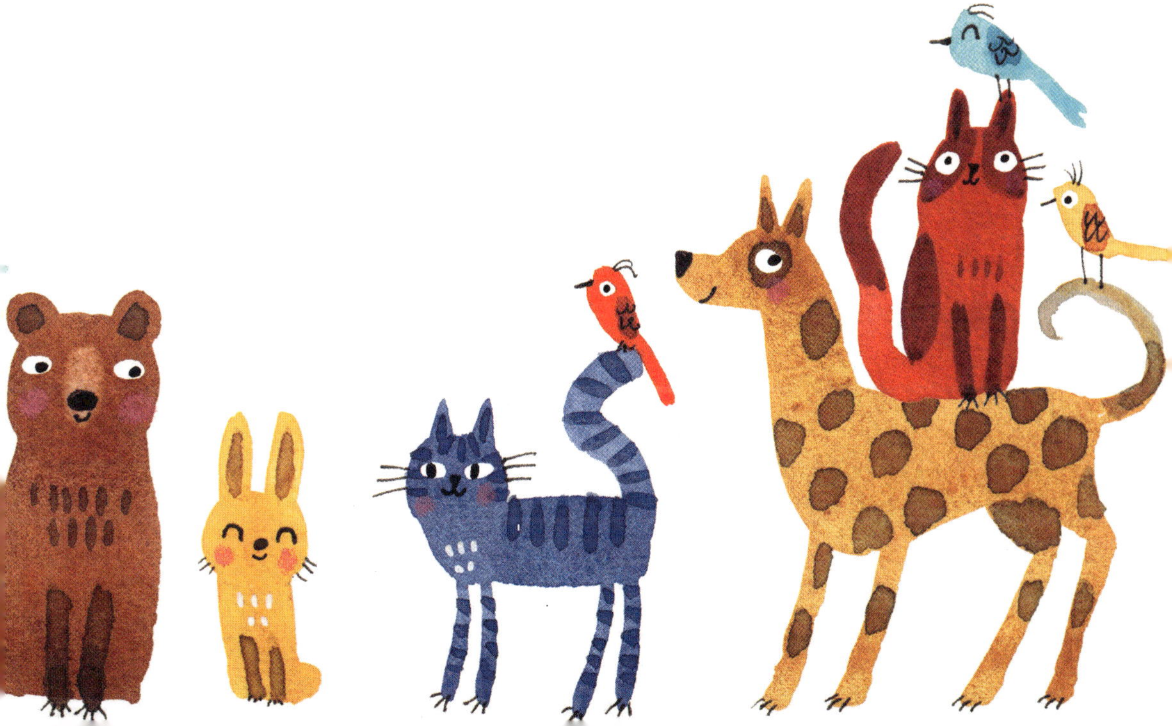

Samtpfotenporträts

Genießen Sie die gemeinsame Zeit mit Ihren Lieblingen! Zugegeben: Katzen sind keine guten Modelle, es sei denn, sie schlafen. Sie können einfach nicht stillsitzen, sondern haben immer schon das nächste Abenteuer im Kopf.

Aus diesem Grund sollten Sie mit Fotos Ihrer Katze arbeiten. Achten Sie bei einer solchen Vorlage darauf, dass Sie sie selbst fotografiert haben oder die Erlaubnis des Fotografen erhalten, das Foto als Inspirationsquelle für Ihr Bild zu nutzen.

Sie können auch mehrere Fotos als Vorbild für Ihr Bild nehmen, damit es sich vom Originalfoto deutlich unterscheidet. Manchmal macht das sehr viel Spaß, weil ich dann neben meinen wunderhübschen Modellen neue Ideen für andere Fellfarben und Katzenrassen bekomme.

Das hier ist Tucker, wie er wirklich aussieht. Allerdings male ich selten so realistisch. Außerdem können Sie das, was Sie sehen, stilisieren, und so Ihren eigenen Stil entwickeln. Damit wird Ihr Kunstwerk spontaner, entspannter und unabhängiger.

Ich zeige Ihnen, wie Sie ein Bild im eigenen Stil malen und die gemalte Katze dennoch ihrem tatsächlichen Ebenbild gleicht!

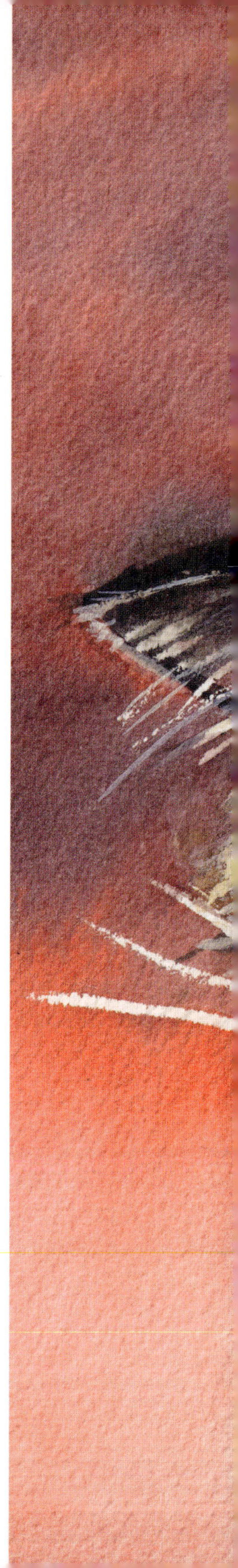

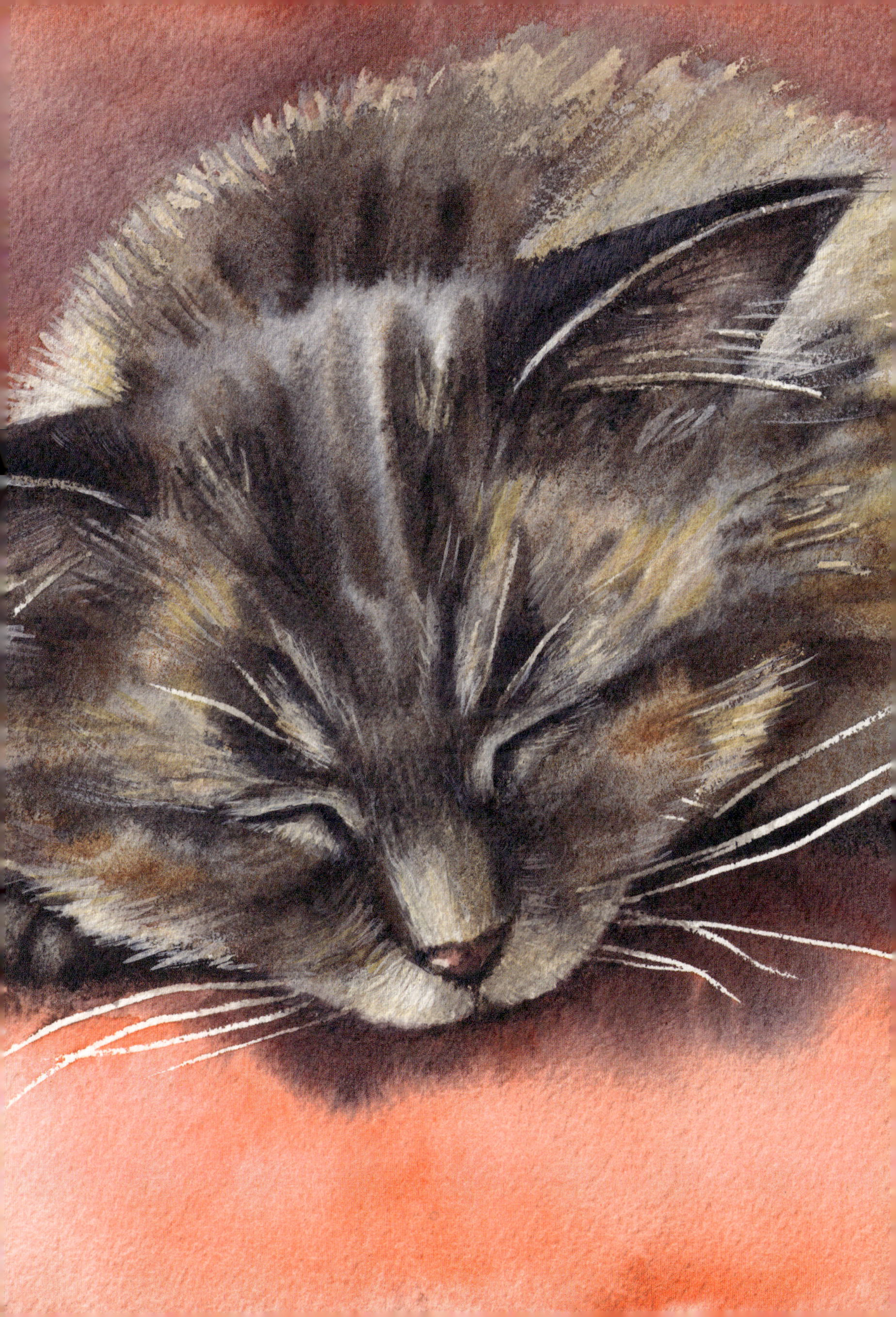

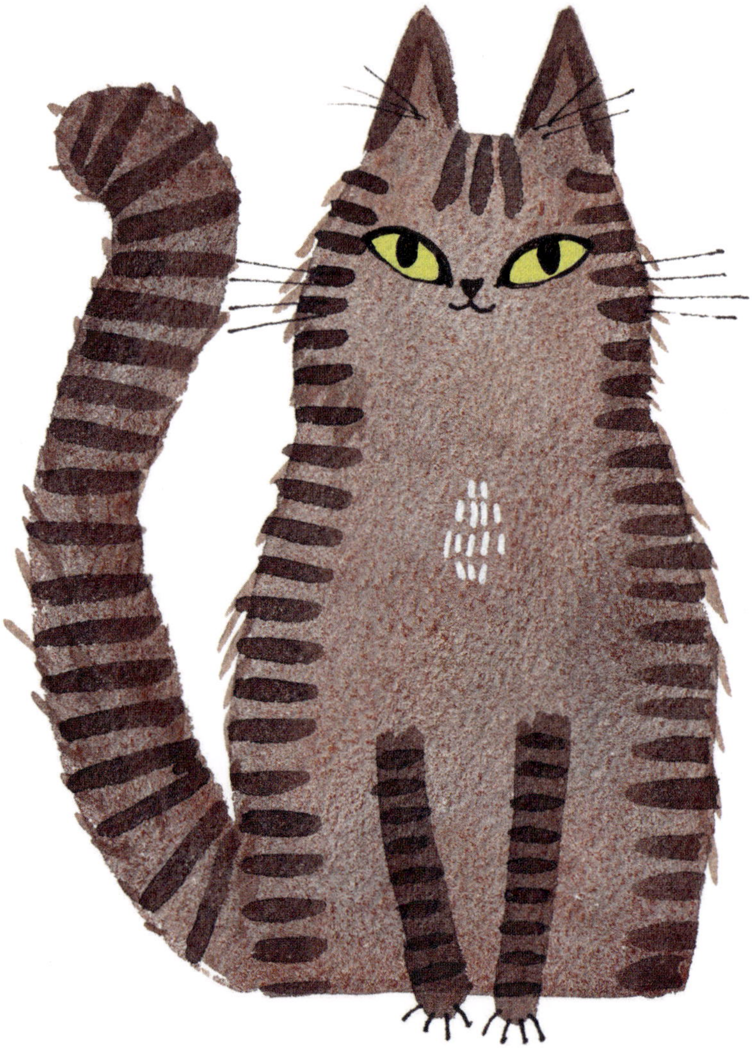

Individuelle Merkmale

Schauen Sie sich Ihr Modell genau an und achten Sie auf seine wesentlichen Eigenschaften. Es können die Fellfarbe oder das Fellmuster, die Augen, ihre Form und Farbe sein, die Ihre Katze auszeichnen.

Vielleicht gibt es ein charakteristisches Persönlichkeitsmerkmal, das Sie einfangen wollen und das auf Ihren besonders verspielten oder sanften Katzenfreund hinweist. Sie haben schon viel über das Malen von Katzen gelernt. Wie könnten Sie mit diesen Mitteln ein Abbild Ihrer Mieze schaffen? Heben Sie die Merkmale hervor, die die Persönlichkeit Ihrer Katze besonders unterstreichen.

Tucker und Rylee

Das Bild auf der vorherigen Seite ist eine realistische Version eines meiner flauschigen Mitbewohner. Nehmen Sie es als Vorbild und schauen Sie sich genau an, was Ihre Katze so besonders macht. Auf dieser Seite habe ich Tucker einfacher und stilisierter dargestellt. Tucker ist eine klassische Tigerkatze mit mittellangem Fell. In der stilisierten Version male ich ihn runder (bauchiger) und verpasse ihm die klassischen Tigerstreifen und ein bisschen weißes Fell auf der Brust. Außerdem bekommt er einen zufriedenen Gesichtsausdruck.

Seine Schwester Rylee ist graziler und hat lange Beine. Ihr Fell ist etwas heller als das von Tucker und sie verhält sich eher zurückhaltend. Sie sitzt so weit wie möglich am Rand, um die Situation im Auge zu behalten und abzuwägen. Dabei genießt sie, dass sie sich wohlfühlt.

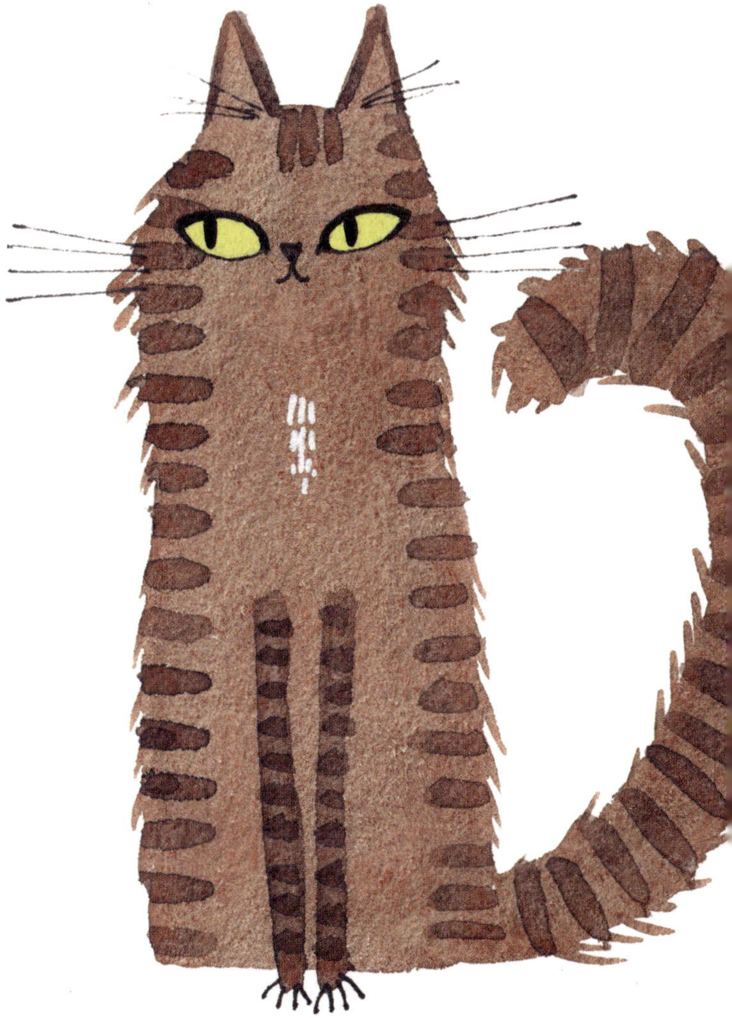

Weitere Beispiele

Sie haben schon viel über das Malen von Katzen gelernt. Wie können Sie das, was Sie gelernt haben, in einem Bild verwirklichen? Heben Sie die einzigartigen Merkmale Ihrer Modelle hervor, die das Wesen Ihrer Katzen erfassen.

Auf den folgenden Seiten finden Sie einige Beispiele für Katzen unterschiedlicher Formen, Farben, Größen und Persönlichkeiten. Erinnert Sie eines davon an Ihre eigene Miezekatze? Probieren Sie eine dieser Vorlagen aus oder entwickeln Sie eine ganz andere Position. Ihr Modell könnte zum Beispiel auch schlafen. Beobachten Sie Ihre Katze genau, egal ob auf einem Foto oder vor sich auf dem Tisch. Welche Farbe hat sie? Ist sie groß, klein oder mittelgroß? Hat sie ein langes oder kurzes Fell? Hat sie einzigartige Merkmale, einen besonderen Gesichtsausdruck, eine bestimmte Augenform oder -farbe? Ist die Nase rosa oder schwarz? Kurze oder lange Beine? Mit oder ohne Schwanz? Spitze oder gefaltete Ohren?

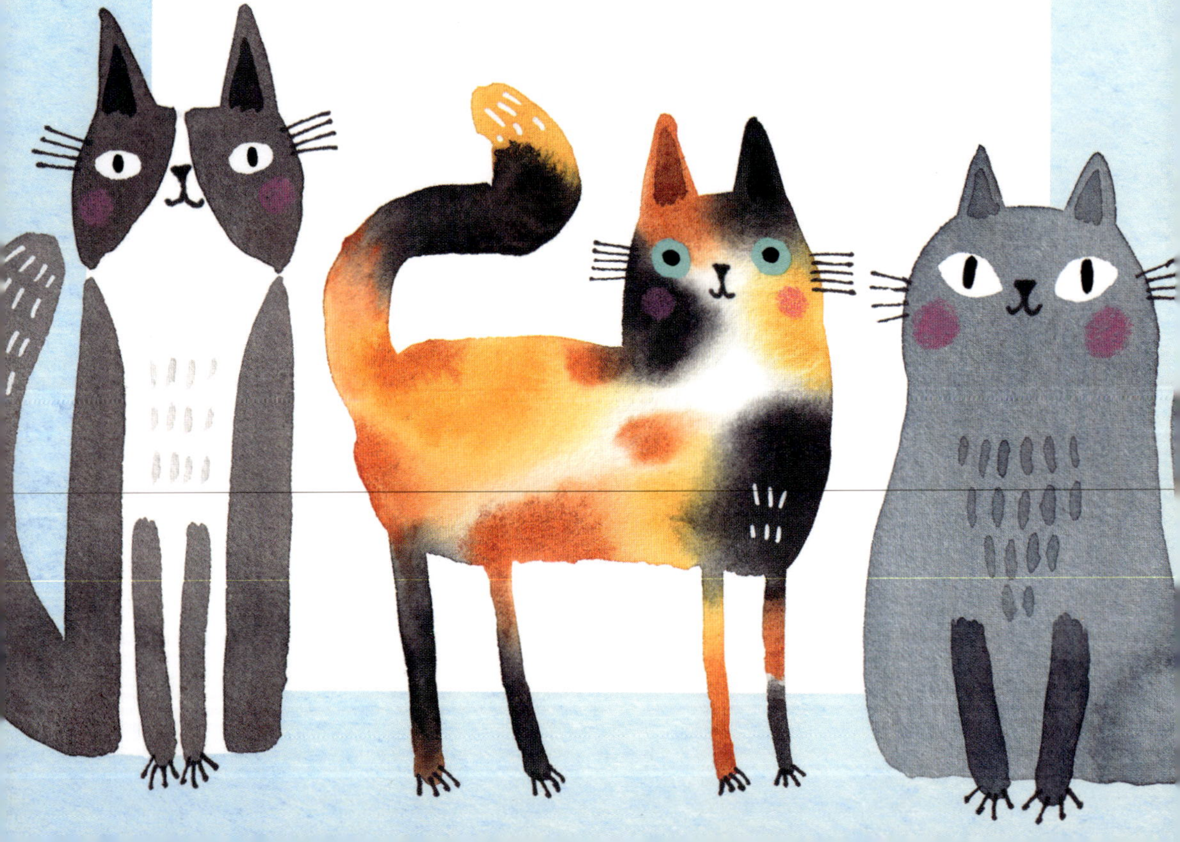

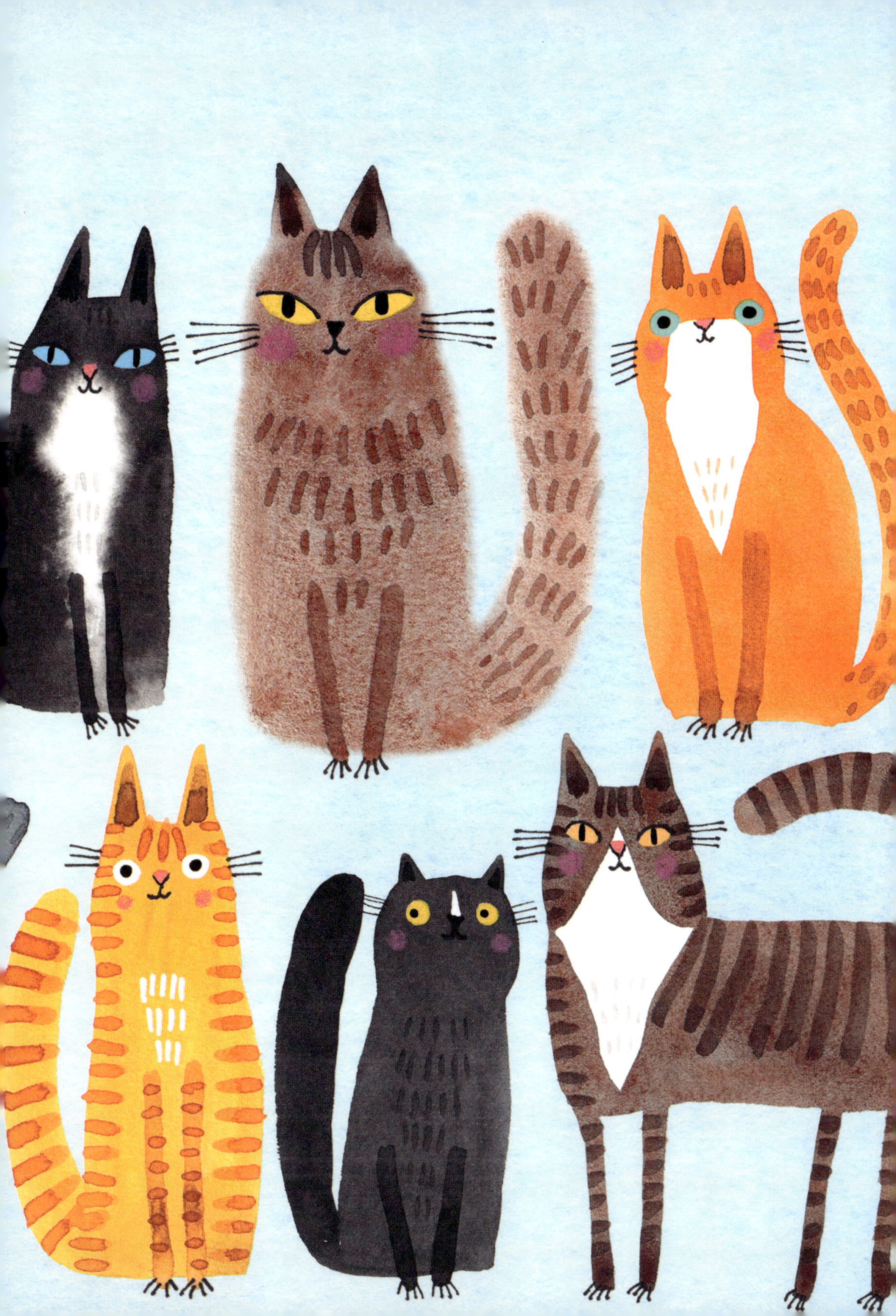

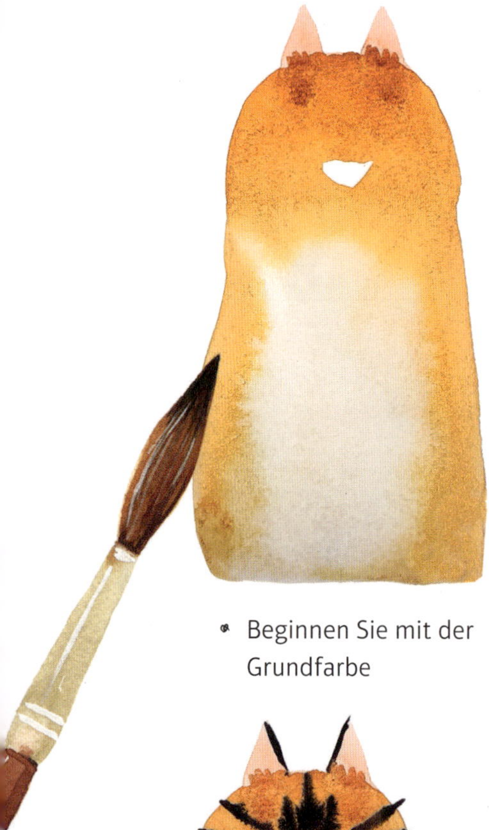

- Beginnen Sie mit der Grundfarbe

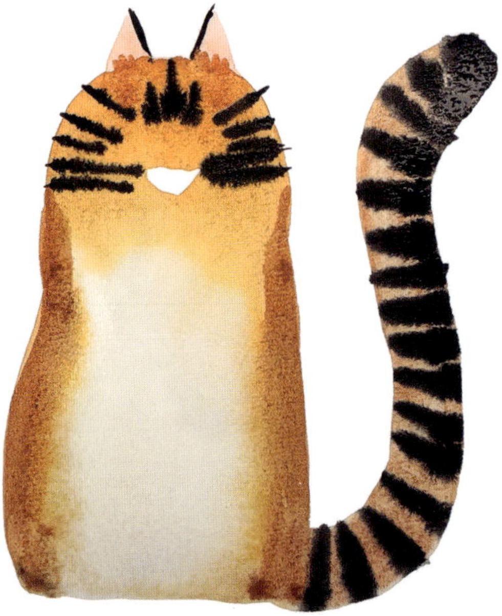

- Fügen Sie besondere Merkmale hinzu

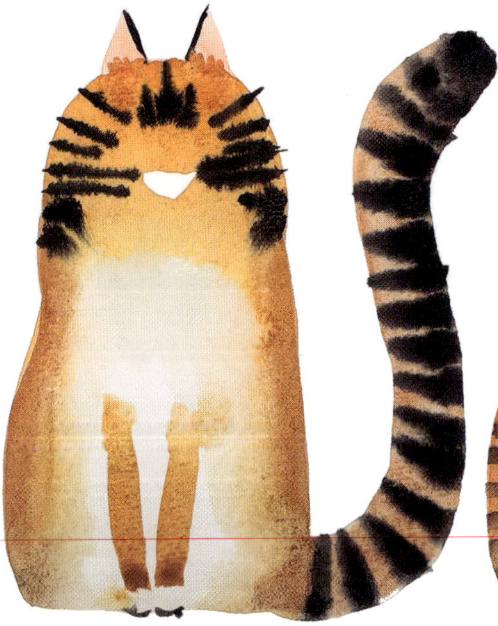

- Malen Sie die Beine

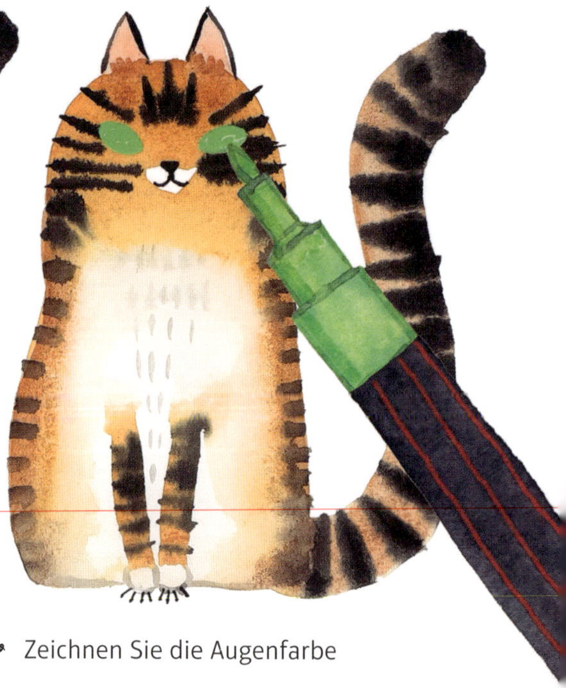

- Zeichnen Sie die Augenfarbe

Passen Sie das Bild nun an Ihr Modell an. Achten Sie auf Details: Schnurrhaare, Pupillen, Glanzpunkte und eventuell Wangen geben den letzten Schliff. Bleiben Sie achtsam, experimentieren Sie und haben Sie Freude daran! Malen Sie Ihren Achtsamkeitsmeister genau so, wie Sie ihn in diesem Moment sehen.

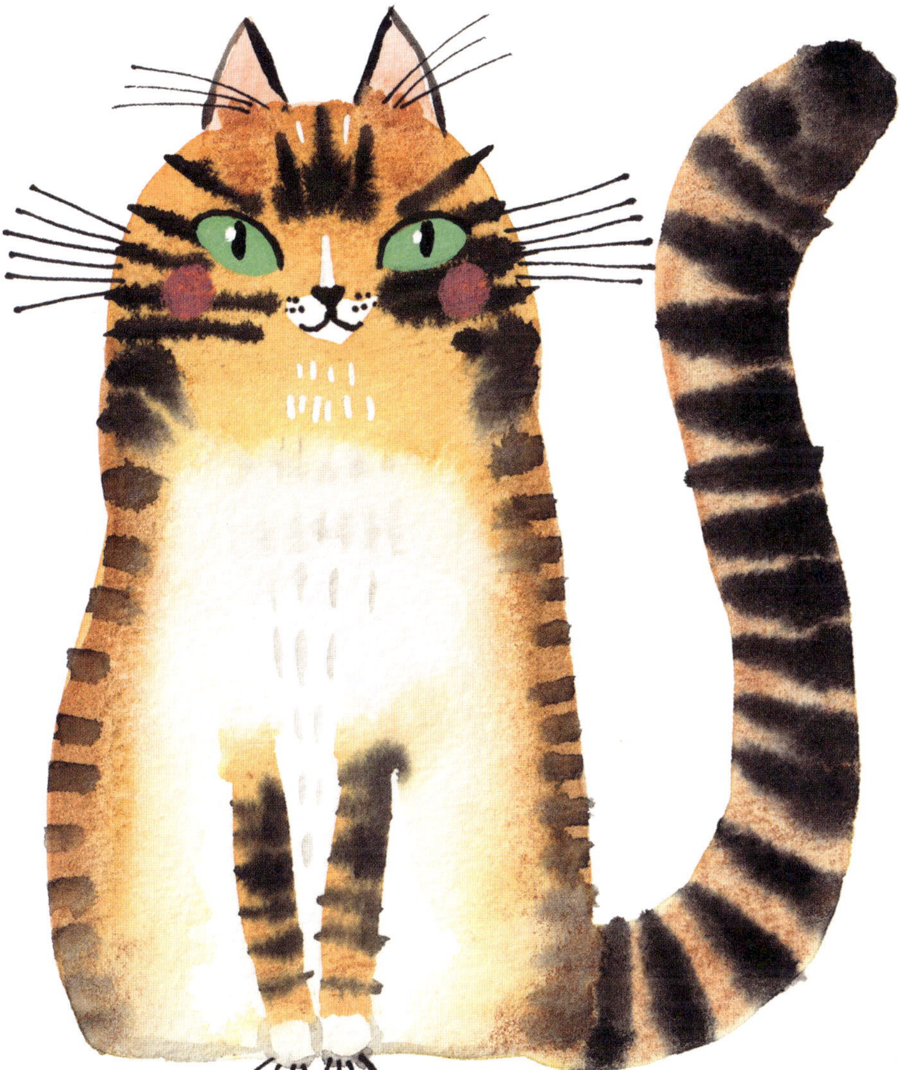

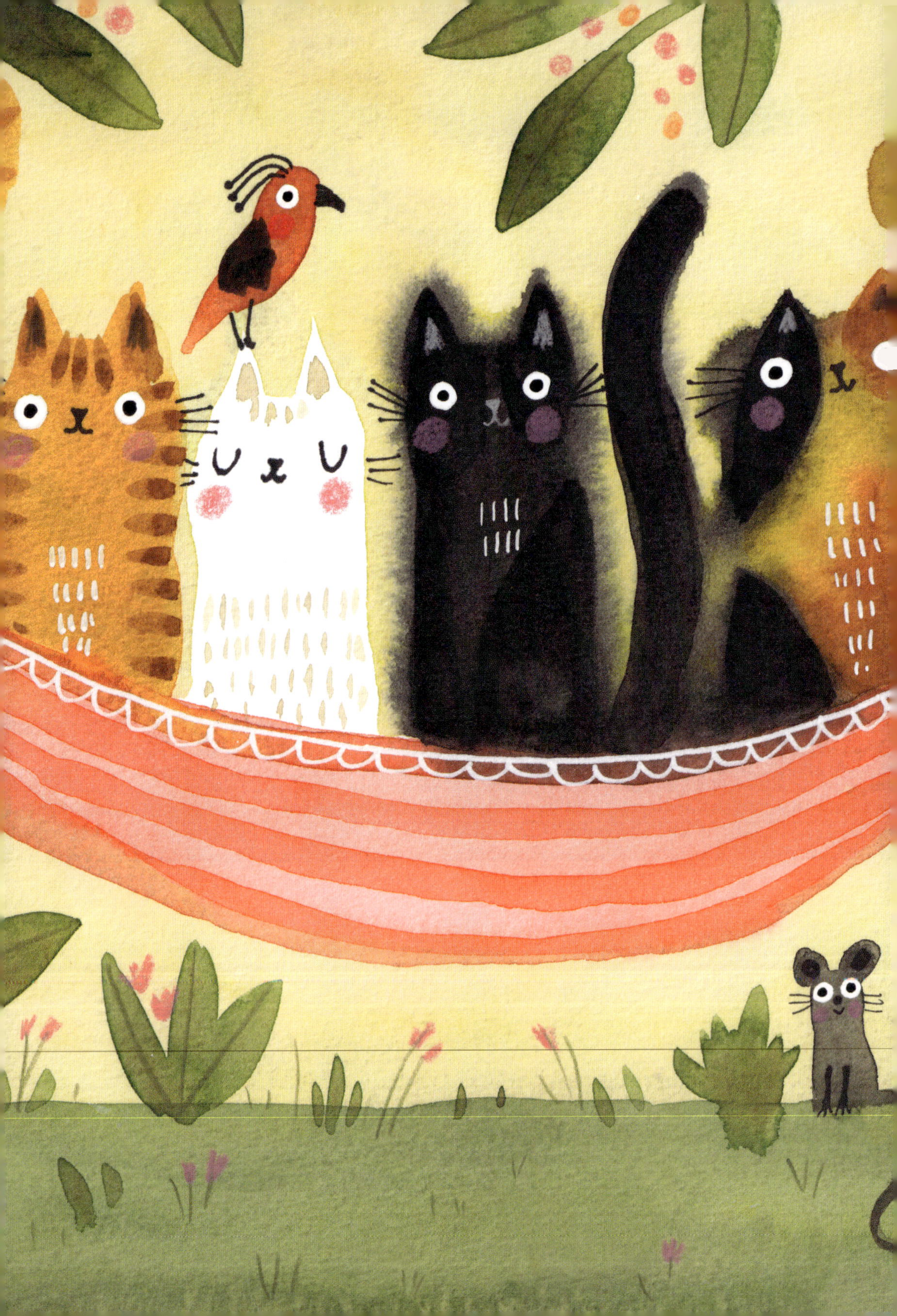

8

Noch mehr Experimente

Einige Worte zum Stil

Experimentierfreude und Abenteuerlust sind das Fundament der Kreativität. Legen Sie sich nicht auf einen bestimmten Stil fest, sondern drücken Sie sich in Ihrer Kunst über Ihren eigenen Stil aus. Schauen Sie sich viele unterschiedliche Werke anderer Künstler an und überlegen Sie, was Ihnen daran gefällt. Beschränken Sie sich dabei nicht auf eine Stilrichtung.

Mithilfe dieser Übung lernen Sie Ihre eigene Ästhetik kennen, die sich dann in Ihrer Malweise ausdrückt. Was gefällt Ihnen in der Natur oder in Ihrem direkten Umfeld besonders? Vielleicht fühlen Sie sich auch in einer städtischen Umgebung wohl. Die Mittel der Kunst bringen Wunder und Begeisterung hervor.

Doch ohne Fleiß kein Preis. Malen mit Aquarellfarben will gelernt sein, bietet aber auch eine einzigartige Gelegenheit, sich zu entspannen und überraschen zu lassen. Meist offenbaren »Zufälle« Ihren Stil.

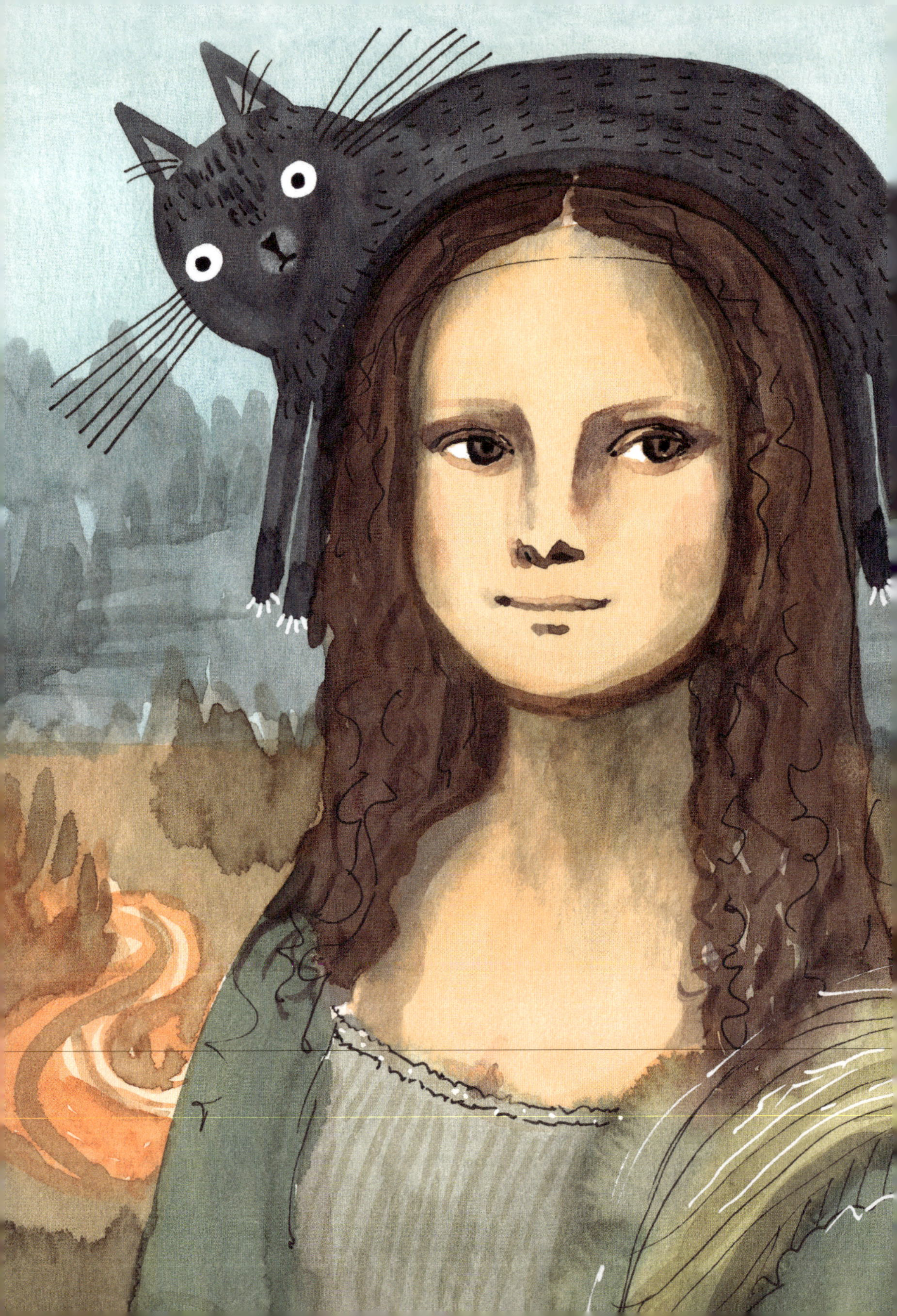

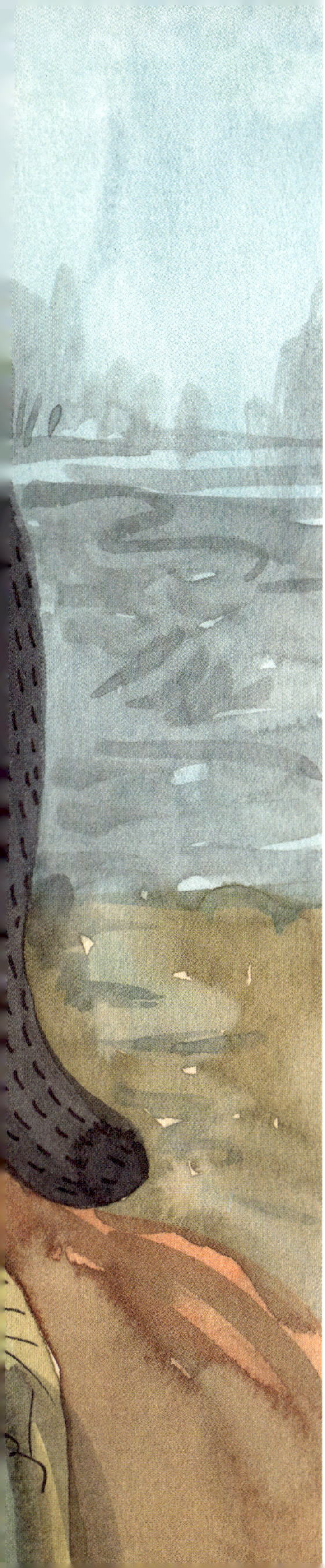

Ein Katzen-Kunstwerk

Anhand eines Katzen-Kunstwerks können Sie viel lernen und einen eigenen Stil entwickeln.

Die Mona Lisa wurde zum Beispiel unzählige Male künstlerisch parodiert. »Miau-Na-Lisa« war mein erster Versuch eines parodistischen Kunstwerks; ich habe es für meine Instagram-Abenteuer unter #catonheadwednesday gemalt.

Wenn Sie ein bekanntes Kunstwerk als Katzen-Kunstwerk auswählen, müssen Sie das Original nicht kopieren. Es dient der Inspiration, und alles, was sich daraus entwickelt, ist sehr gut. Sie können dem Modell eine Katze als Hut aufsetzen, eine Mieze im Hintergrund platzieren oder den Kopf des Modells durch eine Katze ersetzen – es gibt unzählige Möglichkeiten. Sorgen Sie nur dafür, dass das Kunstwerk frei verwendbar ist oder Sie die schriftliche Genehmigung des ursprünglichen Künstlers erhalten.

Doch in jedem Fall können Sie unglaublich viel lernen, wenn Sie das Werk eines anderen Künstlers weiterentwickeln. Vergessen Sie nie, den Namen dieses Künstlers bei der Veröffentlichung Ihrer Arbeit zu nennen. Damit würdigen Sie ihn oder sie, selbst wenn das Werk bereits gemeinfrei ist.

Experimentieren

Malen Sie einfach einige Kreise oder Formen, die keine erkennbare Bedeutung haben. Tragen Sie nun einige Farben auf. Vielleicht passt eine Katze oder Pflanze obendrauf? Weil Farbe und Linie nicht übereinander liegen, entsteht ein ganz neuer Look. Wir alle haben eine eigene Stimme, die nur darauf wartet, sich auszudrücken. Spielen und experimentieren Sie. Schaffen Sie Chaos und genießen Sie den Prozess. Stellen Sie alles auf den Kopf und überraschen Sie sich selbst.

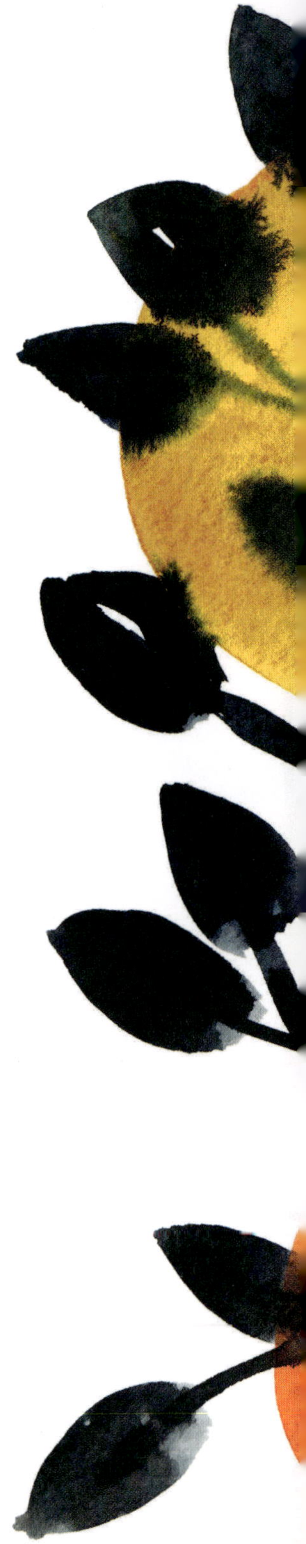

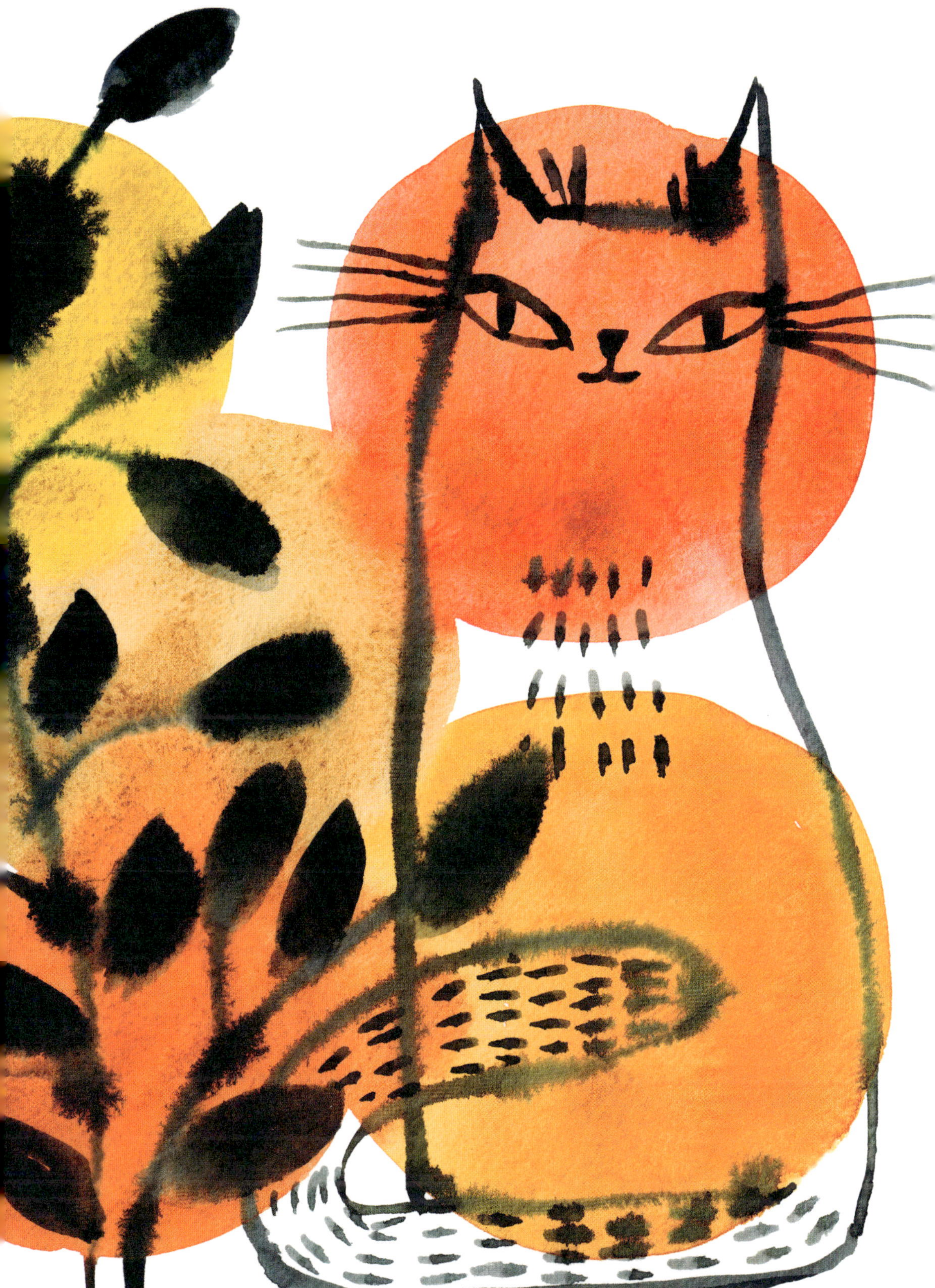

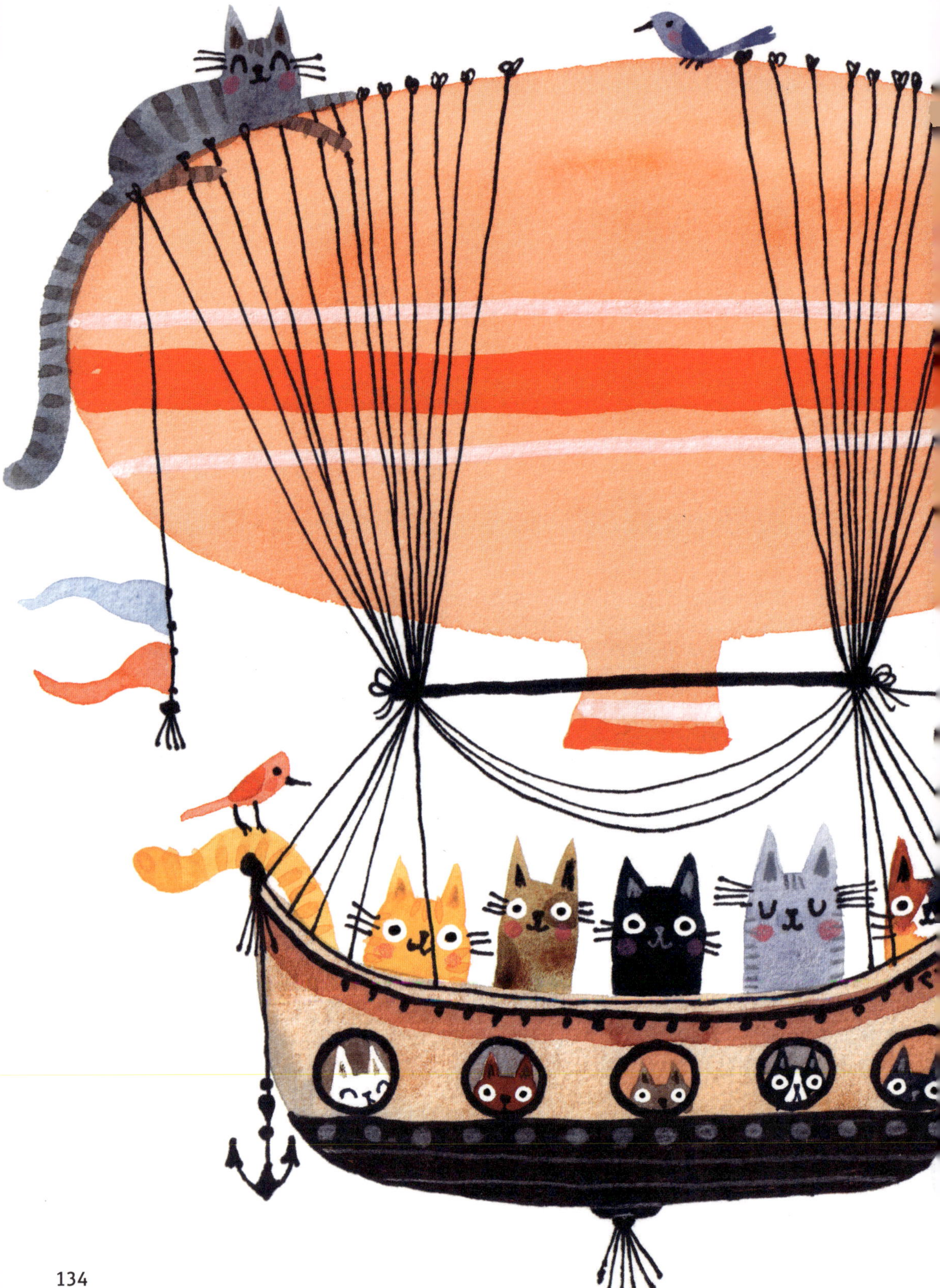

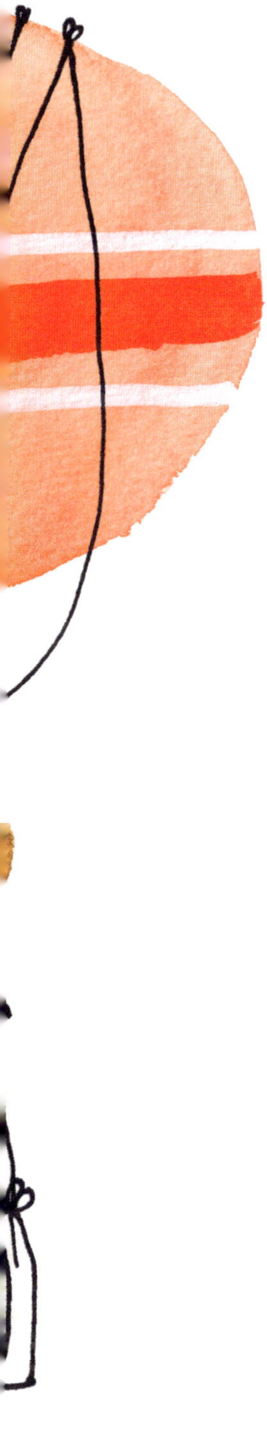

Kunst ist eine Reise

Bewegen Sie sich weit aus Ihrer Komfortzone heraus, um Ihre Kreativität zu erforschen. Nur durch Neugier lernen Sie und finden heraus, was Ihnen gefällt. Verlassen Sie sich auf Ihren Spaß an der Arbeit, dann lernen Sie Ihre persönliche und einzigartige Stimme am besten kennen. Genießen Sie die Reise! Ihre Katzen sind gern dabei.

Übung macht den Meister

Kreativität schläft nie. Sie begleitet uns im Schlaf und wenn wir wach sind, und ist immer verfügbar. Seien Sie oft kreativ! Je häufiger Sie sich Ihrer Kreativität öffnen und sie auf dem Papier ausdrücken, desto bewusster wird sie Ihnen und desto besser können Sie sich mit ihr entwickeln. Je mehr das Ende Ihres Malprozesses naht, desto deutlicher geht Ihr Kunstschaffen in den Alltag mit all seinem Stress und den Sorgen über. Schnell denken wir dann wieder an all das, was es noch zu erledigen gibt.

Mein Tipp: Machen Sie es wie die Katzen. Bleiben Sie im Alltag achtsam und nehmen Sie den Augenblick bewusst wahr. Erleben Sie alles mit klarem Kopf und offenem Blick. Achtsamkeit hilft auch, wenn Sie den Pinsel wieder zur Hand nehmen – ich hoffe, das tun Sie sehr häufig! Jeder kreative Moment, den Sie bewusst erleben, öffnet Ihren Geist für etwas Neues.

Sehen Sie es wie eine Katze: Das Leben ist ein erstaunliches Mysterium!

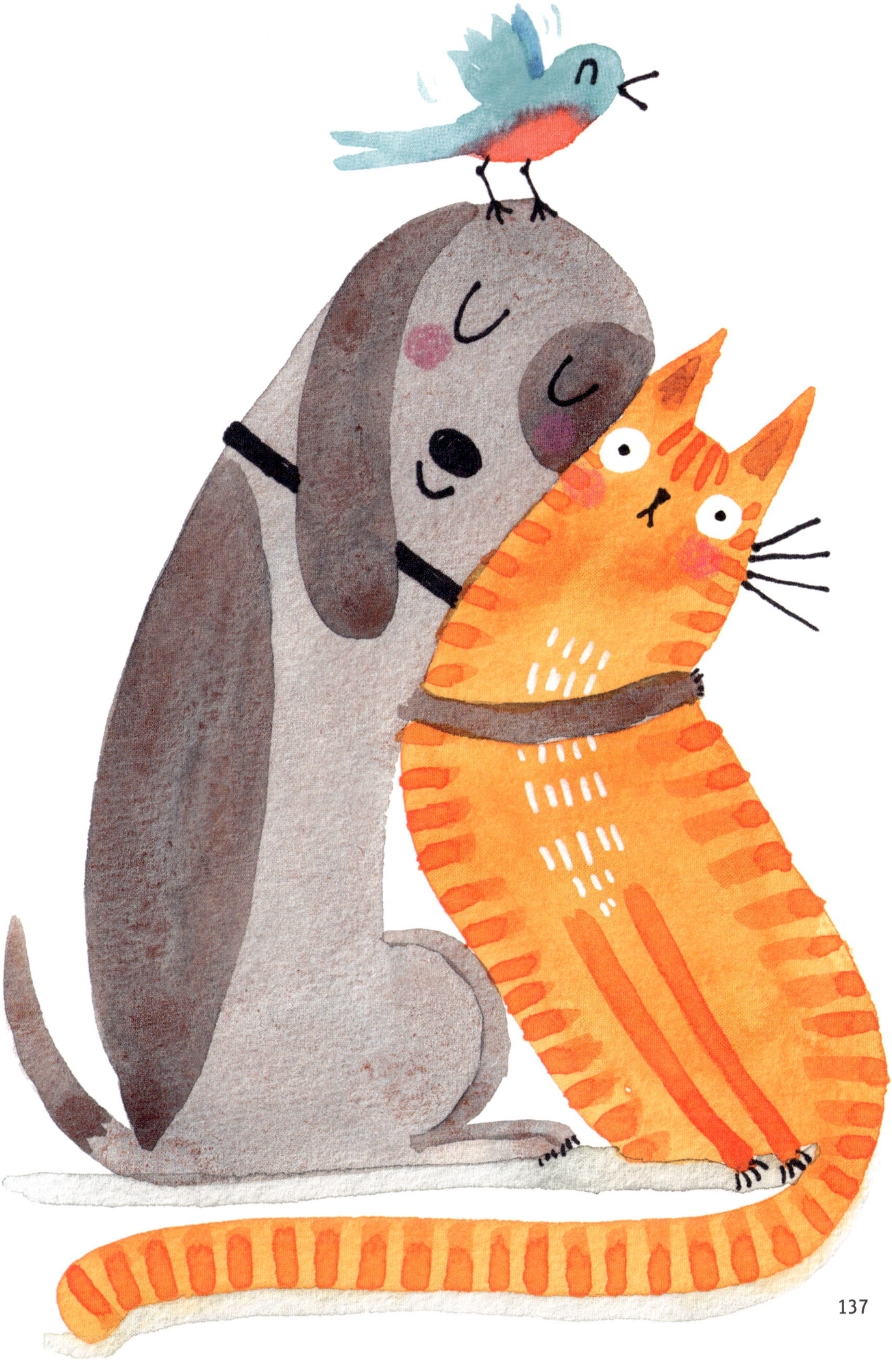

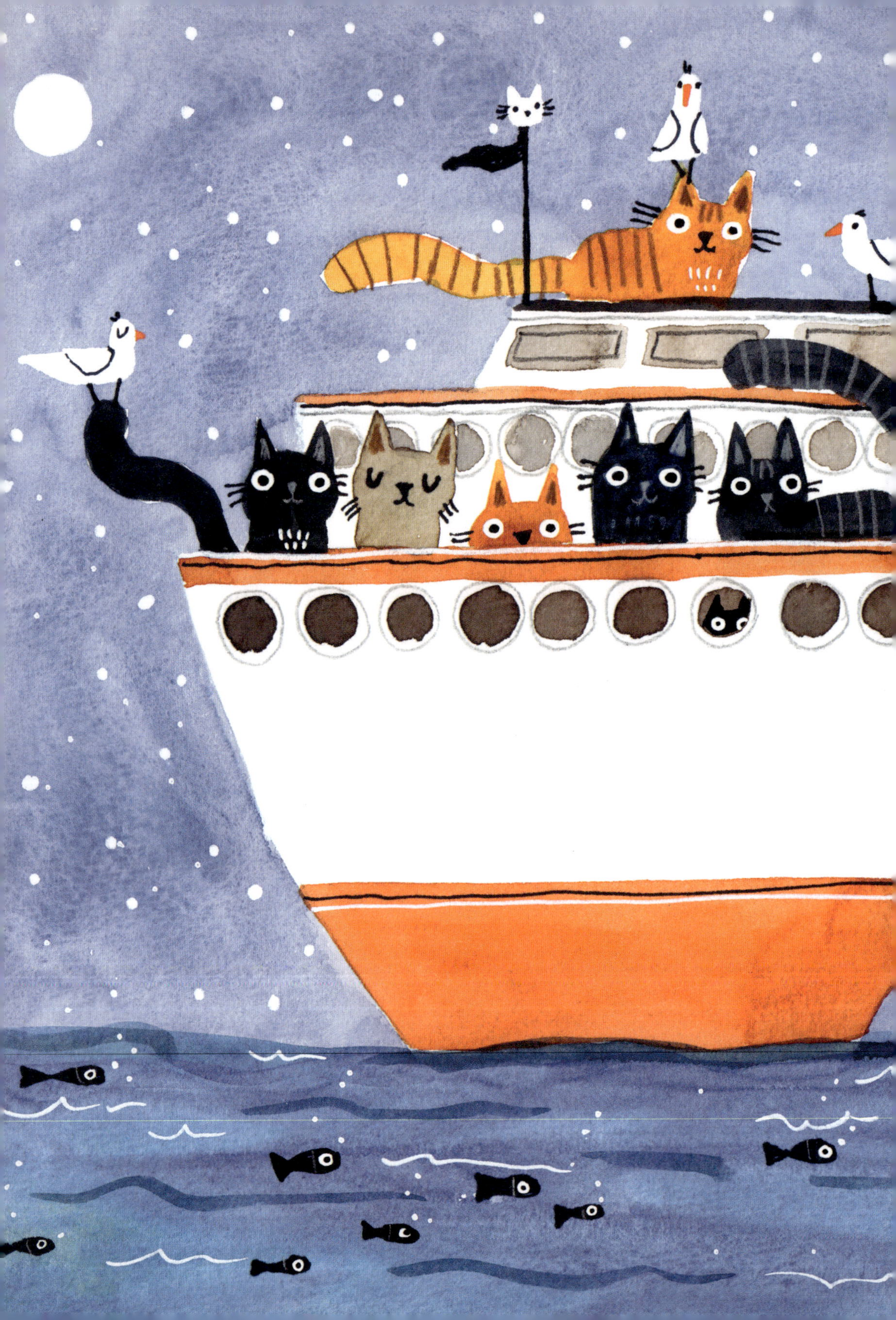

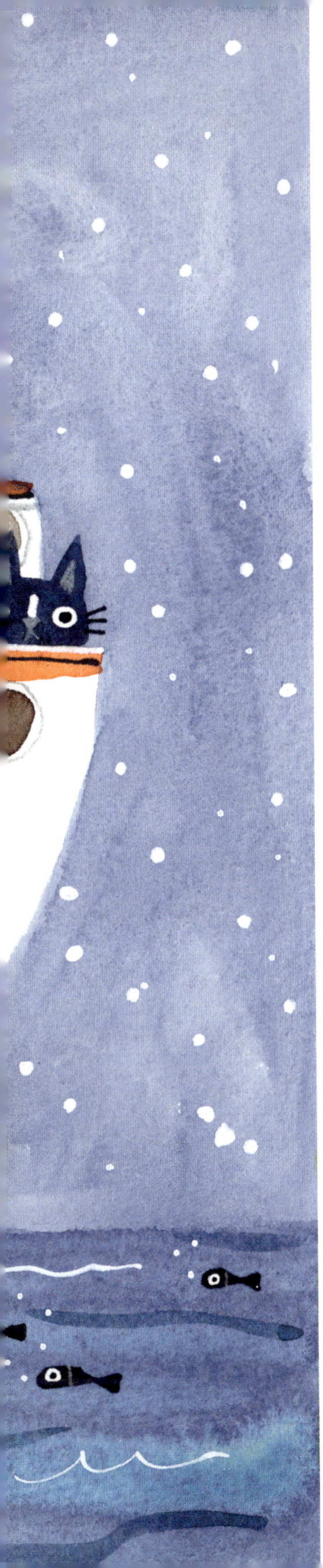

Zum Abschluss

Ich hoffe, Sie haben die Reise in die Welt der Aquarellfarben aus Sicht einer Katze genossen. Achtsamkeit und bewusstes Erleben des Augenblicks sind wunderbare Begleiter, wenn Sie Farben mischen und den Pinsel über das Papier bewegen.

Lassen Sie Ablenkungen, Ängste und Kritik an sich vorüberziehen, ohne sich auf sie einzulassen. Seien Sie wie eine Katze: spielerisch und unbefangen! Experimentieren und genießen Sie die Materialien, erkunden Sie das Mysterium und genießen Sie die Überraschungen. Das Leben ist wertvoll. Genießen Sie jeden einzelnen Pinselstrich mit einem Schnurren.

Hilfsmittel

PAPIER

- Fluid™ 100, 100 % Baumwolle
- Aquarellpapierblock, etwa 21 x 21 cm
- Fluid™ 100 kaltgepresstes Aquarellpapier, etwa 21 x 21 cm
- Strathmore Aquarell-Skizzenbuch, etwa 21 × 14 cm
- Stonehenge Block, etwa 21 x 21 cm

AQUARELLFARBEN

- Winsor & Newton Professional Watercolor Cobalt Turquoise
- Winsor & Newton Professional Watercolor Winsor Yellow
- Winsor & Newton Professional Watercolor Olive Green
- Winsor & Newton Professional Watercolor French Ultramarine
- Winsor & Newton Professional Watercolor Scarlet Lake
- Winsor & Newton Professional Watercolor Burnt Sienna
- Winsor & Newton Professional Watercolor Raw Sienna
- Winsor & Newton Professional Watercolor Payne's Gray
- Winsor & Newton Professional Watercolor Yellow Ochre
- Winsor & Newton Professional Designer Gouache White
- Winsor & Newton Professional Designer Gouache Lamp Black
- Daniel Smith Extra Fine Watercolor Transparent Red Oxide
- Winsor & Newton Gouache Permanent White

PINSEL

- Creative Mark Mimik Aquarellpinsel Nr. 4–6

WEITERE HILFSMITTEL

- Staedtler Lumocolor® Permanent-Marker
- Posca-Stift Fineliner 1 mm, weiß
- Speedball® India-Tinte
- Federn und Stifte-Set
- Prismacolor wasserlösliche Buntstifte
- Prismacolor Premier Buntstifte

Großartige Quellen für mehr Inspiration!

www.terryrunyan.com

Facebook
Suchen Sie nach der Webseite »Terry Runyan Creative« und die Webseiten anderer Künstler oder werden Sie Mitglied in einer kreativen Gruppe, um Ihre Ideen zu teilen.

Pinterest
Suchen Sie nach »Terry Runyan Creative«, um meine Boards anzuzeigen, oder erstellen Sie Ihre eigenen Boards.

Instagram
@terryrunyan

YouTube
Auf meinem Kanal »Terry Runyan« finden Sie viele Demovideos.

Online-Kurse
Ich biete zahlreiche Kurse zum Aquarellieren, zu unterschiedlichen Stilen, zu Collagen und zum Malen von Charakteren an.

Buchempfehlungen

Big Magic: Nimm dein Leben in die Hand und es wird dir gelingen, Elizabeth Gilbert (Fischer Taschenbuch, 2017)

Mindful Thoughts for Artists: Finding flow & creating calm, Georgina Hooper (Leaping Hare Press, 2020)

Wherever You Go There You Are: Mindfulness Meditation for Everyday Life, Jon Kabat-Zinn (Hachette, 2009)

62 lustige Tiere zeichnen – Für Groß und Klein!, Terry Runyan (Edition Michael Fischer/EMF Verlag, 2021)

62 lustige Figuren zeichnen – Für Groß und Klein!, Terry Runyan (Edition Michael Fischer/EMF Verlag, 2021)

Malen macht glücklich, Terry Runyan (Midas Verlag, 2022)

Conscious Creativity: Look, Connect, Create, Philippa Stanton (Leaping Hare Press, 2019)

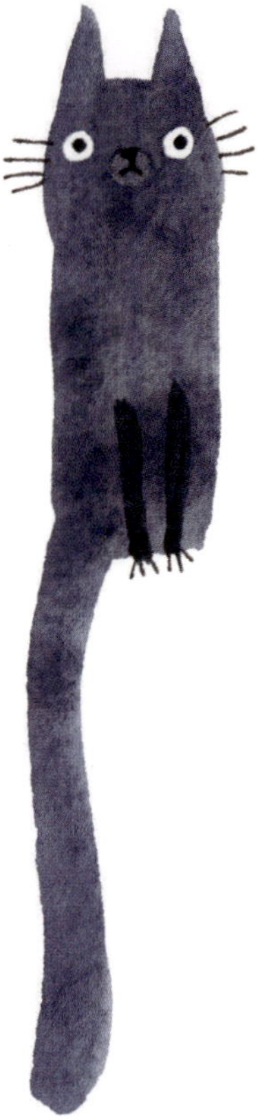

Danke

Ich kann dieses Buch nicht beenden, ohne meinem Verlag Leaping Hare Press dafür zu danken, mich ermutigt zu haben, ein Buch über das Malen von Katzen zu schreiben. Für mich ist damit ein Traum wahr geworden! Darüber hinaus danke ich der Redaktionsleiterin Monica Perdoni, die mir vorgeschlagen hat, meine Liebe zum Malen von Katzen mit der ganzen Welt zu teilen. Natürlich bedanke ich mich bei meinen Katzen Rylee und Tucker für die endlosen gemeinsamen Stunden in meinem Atelier, in denen sie mich inspiriert haben. Nicht zuletzt danke ich meinem Lebensgefährten Larry, dass er die Katzen so zuverlässig füttert und mich immer wieder motiviert.

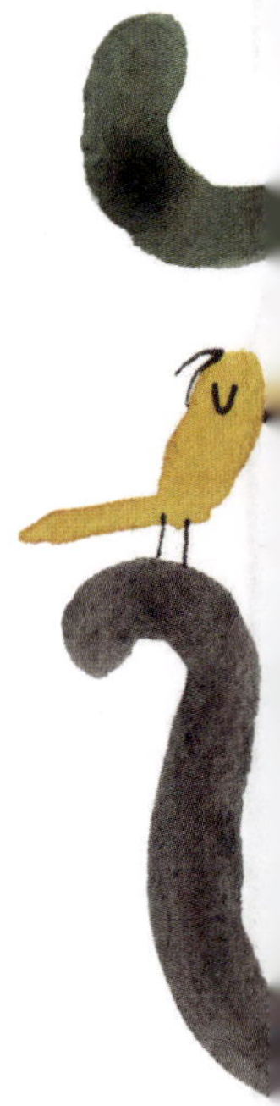

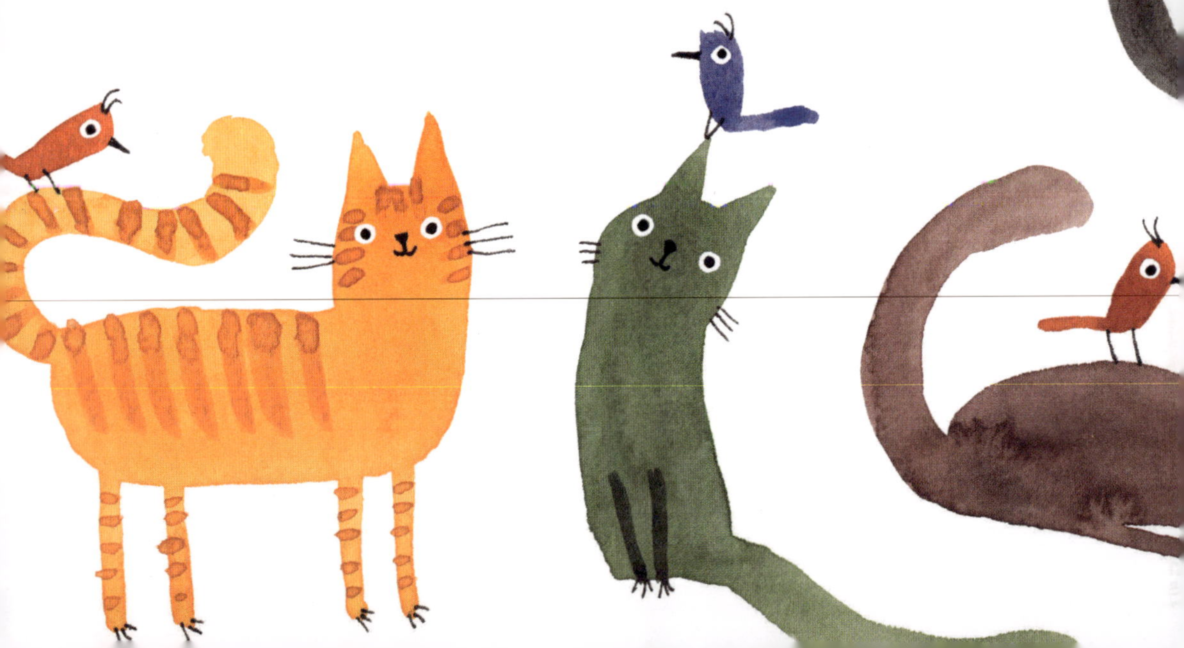

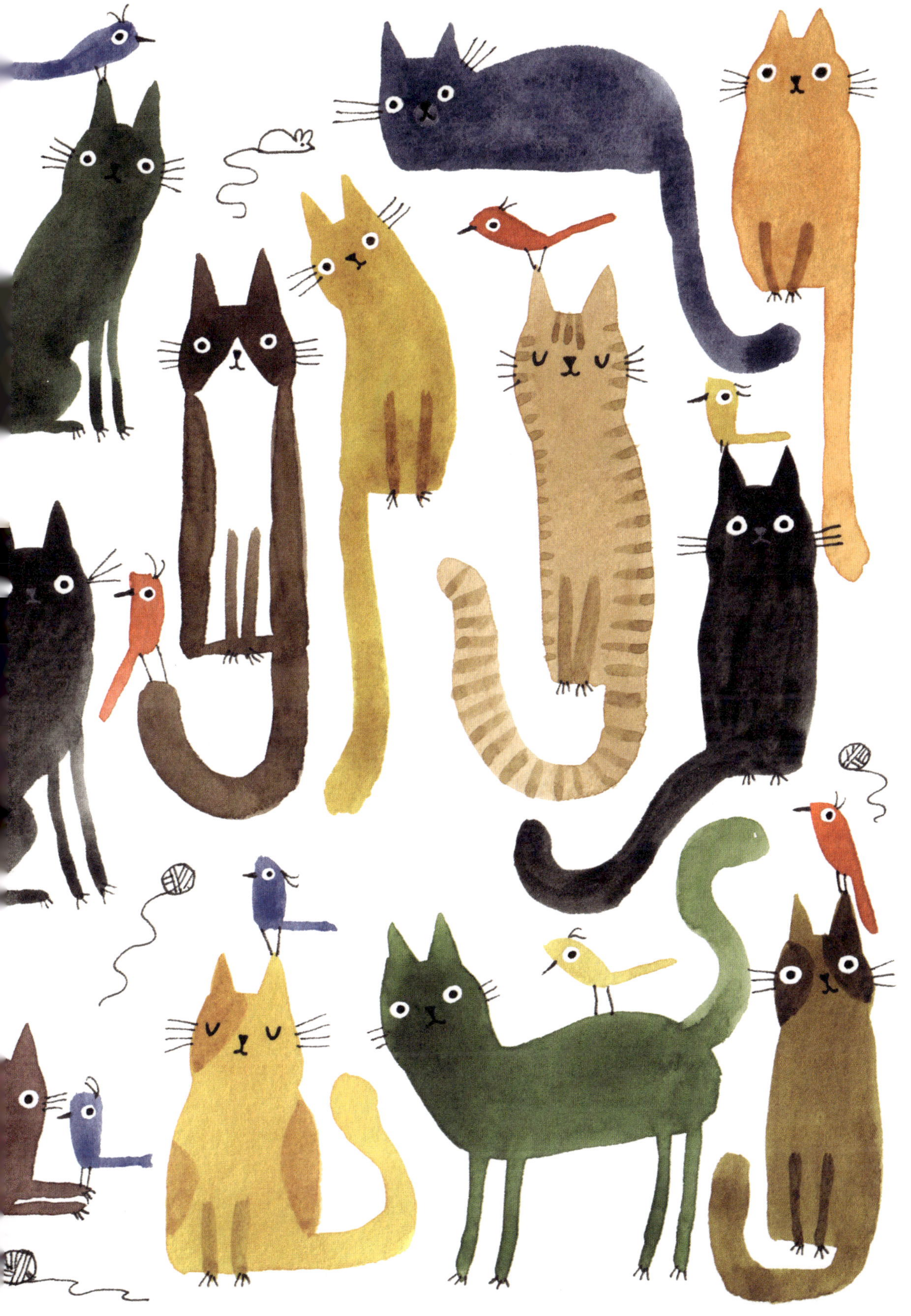

ISBN 978-3-03876-267-6

Deutsche Übersetzung: Martina Panzer
Lektorat: Dr. Friederike Römhild
Layout: Ulrich Borstelmann
Cover & Art Direction: Gregory C. Zäch

Midas Verlag AG
Dunantstrasse 3
CH-8044 Zürich

www.midas.ch

Englische Originalausgabe:
© 2023 by Leaping Hare Press
an imprint of Quarto Publishing

Printed in China

FSC
www.fsc.org
MIX
Papier | Fördert gute Waldnutzung
FSC® C016973

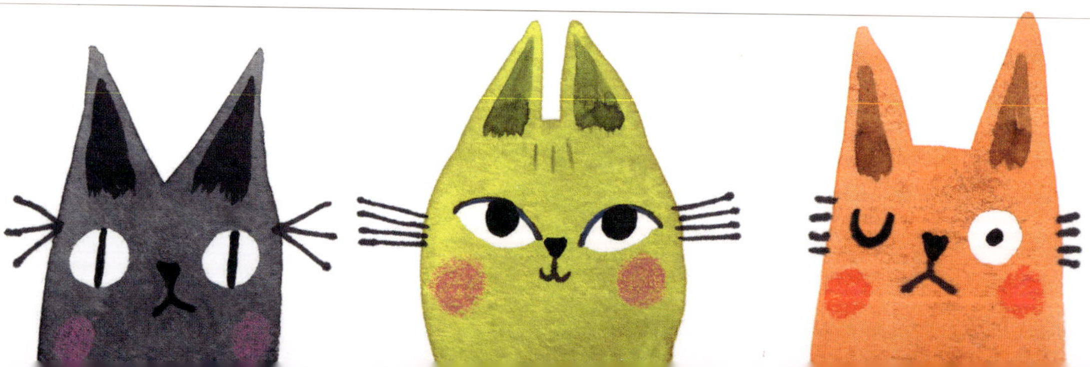